Physik-Trainer

Kurztheorie und Aufgaben

Thomas Dumm und Hansruedi Schild

Physik-Trainer
Kurztheorie und Aufgaben
Thomas Dumm und Hansruedi Schild

Grafisches Konzept: dezember und juli, Wernetshausen
Satz und Layout: Mediengestaltung, Compendio Bildungsmedien AG, Zürich
Illustrationen: Oliver Lüde, Zürich
Druck: Edubook AG, Merenschwand

Redaktion und didaktische Bearbeitung: Thomas Dumm

Artikelnummer: 4357
ISBN: 978-3-7155-9213-8
Auflage: 1. Auflage 2005
Ausgabe: K0077
Sprache: DE
Code: XPH 004

Alle Rechte, insbesondere die Übersetzung in fremde Sprachen, vorbehalten. Das Werk und seine Teile sind urheberrechtlich geschützt. Jede Verwertung in anderen als den gesetzlich zugelassenen Fällen bedarf der vorgängigen schriftlichen Zustimmung von Compendio Bildungsmedien AG.

Copyright © 2005, Compendio Bildungsmedien AG, Zürich

Inhaltsverzeichnis

	Einleitung	5
Teil A	Kurztheorie und Aufgaben	7
1	Physikalische Grössen beschreiben	8
2	Kinematik geradliniger Bewegungen	14
3	Kinematik gleichförmiger Kreisbewegungen	20
4	Dynamik geradliniger Bewegungen	26
5	Dynamik gleichförmiger Kreisbewegungen	32
6	Gravitationskraft	38
7	Druck und Auftrieb	44
8	Arbeit und Leistung	50
9	Energie	56
10	Energieerhaltungssatz	62
11	Temperatur, Wärme und innere Energie	68
12	Das Wärmeverhalten von Gasen	74
13	Wärmeaustausch	80
14	Wärmekraftmaschine, Wärmepumpe und Kühlschrank	86
15	Strahlenoptik	92
16	Optische Abbildungen	98
17	Die Natur des Lichts	104
18	Aufbau der Atome	110
19	Radioaktivität	116

20	Gefahren und Nutzen der Radioaktivität	122
21	Kernspaltung und Kernfusion	128
22	Nutzen und Natur elektrischer Ströme	134
23	Einfache Stromkreise	140
24	Stromkreise mit mehreren Geräten	146
25	Gleichspannung und Wechselspannung	152
26	Die elektrische Kraft	158
27	Die magnetische Kraft	164
Teil B	Anhang	171
	Allgemeine Anleitung zum Lösen von Aufgaben	172
	Regeln und Ratschläge für das Lösen von Aufgaben	175
	Stichwortverzeichnis	178

Einleitung

Liebe Leserin, lieber Leser

Der *Physik-Trainer* unterstützt Sie bei der Vorbereitung auf Physikprüfungen und bei der Vorbereitung auf die Maturitätsprüfung. Die Kurztheorie hilft Ihnen beim Auffrischen der Theorie. Die Aufgaben verschaffen Ihnen Routine beim Lösen von Aufgaben.

An wen richtet sich der Physik-Trainer?

Kurztheorie und *Aufgaben* des Physik-Trainers orientieren sich am *schweizerischen Maturitätsanerkennungsreglement (MAR) für das Grundlagenfach Physik*. Deshalb richtet sich der Physik-Trainer in erster Linie an Absolvierende einer Maturitätsschule. Der Physik-Trainer kann aber auch in der technisch oder naturwissenschaftlich ausgerichteten höheren Berufs- und Erwachsenenbildung eingesetzt werden.

Der Physik-Trainer ist durch seine eigene Kurztheorie unabhängig von anderen Lehrmitteln einsetzbar. Inhalt und Struktur lehnen sich an die selbststudiumstauglichen *Compendio-Titel Physik 1–3* an. Werden bei der Arbeit mit dem Physik-Trainer grössere Lücken erkennbar, können diese besonders effizient in Kombination mit diesen drei Lehrbüchern geschlossen werden.

Aufbau des Physik-Trainers

Der Physik-Trainer besteht aus 27 Kapiteln. Jedes Kapitel behandelt ein Thema. Jedes Kapitel besteht aus einer zweiseitigen *Kurztheorie* und vier einseitigen *Aufgabenserien*.

Die Kurztheorie zu Beginn jedes Kapitels gibt Ihnen einen Überblick über die Grundlagen der folgenden Aufgaben. Text und Grafiken erlauben einen schnellen Zugriff auf die Grundlagen des entsprechenden Themas. Dies sollte Ihnen auch das Memorieren erleichtern. Die Kurztheorie stellt Ihnen die Schlüsselbegriffe, Modelle und Gesetze des Themas vor und liefert praktische Hinweise für das Lösen der Aufgaben.

Die Aufgaben zu einem Thema sind jeweils in vier einseitige Aufgabenserien gruppiert: eine Serie mit *Theoriefragen*, eine Serie mit *kurzen Aufgaben* und zwei Serien mit *umfangreicheren Aufgaben*. Bei den kurzen Aufgaben muss meist nur ein einzelnes physikalisches Gesetz angewandt werden, während bei den umfangreicheren Aufgaben meist mehrere Gesetze kombiniert werden müssen. Die Unterteilung in Theoriefragen, kürzere und umfangreichere Aufgaben soll Ihnen ein gezieltes und motivierendes *Aufbautraining* ermöglichen.

Im Anhang des Physik-Trainers finden Sie allgemeine Tipps zum Lösen von Aufgaben. Die Tipps bestehen aus einer *allgemeinen Anleitung zum Lösen von Aufgaben* sowie aus *Regeln und Ratschlägen für das Lösen von Aufgaben*. Der Anhang des Physik-Trainers enthält auch ein Stichwortverzeichnis mit allen Schlüsselbegriffen des MAR-Grundlagenfachs Physik.

Arbeiten mit dem Physik-Trainer

Gehen Sie die Kurztheorie eines Themas vor dem Lösen der Aufgaben sorgfältig durch. Markieren Sie Stellen, die Ihnen nicht mehr vertraut sind. Wenn Sie Stellen finden, die Sie mithilfe der Kurztheorie nicht verstehen, repetieren Sie die Theorie z. B. anhand der Compendio-Bücher Physik 1–3. Lösen Sie anschliessend die vier Aufgabenserien, beginnend mit den Theoriefragen. Lösen Sie die kurzen und umfangreicheren Aufgaben erst, nachdem Sie Ihre Antworten z. B. mithilfe des Lösungsbands überprüft haben. Versuchen Sie, die Aufgaben einer Aufgabenserie am selben Tag ohne grössere Unterbrüche zu lösen.

Verwendung des Physik-Trainers in Kombination mit der Compendio-Physik 1–3

Wenn Sie den Physik-Trainer zusammen mit den Compendio-Büchern Physik 1–3 verwenden, sollten Sie folgende Zuordnung zwischen Physik 1–3 und Physik-Trainer beachten.

Physik 1–3	Physik-Trainer
Physik 1, Teil A: Methoden	1 Physikalische Grössen beschreiben
Physik 1, Teil B: Kinematik	2 Kinematik geradliniger Bewegungen 3 Kinematik gleichförmiger Kreisbewegungen
Physik 1, Teil C: Dynamik	4 Dynamik geradliniger Bewegungen 5 Dynamik gleichförmiger Kreisbewegungen
Physik 1, Teil D: Gravitation	6 Gravitationskraft
Physik 1, Teil E: Hydrostatik	7 Druck und Auftrieb
Physik 2, Teil A: Energie	8 Arbeit und Leistung 9 Energie
Physik 2, Teil B: Energieumwandlungen	10 Energieerhaltungssatz
Physik 2, Teil C: Begriffe und Modelle der Wärmelehre	11 Temperatur, Wärme und innere Energie 12 Das Wärmeverhalten von Gasen
Physik 2, Teil D: Wärmeprozesse	13 Wärmeaustausch 14 Wärmekraftmaschine, Wärmepumpe und Kühlschrank
Physik 2, Teil E: Strahlenoptik und ihre Grenzen	15 Strahlenoptik 16 Optische Abbildungen 17 Die Natur des Lichts
Physik 3, Teil A: Grundlagen der Atom- und Kernphysik	18 Aufbau der Atome 19 Radioaktivität
Physik 3, Teil B: Anwendungen der Kernphysik	20 Gefahren und Nutzen der Radioaktivität 21 Kernspaltung und Kernfusion
Physik 3, Teil C: Elektrische Energie	22 Nutzen und Natur elektrischer Ströme
Physik 3, Teil D: Elektrische Stromkreise	23 Einfache Stromkreise 24 Stromkreise mit mehreren Geräten 25 Gleichspannung und Wechselspannung
Physik 3, Teil E: Elektrostatik und Magnetismus	26 Die elektrische Kraft 27 Die magnetische Kraft

Der Lösungsband zum Physik-Trainer

Der separat erhältliche Lösungsband enthält zu allen Aufgaben des Physik-Trainers ausführliche Lösungen, bestehend aus kommentiertem Lösungsweg und Schlussresultat. Die ausführlichen Lösungen erlauben es Ihnen, die eigenen Lösungswege selbstständig zu überprüfen und allfällige Fehlüberlegungen selbstständig zu erkennen.

Wir wünschen Ihnen viel Erfolg mit Ihrem Physik-Trainer.

Zürich, im Juni 2005

Thomas Dumm, Redaktor und Autor
Hansruedi Schild, Autor
Andreas Ebner, Unternehmensleiter Compendio Bildungsmedien

Teil A Kurztheorie und Aufgaben

1 Physikalische Grössen beschreiben

Kurztheorie

Physikalische Grössen

Der Betrag einer physikalischen Grösse ist das Produkt aus *Masszahl* und *Masseinheit*. Beispiel: 5 s = 5 · s steht für eine Zeitdauer von 5 Sekunden. Für zentrale physikalische Grössen sind bestimmte Formelzeichen reserviert. Beispiel: Das Formelzeichen für die Zeit ist *t*. Formelzeichen sind in diesem Buch kursiv gedruckt, Masseinheiten gerade. Mit den Masseinheiten kann wie mit Masszahlen und Formelzeichen gerechnet werden, d. h., man kann sie ausklammern, kürzen usw.

Gerichtete und ungerichtete Grössen

In der Physik unterscheidet man zwischen *ungerichteten Grössen* (z. B. Länge, Zeit, Masse, Temperatur) und *gerichteten Grössen* (z. B. Geschwindigkeit, Kraft). Bei gerichteten Grössen muss neben dem Betrag eine Richtung angegeben werden. Gerichtete Grössen kann man grafisch mit *Vektoren* darstellen. Die *Vektorlänge* beschreibt den Betrag der Grösse, die *Vektorrichtung* ihre Richtung.

Messfehler und signifikante Ziffern

Jede gemessene physikalische Grösse ist mit einem *Messfehler* behaftet. Vom Messfehler nicht betroffene Ziffern einer Grösse nennt man *signifikante Ziffern*. Beispiel: Weiss man nach dem Messen, dass die Länge eines Stabs im Bereich 35.26 cm und 35.29 cm liegt, so sind die Ziffern 3, 5 und 2 signifikante Ziffern, die Länge ist also mit 3 signifikanten Ziffern bekannt. Die 4. Ziffer der Zahl ist vom Messfehler betroffen und ist keine signifikante Ziffer. Achtung beim Zählen der signifikanten Ziffern: Vorangestellte Nullen sind keine signifikanten Ziffern, nachfolgende Nullen schon. Beispiel: Die Zahl 3000 hat vier signifikante Ziffern, die Zahl 0.0003 hat eine signifikante Ziffer.

Für die *Genauigkeit* des *numerischen Schlussresultats* einer Aufgabe gilt folgende Regel: Die Anzahl signifikanter Ziffern einer berechneten Grösse, die Produkt und Quotient aus anderen Grössen ist, ist gleich wie die Anzahl signifikanter Ziffern der ungenauesten in der Berechnung verwendeten Grösse. Nicht signifikante Ziffern werden dazu auf- oder abgerundet.

Wissenschaftliche Schreibweise

Sehr grosse und sehr kleine Zahlen werden in der *wissenschaftlichen Schreibweise* mit Zehnerpotenzen angegeben. Die Zehnerpotenz 10^n steht für eine 1 mit *n* Nullen. Eine Zehnerpotenz mit negativem Exponent bedeutet:

$$10^{-n} = \frac{1}{10^n}$$

Vorsätze

Für sehr grosse und sehr kleine Zahlen werden oft *Vorsätze* verwendet:

Zehnerpotenz	Vorsatz	Aussprache	Beispiel	Aussprache
10^{-12}	p	Piko	10^{-12} m = 1 pm	Pikometer
10^{-9}	n	Nano	10^{-9} m = 1 nm	Nanometer
10^{-6}	µ	Mikro	10^{-6} m = 1 µm	Mikrometer
10^{-3}	m	Milli	10^{-3} m = 1 mm	Millimeter
10^{-2}	c	Zenti	10^{-2} m = 1 cm	Zentimeter
10^{-1}	d	Dezi	10^{-1} m = 1 dm	Dezimeter
10^{2}	h	Hekto	10^{2} m = 1 hm	Hektometer
10^{3}	K	Kilo	10^{3} m = 1 km	Kilometer
10^{6}	M	Mega	10^{6} m = 1 Mm	Megameter
10^{9}	G	Giga	10^{9} m = 1 Gm	Gigameter
10^{12}	T	Tera	10^{12} m = 1 Tm	Terameter

Bei Grössen ohne Richtungssinn reicht es, den Betrag der Grösse anzugeben.
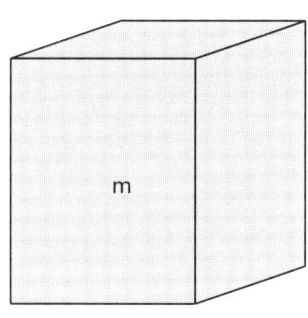 $m = 2$ kg

Bei Grössen mit Richtungssinn müssen der Betrag und die Richtung angegeben werden. Dazu sind Vektoren geeignet.
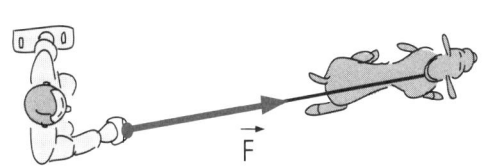 $F = 25$ N

Eine Grösse berechnen bedeutet das Herleiten der allgemeinen Lösung sowie die Angabe der numerischen Lösung mit sinnvoller Genauigkeit und in einer sinnvollen Einheit.	
Masse: $m = 10$ g, $a = 10.1$ mm	Gegeben
Seitenlängen: $b = 12.3$ mm, $c = 11.1$ mm	
Dichte $\rho = ?$	Gesucht
$\rho = \dfrac{m}{V} = \dfrac{m}{a \cdot b \cdot c}$	Allgemeine Lösung
$\rho = \dfrac{10 \text{ g}}{10.1 \text{ mm} \cdot 12.3 \text{ mm} \cdot 11.1 \text{ mm}}$	Numerische Werte einsetzen
$\rho = 7.3 \cdot 10^{-3} \dfrac{\text{g}}{\text{mm}^3}$	Sinnvolle Genauigkeit
$\rho = 7.3 \dfrac{\text{g}}{\text{cm}^3}$	Sinnvolle Einheit

Hinweise

SI-Grundeinheiten haben mit einer Ausnahme keine Vorsätze: Die SI-Einheit der Masse ist aus historischen Gründen das Kilogramm (kg) und nicht das Gramm (g).

Volumenumrechnungen:

$$1 \text{ mm}^3 = (1 \text{ mm})^3 = (10^{-3} \text{m})^3 = 10^{-9} \text{ m}^3$$

$$1 \text{ mm}^3 = (0.1 \text{ cm})^3 = 0.1^3 \text{ cm}^3 = 10^{-3} \text{ cm}^3$$

Theoriefragen

Aufgabe 1 Welches sind die SI-Einheiten und die üblichen Formelzeichen für die folgenden Grössen?

A] Ort

B] Zeit

C] Masse

D] Geschwindigkeit

E] Dichte

Aufgabe 2 Geben Sie je ein Beispiel für eine ungerichtete und eine gerichtete Grösse.

Aufgabe 3 A] Nennen Sie Vorteile der wissenschaftlichen Schreibweise.

B] Geben Sie Beispiele an, wo Vorsätze verwendet werden.

Aufgabe 4 Wie viele signifikante Ziffern haben folgende Grössen?

A] 8900 kg/m^3

B] 0.00150 m

C] $5 \cdot 10^{-4}$ m

D] 3600 s

E] 78.5 kg

F] $1.50 \cdot 10^8$ kg

Aufgabe 5 Wie viele signifikante Ziffern haben die Resultate folgender Berechnungen?

A] $1.50 \cdot 10^8$ m$^3 \cdot$ 8900 kg/m^3

B] 0.090 s $\cdot$ 300 000 km/s

C] 1 min $\cdot$ 800 km/h

D] 60 s $\cdot$ 800 km/h

Aufgabe 6 Geben Sie folgende Grössen in wissenschaftlicher Schreibweise ohne Vorsatz an.

A] 1.5 µm (1.5 Mikrometer)

B] 3.6 kW (3.6 Kilowatt)

C] 4 mA (4 Milliampere)

D] 1800 kJ (1800 Kilojoule)

Aufgabe 7 Geben Sie folgende Grössen mit Vorsätzen an.

A] $5 \cdot 10^{-7}$ m

B] $50 \cdot 10^6$ W

Kurze Aufgaben

Aufgabe 8 Wie viele Regentropfen mit einem Durchmesser von 1.25 mm sind nötig, um eine 3.5-l-Giesskanne zu füllen?

Aufgabe 9
A] Schätzen Sie das Volumen Ihrer Badewanne ab und geben Sie Ihre Schätzung mit sinnvoller Genauigkeit an.

B] Wie viele Liter Wasser haben in Ihrer Badewanne Platz?

C] Wie gross ist die Masse des Wassers, das in Ihrer Badewanne Platz hat? Entnehmen Sie die Dichte einer Formelsammlung.

Aufgabe 10
A] Wandeln Sie das Volumen 0.25 km^3 in Liter um.

B] Wandeln Sie die Geschwindigkeit 92 km/h in m/s um.

C] Wandeln Sie die Geschwindigkeit 1.5 m/s in km/h um.

D] Wandeln Sie das Volumen 0.25 mm^3 in m^3 um.

E] Wandeln Sie die Fläche 125 nm^2 in μm^2 um.

Aufgabe 11
A] Dichten werden oft in kg/dm^3 angegeben. Wie lautet die Umrechnung von kg/dm^3 in die SI-Einheit kg/m^3?

B] Geschwindigkeiten werden oft in km/h angegeben. Wie lautet die Umrechnung von km/h in die SI-Einheit m/s?

Aufgabe 12 Rechnen Sie folgende Terme aus und geben Sie sie mit sinnvoller Genauigkeit an.

$$m = 8.9 \cdot 10^3 \frac{\text{kg}}{\text{m}^3} \cdot 1.25 \text{ m}^3$$

$$s = 5 \text{ min} \cdot 80 \frac{\text{km}}{\text{h}}$$

$$\Delta v = 9.81 \frac{\text{m}}{\text{s}^2} \cdot 5.7 \text{ s}$$

$$a = \frac{100 \frac{\text{km}}{\text{h}}}{10 \text{ s}}$$

$$\Delta t = \frac{100 \frac{\text{m}}{\text{s}}}{3.5 \frac{\text{m}}{\text{s}^2}}$$

$$\rho = \frac{1.550 \text{ kg}}{0.010 \text{ m}^3}$$

Umfangreichere Aufgaben (I)

Aufgabe 13 Beantworten Sie die Fragen mit sinnvoller Genauigkeit und mit sinnvollen Einheiten.

A] Eine Schachtel ist 26.5 cm lang, 15.8 cm breit und 95 mm hoch. Wie gross ist ihr Volumen?

B] Eine Rolle Alufolie wiegt 405 g. Die Alufolie ist 300 mm breit und 15 µm dick. Wie viele Meter Alufolie befinden sich auf der Rolle?

C] Ein Bürohaus besitzt 1500 m² Fensterfläche. Die Fenster sind aussen und innen mit je einer 0.75 µm dicken Goldschicht bedampft. Wie viele Kilogramm Gold wurden benötigt?

D] Wie viele Kubikmeter Wasser fasst ein zylinderförmiger Wassertank, der 5.0 m hoch ist und einen Durchmesser von 2.0 m hat?

Aufgabe 14 Ein A4-Blatt eines Schreibpapiers ist 210 mm breit, 297 mm hoch und 94 µm dick.

A] Wie gross ist das Volumen eines Blatts?

B] Wie gross ist das Volumen eines Stapels mit 500 Blättern?

C] Wie hoch ist ein Stapel mit 500 dicht aufeinander liegenden Blättern?

D] Welche Stärke (g/m²) hat das Papier, wenn 500 Blätter 2.5 kg wiegen?

E] Wie gross ist die Dichte des Papiers?

Aufgabe 15 Windangaben geben an, woher der Wind weht. Stellen Sie die folgenden Windangaben mit Geschwindigkeitsvektoren in einer Skizze dar.

A] Es bläst ein Nordwind mit 30 km/h.

B] Es bläst ein Südwind mit 60 km/h.

C] Es bläst ein Südwestwind mit 90 km/h.

D] Es bläst ein Nordostwind mit 90 km/h.

Aufgabe 16 Schreiben Sie die folgenden Ausdrücke mit den am besten geeigneten Vorsätzen.

A] $625 \cdot 10^{-8}$ s

B] $45 \cdot 10^{7}$ cm

C] $15 \cdot 10^{5}$ kHz

D] $1.6 \cdot 10^{-5}$ mm

Aufgabe 17 Berechnen Sie die folgenden Terme:

$$a = \frac{\left(54 \frac{km}{h}\right)^2 - \left(90 \frac{km}{h}\right)^2}{2 \cdot 100 \, m}$$

$$s = 3.6 \frac{km}{h} \cdot 4.0 \, s + \frac{1}{2} \cdot \left(-9.81 \frac{m}{s^2}\right) \cdot (4.0 \, s)^2$$

Umfangreiche Aufgaben (II)

Aufgabe 18 Rechnen Sie die folgenden Grössen in die angegebenen Einheiten um.

A] $7.5\ km^3$ in cm^3

B] $0.15\ mm^3$ in m^3

C] $1.2\ ml$ in cm^3

Aufgabe 19 Ein Flugzeug fliegt mit 800 km/h in südwestliche Richtung, d.h., der Winkel zwischen Flug- und Südrichtung beträgt 45°. Es überfliegt dabei ein Flugzeug, das mit 400 km/h in nordöstliche Richtung fliegt. Zeichnen Sie einen Grundriss, der dies wiedergibt.

Aufgabe 20 A] Welche Fläche kann man mit 0.50 l Farbe bemalen, wenn mit einer Schichtdicke von 0.25 mm im trockenen Zustand gerechnet wird und nach Verdunsten des Lösungsmittels noch das halbe Volumen übrig bleibt?

B] Ein rundes Stahlrohr hat einen Innendurchmesser von 23 mm. Wie gross ist die Querschnittsfläche des Rohrinneren in cm^2?

C] Eine Drahtrolle enthält 10 kg Kupferdraht. Wie lang ist der Draht, wenn sein Durchmesser 0.25 mm beträgt?

Aufgabe 21 Berechnen Sie aus dem Erdradius und der Erdmasse die mittlere Dichte der Erde.

Aufgabe 22 Viele Lebewesen bestehen vor allem aus Wasser. Mit dieser Einsicht lässt sich das Volumen eines Lebewesens aus seiner Masse und der Dichte des Wassers abschätzen.

A] Geben Sie eine Gleichung, mit der Sie Ihr Volumen abschätzen können.

B] Wie gross ist Ihr Volumen?

Aufgabe 23 Zwei Kugeln, von denen die eine aus Silber und die andere aus Platin besteht, sind gleich schwer. Berechnen Sie das Verhältnis ihrer Durchmesser. Um wie viele Prozent ist der Durchmesser der Silberkugel grösser?

Aufgabe 24 Eine Gleichung kann nur dann richtig sein, wenn die Dimension des Ausdrucks auf der linken Seite des Gleichheitszeichens gleich ist wie die Dimension des Ausdrucks auf der rechten Seite. Sie muss aber nicht richtig sein, wenn diese Bedingung erfüllt ist. Welche der folgenden Gleichungen können aus Dimensionsgründen nicht richtig sein?

A] Dichte = Masse / Volumen

B] Geschwindigkeit = Weg · Zeit

C] Kreisumfang = $\pi \cdot$ (Kreisradius)^2

D] Kugelvolumen = (Kugelradius)^3

2 Kinematik geradliniger Bewegungen

Kurztheorie

Vereinfachend lässt sich die Bewegung eines Körpers durch die Bewegung eines *Massenpunkts* darstellen.

Bewegungsgrössen

Geradlinige Bewegungen können mit *Orts-* und *Zeitangaben* beschrieben werden. SI-Einheit für Orts- und Zeitangaben: $[s]$ = m, $[t]$ = s. Die *s*-Achse wird so gewählt, dass sie ihren Nullpunkt (s = 0 m) dort hat, wo der Körper startet, und zeigt in die Richtung, in die der Körper sich bewegt. t = 0 s ist die Startzeit.

Aus Orts- und Zeitangaben kann die Geschwindigkeit v berechnet werden. Bewegt sich ein Massenpunkt zwischen den Zeitpunkten t_1 und t_2 geradlinig vom Ort s_1 zum Ort s_2, so hat er die *Durchschnittsgeschwindigkeit*:

$$v = \frac{\Delta s}{\Delta t} = \frac{s_2 - s_1}{t_2 - t_1} \qquad [v] = \frac{m}{s}$$

Ändert sich zwischen den Zeitpunkten t_1 und t_2 die Geschwindigkeit eines sich geradlinig bewegenden Massenpunkts von v_1 auf v_2, so erfährt er die *Durchschnittsbeschleunigung*:

$$a = \frac{\Delta v}{\Delta t} = \frac{v_2 - v_1}{t_2 - t_1} \qquad [a] = \frac{m}{s^2}$$

Bei der Berechnung der Durchschnittsgeschwindigkeit und Durchschnittsbeschleunigung kann das Zeitintervall Δt beliebig gross sein, bei der Berechnung der *momentanen Geschwindigkeit* und der *momentanen Beschleunigung* muss es sehr klein sein.

Bewegungstypen

Geradlinige Bewegungen mit *konstanter Momentangeschwindigkeit v* heissen *gleichförmige Bewegungen*. Gleichförmige Bewegungen sind somit unbeschleunigte Bewegungen (a = 0). Geradlinige Bewegungen mit *konstanter Beschleunigung a* heissen *gleichmässig beschleunigte Bewegungen*.

Bewegungs-
gleichungen

Ein Massenpunkt befindet sich zum Zeitpunkt t = 0 s am Ort s = 0 m und hat die *Anfangsgeschwindigkeit* v_0. Wenn sich der Massenpunkt geradlinig gleichförmig oder gleichmässig beschleunigt bewegt, lassen sich sein Aufenthaltsort s und seine Geschwindigkeit v zum späteren Zeitpunkt t mit den *Bewegungsgleichungen* berechnen:

Aufenthaltsort s zum Zeitpunkt t: $\qquad s = v_0 \cdot t + \frac{1}{2} \cdot a \cdot t^2$

Geschwindigkeit v zum Zeitpunkt t: $\qquad v = v_0 + a \cdot t$

Geschwindigkeit v am Aufenthaltsort s: $\qquad v^2 = v_0^2 + 2 \cdot a \cdot s$

Bewegungs-
diagramme

Im *s-t-Diagramm* erkennt man an der *Steigung* der Kurve die Geschwindigkeit v des Massenpunkts, denn $v = \Delta s/\Delta t$. Das *s-t*-Diagramm einer gleichförmigen Bewegung zeigt eine aufsteigende oder abfallende Gerade. Im *v-t-Diagramm* erkennt man an der *Steigung* der Kurve die Beschleunigung a des Massenpunkts, denn $a = \Delta v/\Delta t$. Das *v-t*-Diagramm einer gleichmässig beschleunigten Bewegung zeigt eine aufsteigende oder abfallende Gerade. Zudem erkennt man im *v-t*-Diagramm an der *Fläche* zwischen der Kurve und der *t*-Achse den vom Massenpunkt zurückgelegten Weg.

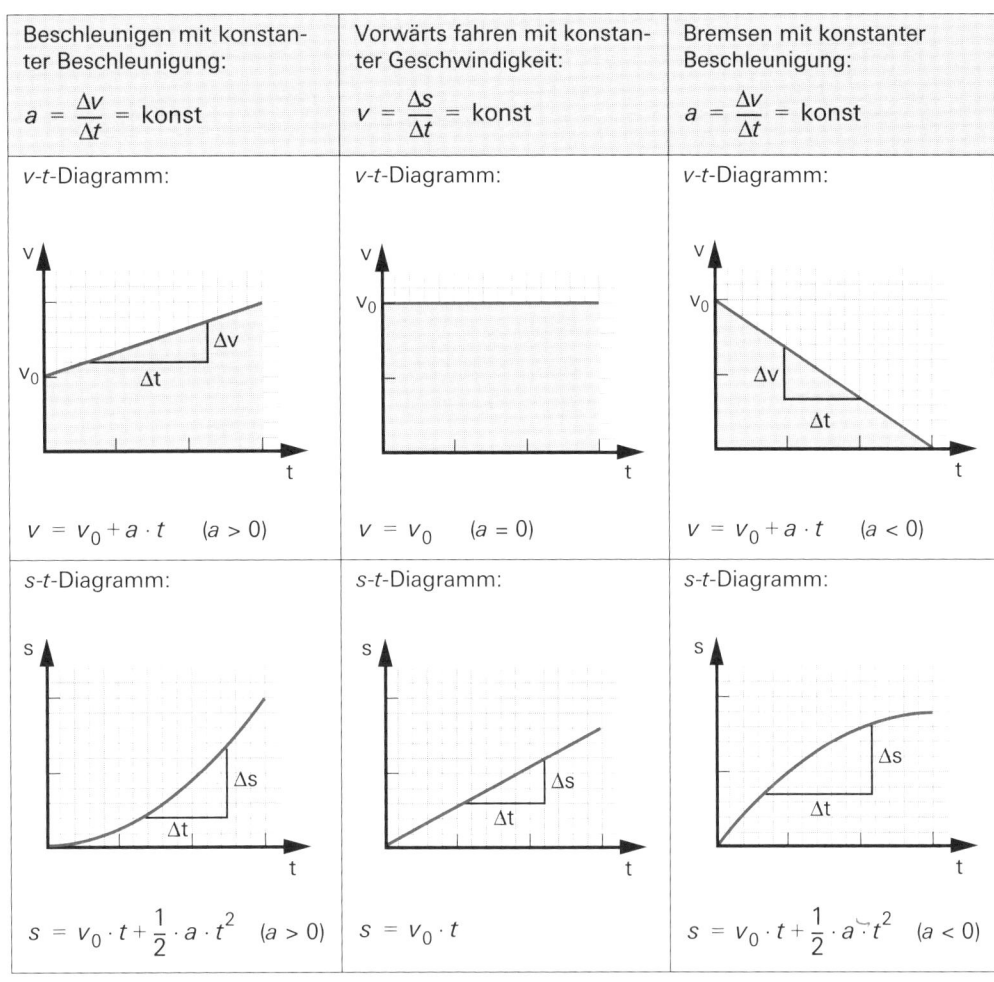

Hinweise

Erste Gedanken beim Betrachten von Bewegungen: Ist die Bewegung geradlinig? Ist die Geschwindigkeit oder die Beschleunigung konstant? Was ist das Vorzeichen der Geschwindigkeit und Beschleunigung?

Wenn die Beschleunigung null ist, bedeutet das nicht unbedingt, dass die Geschwindigkeit des Körpers null ist, sondern nur, dass sie konstant ist.

Das Licht breitet sich gleichförmig aus, im Vakuum mit:

$$v = c = 3.0 \cdot 10^8 \text{ m/s}$$

Der *senkrechte Wurf* nach oben und der *freie Fall* nach unten sind gleichmässig beschleunigte Bewegungen. Bei Wurf- und Fall-Betrachtungen wählt man die *s*-Achse so, dass sie nach oben zeigt. Die Geschwindigkeit $v = \Delta s/\Delta t$ ist dann beim Aufsteigen positiv und beim Fallen negativ. Die Beschleunigung $a = \Delta v/\Delta t$ ist dann beim Aufsteigen und Fallen negativ! Auf der Erde beträgt die Beschleunigung beim Aufsteigen und beim Fallen im Mittel:

$$a = -g = -9.81 \text{ m/s}^2$$

g nennt man *Fallbeschleunigung* oder *Erdbeschleunigung*.

Zurückgelegter Weg und Ort *s* müssen klar unterschieden werden: Der Ort *s* eines Körpers nimmt während Rückwärtsbewegungen ab, während der zurückgelegte Weg zunimmt.

Theoriefragen

Aufgabe 25

A] Wieso ist beim Beschreiben der Bewegung eines einparkierenden Autos das Modell des Massenpunkts meist nicht hilfreich?

B] Wieso ist beim Beschreiben der Bewegung eines Autos auf der Autobahn das Modell des Massenpunkts meist hilfreich?

Aufgabe 26

Zentrale Grössen bei der Beschreibung der geradlinigen Bewegung eines Körpers sind Geschwindigkeit und Beschleunigung.

A] Wie sind diese Grössen definiert, wie werden sie abgekürzt?

B] Welches sind die SI-Einheiten dieser Grössen?

Aufgabe 27

A] Wie kann man die Durchschnittsgeschwindigkeit eines Körpers mit einfachen Hilfsmitteln messen?

B] Worauf muss geachtet werden, wenn man die momentane Geschwindigkeit oder die momentane Beschleunigung eines Körpers messen will?

Aufgabe 28

Manchmal ist die Durchschnittsgeschwindigkeit die interessante Grösse einer Bewegung, manchmal ist es die Momentangeschwindigkeit.

A] Nennen Sie eine Situation, in der die Momentangeschwindigkeit des Körpers interessanter ist als seine Durchschnittsgeschwindigkeit, und begründen Sie Ihre Aussage.

B] Nennen Sie eine Situation, in der die Durchschnittsgeschwindigkeit des Körpers interessanter ist als seine Momentangeschwindigkeit, und begründen Sie Ihre Aussage.

Aufgabe 29

Die Beschleunigung gibt an, um wie viel sich die Geschwindigkeit pro Zeiteinheit ändert.

A] Unter welchen beiden Umständen ist die Beschleunigung negativ?

B] Was versteht man unter der Fallbeschleunigung und wie gross ist sie?

Aufgabe 30

A] Was versteht man unter einer geradlinigen gleichförmigen Bewegung?

B] Was versteht man unter einer geradlinigen, gleichmässig beschleunigten Bewegung?

C] Wie lautet die Bewegungsgleichung für Licht?

D] Wie lauten die Bewegungsgleichungen für einen frei vom Baum fallenden Apfel?

Aufgabe 31

Übersichtliche Verfahren, eine Bewegung zu beschreiben, sind das s-t-Diagramm sowie das v-t-Diagramm.

A] Zeichnen Sie ein s-t- und ein v-t-Diagramm einer gleichförmigen Bewegung.

B] Zeichnen Sie ein s-t- und ein v-t-Diagramm einer gleichmässig beschleunigten Bewegung, bei der die Geschwindigkeit abnimmt.

C] Was kann man an der Steigung der Kurve im s-t- und im v-t-Diagramm erkennen?

D] Woran erkennt man im v-t-Diagramm den zurückgelegten Weg?

Kurze Aufgaben

Aufgabe 32

Eine Läuferin legt in einer Stunde 10 km zurück.

A] Was lässt sich über ihre Durchschnittsgeschwindigkeit sagen?

B] Was lässt sich über ihre Momentangeschwindigkeit sagen?

Aufgabe 33

A] Welche Strecke legt ein Mensch mit 6.0 km/h in 12 min zurück?

B] Die Distanz zwischen Sonne und Erde beträgt etwa 150 Millionen Kilometer. Wie lange braucht das Licht der Sonne, bis es auf der Erde ankommt?

C] Wie viel Zeit spart man, wenn man eine Strecke von 100 km mit durchschnittlich 120 km/h statt 80 km/h befährt?

Aufgabe 34

Ein Auto erreicht bei konstanter Beschleunigung in 8.0 s aus dem Stillstand 72 km/h.

A] Wie gross ist seine Beschleunigung?

B] Welche Strecke legt das Auto dabei zurück?

C] Wie schnell ist es nach 5.0 s?

Aufgabe 35

Ein Eisenbahnzug bremst mit -2.0 m/s^2.

A] Wie gross ist sein Anhaltsweg, wenn die Anfangsgeschwindigkeit 72 km/h beträgt?

B] Wie viel mal grösser ist sein Anhaltsweg bei doppelter Anfangsgeschwindigkeit?

C] Wie viel Zeit vergeht zwischen Bremsbeginn und Stillstand?

Aufgabe 36

Ein Stein wird mit 5.0 m/s senkrecht nach oben geworfen.

A] Wie gross ist seine Beschleunigung während des Flugs?

B] In welcher Höhe ist der Stein nur noch halb so schnell?

C] Nach welcher Zeit ist der Stein nur noch halb so schnell?

D] Wie gross ist die Geschwindigkeitsabnahme in einer Sekunde?

E] Welche maximale Höhe erreicht der Stein und nach welcher Zeit erreicht er sie?

Aufgabe 37

A] Zeichnen Sie das v-t-Diagramm einer geradlinigen, gleichförmigen Vorwärtsbewegung und zeigen Sie, dass für die Fläche unter der Kurve und somit für den Aufenthaltsort s gilt:

$$s = v_0 \cdot t$$

B] Zeichnen Sie das v-t-Diagramm einer geradlinigen, gleichmässig beschleunigten Vorwärtsbewegung mit Anfangsgeschwindigkeit und zeigen Sie, dass für die Fläche unter der Kurve und somit für den Aufenthaltsort s gilt:

$$s = v_0 \cdot t + \frac{1}{2} \cdot a \cdot t^2$$

C] Woran erkennt man im v-t-Diagramm die Anfangsgeschwindigkeit des Körpers?

Umfangreichere Aufgaben (I)

Aufgabe 38 Familie Meier und Familie Müller fahren mit zwei Autos gemeinsam in die Ferien. Sie starten am gleichen Ort, Familie Müller aber 15 Minuten später. Wie gross sind die Reisezeiten und wie lang ist der Reiseweg, wenn beide Familien gleichzeitig am Ferienort ankommen, Familie Meier durchschnittlich mit 100 km/h unterwegs war und die später gestartete Familie Müller durchschnittlich mit 120 km/h?

Aufgabe 39 Während der ersten 130 s wird die Ariane-5-Rakete hauptsächlich von zwei Triebwerken beschleunigt. Nach 130 s ist die Rakete in einer Höhe von 55 km und die beiden ausgebrannten Triebwerke werden abgetrennt. Die Beschleunigung sei während der ersten 130 s konstant.

A] Wie gross ist die Beschleunigung der Rakete in Einheiten von g?

B] Welche Geschwindigkeit hat die Rakete in 55 km Höhe?

C] Welche Höhe hat die Rakete nach 10 s?

D] Welche Geschwindigkeit hat die Rakete nach 10 s?

E] Wann und in welcher Höhe erreicht die Rakete die Schallgeschwindigkeit von 330 m/s?

Aufgabe 40 Ein Stein wird vom Boden aus senkrecht nach oben geworfen. Er erreicht eine Höhe von 10 m und fällt wieder auf den Boden zurück. Achten Sie bei allen folgenden Teilaufgaben insbesondere auch auf das Vorzeichen der gesuchten Grössen.

A] Welches Vorzeichen hat die Geschwindigkeit im Verlauf der Bewegung?

B] Welches Vorzeichen hat die Beschleunigung im Verlauf der Bewegung und wie gross ist die Beschleunigung?

C] Was bedeutet es für die Bewegungsgleichungen, dass beim Aufsteigen und Fallen des Steins die Beschleunigung konstant ist?

D] Wie gross war die Anfangsgeschwindigkeit des Steins beim Abwurf?

E] Wie lange dauert es, bis der Stein den höchsten Punkt erreicht?

F] Wie gross ist der Ort s des Steins, wenn er auf dem Boden auftrifft?

G] Wie gross ist der vom Stein zurückgelegte Weg, wenn er auf dem Boden auftrifft?

H] Wie schnell ist der Stein, kurz bevor er auf dem Boden auftrifft?

I] Wie lange dauert der Flug des Steins vom Abwurf bis er am Boden auftrifft?

J] Zeichnen Sie das s-t- und v-t-Diagramm der ganzen Bewegung.

K] Zwei Steine werden gleichzeitig nach oben geworfen. Der eine mit 10 m/s, der andere mit 12 m/s. Wie viel Zeit vergeht zwischen dem Aufprall der beiden Steine?

L] Ein Stein wird in die Höhe geworfen und fällt anschliessend in einen See, wo er absinkt, bis er auf den Seeboden trifft. Was lässt sich über das Vorzeichen von Ort, Geschwindigkeit und Beschleunigung während der Bewegung sagen?

2 KINEMATIK GERADLINIGER BEWEGUNGEN

Umfangreichere Aufgaben (II)

Aufgabe 41 Ein Läufer hat seine Laufzeit von 47 min auf 52 min verbessert. Die Laufstrecke beträgt 9.5 km.

A] Wie gross ist die alte und wie gross die neue Durchschnittsgeschwindigkeit?

B] In welcher Zeit muss die Strecke gelaufen werden, damit die Durchschnittsgeschwindigkeit 13 km/h beträgt?

C] Beim Laufen gibt man meist nicht die Geschwindigkeit an, sondern die Laufzeit pro Kilometer. Wie gross ist dieser Wert für die alte und neue Laufzeit?

Aufgabe 42 Deep Space 1 ist eine Raumsonde, die zwischen 1998 und 2001 vor allem der Erprobung neuer Raketen-Antriebstechnologien gedient hat. Das Triebwerk von Deep Space 1 hat die Sonde während 600 Tagen beschleunigt, wodurch sie um $13 \cdot 10^3$ km/h schneller wurde. Die Beschleunigung war konstant.

A] Wie gross war die Beschleunigung durch das Antriebswerk?

B] Welche Strecke hat Deep Space 1 während diesen 600 Tagen zurückgelegt? Vernachlässigen Sie dabei die Anfangsgeschwindigkeit, welche die Raumsonde auf Grund der Bewegung der Erde schon vor dem Start hatte.

C] Wie lange würde die Reise zum nächsten, 4.3 Lichtjahre entfernten Stern dauern, wenn bis zur Hälfte gleichmässig mit $a = 9.81$ m/s^2 beschleunigt und in der zweiten Hälfte mit $a = -9.81$ m/s^2 gleichmässig abgebremst würde?

D] Wie gross wäre dann die maximale Geschwindigkeit der Raumsonde?

Aufgabe 43 Eine Murmel fällt frei von einem 1.2 m hohen Tisch auf den Boden und springt danach wieder 60 cm in die Höhe. Achten Sie bei dieser Aufgabe auf das Vorzeichen aller Grössen.

A] Wie gross ist die Beschleunigung beim freien Fall der Murmel, wie gross, während sie wieder in die Höhe steigt?

B] Wie gross ist die Geschwindigkeit der Murmel gerade vor dem ersten Aufprall auf dem Boden?

C] Wie lange dauert es, bis die Murmel zum ersten Mal auf dem Boden aufprallt?

D] Wie gross ist die Geschwindigkeit der Murmel gerade nach dem ersten Aufprall?

E] Wie viel Zeit vergeht, bis die Murmel nach dem ersten Aufprall die Höhe 60 cm erreicht?

Aufgabe 44 Einem Astronauten auf der Mondoberfläche fällt ein Hammer aus einer Höhe von 1.6 m aus der Hand. Nach einem 1.4 s langen freien Fall trifft der Hammer auf dem Mondboden auf.

A] Wie gross ist die Fallbeschleunigung auf dem Mond?

B] Wie gross ist das Verhältnis zwischen der Fallbeschleunigung auf der Erde und der Fallbeschleunigung auf dem Mond?

3 Kinematik gleichförmiger Kreisbewegungen

Kurztheorie

Betrag der Geschwindigkeit

Ein Massenpunkt, der eine *gleichförmige Kreisbewegung* ausführt, ist immer gleich schnell. Der Betrag der Geschwindigkeit bei einer gleichförmigen Kreisbewegung kann aus dem *Kreisumfang* $2 \cdot \pi \cdot r$ und der *Umlaufszeit T (Periode T)* berechnet werden:

$$v = \frac{2 \cdot \pi \cdot r}{T}$$

Oft werden gleichförmige Kreisbewegungen statt mit der Umlaufszeit T mit der *Frequenz f* ($[f] = s^{-1}$) oder der *Winkelgeschwindigkeit* ω ($[\omega] = s^{-1}$) beschrieben:

$$f = \frac{1}{T}$$

$$\omega = \frac{2 \cdot \pi}{T} = \frac{v}{r}$$

Die SI-Einheit der Frequenz hat den Namen *Hertz*:

$$[f] = \frac{1}{s} = Hz$$

Obwohl die Winkelgeschwindigkeit ω ebenfalls die Einheit s^{-1} hat, wird sie nicht in Hertz angegeben.

Bei einer Kreisbewegung ändert sich die Bewegungsrichtung ständig. Um die Bewegungsrichtung zu beschreiben, verwendet man deshalb den *Orts-Vektor* $\vec{r}$. Der Ortsvektor $\vec{r}$ zeigt immer vom Kreismittelpunkt zum momentanen Aufenthaltsort des Massenpunkts.

Richtung der Geschwindigkeit

Aus Orts-Vektoren zu zwei verschiedenen Zeiten kann man mit den Regeln der Vektoraddition *Geschwindigkeits-Vektoren* konstruieren. Betrachtet man dabei ein winziges Zeitintervall Δt, so findet man: Bei der gleichförmigen Kreisbewegung ist der momentane Geschwindigkeits-Vektor $\vec{v}$ stets tangential zum Kreis, ändert also ständig seine Richtung. Gleichförmige Kreisbewegungen sind somit beschleunigte Bewegungen. Der Betrag der Geschwindigkeit ist bei der gleichförmigen Kreisbewegung zwar konstant, aber die Richtung der Geschwindigkeit ändert ständig.

Richtung der Beschleunigung

Aus den Geschwindigkeits-Vektoren und Zeitangaben kann man mit den Regeln der Vektoraddition *Beschleunigungs-Vektoren* konstruieren. Betrachtet man dabei ein kleines Zeitintervall, so findet man: Bei der gleichförmigen Kreisbewegung zeigt der momentane Beschleunigungs-Vektor $\vec{a}$ stets vom Massenpunkt auf den Kreismittelpunkt. Um dies hervorzuheben, spricht man bei der Kreisbewegung statt von Beschleunigung auch von *Zentripetalbeschleunigung* (centrum ist der lateinische Ausdruck für Mittelpunkt, petere der lateinische Ausdruck für anstreben).

Betrag der Beschleunigung

Bei der gleichförmigen Kreisbewegung mit Kreisradius r gilt für den Betrag der Zentripetalbeschleunigung:

$$a = \frac{v^2}{r} = \omega^2 \cdot r$$

Der Geschwindigkeitsvektor hat dieselbe Richtung wie die Differenz der Ortsvektoren.

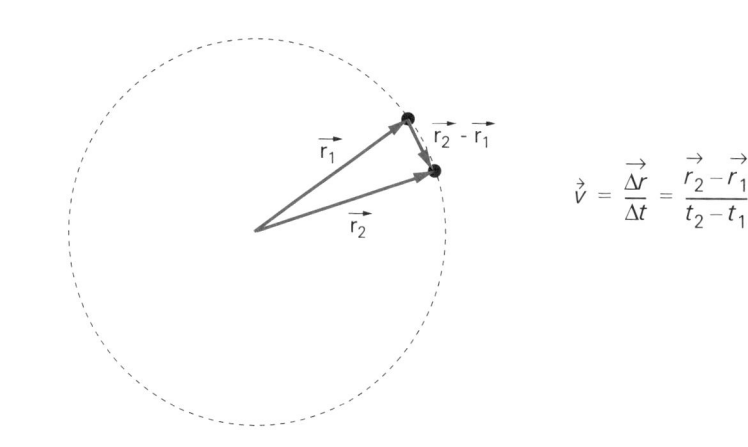

$$\vec{v} = \frac{\overrightarrow{\Delta r}}{\Delta t} = \frac{\vec{r}_2 - \vec{r}_1}{t_2 - t_1}$$

Der Beschleunigungsvektor hat dieselbe Richtung wie die Differenz der Geschwindigkeitsvektoren.

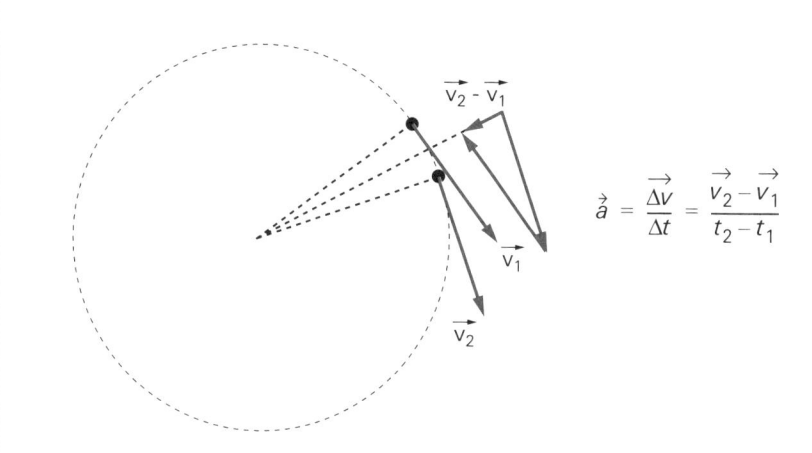

$$\vec{a} = \frac{\overrightarrow{\Delta v}}{\Delta t} = \frac{\vec{v}_2 - \vec{v}_1}{t_2 - t_1}$$

Bei der gleichförmigen Kreisbewegung ist der Vektor der Momentangeschwindigkeit tangential zum Kreis, der Vektor der Momentanbeschleunigung zeigt auf den Kreismittelpunkt.

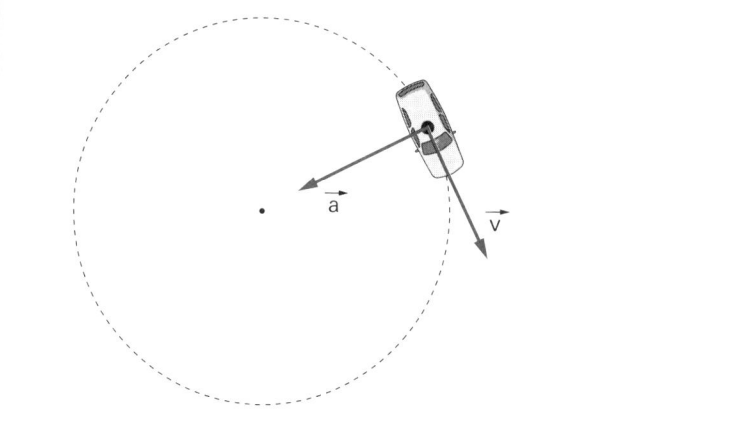

Hinweise

Teilweise wird bei gleichförmig rotierenden Körpern die Tourenzahl f pro Minute angegeben. Sie gibt an, wie oft sich der Körper in einer Minute um die eigene Achse dreht. Für die Tourenzahl gilt: $f = 1 / T$. Für die Einheit der Tourenzahl gilt: $[f] = \min^{-1}$.

Theoriefragen

Aufgabe 45
A] Wann handelt es sich bei einer Bewegung um eine gleichförmige Kreisbewegung?

B] Nennen Sie Beispiele für gleichförmige Kreisbewegungen.

C] Nennen Sie ein Beispiel, das man annähernd als gleichförmige Kreisbewegung betrachten kann.

Aufgabe 46
Definieren Sie folgende Grössen und geben Sie ihr Formelzeichen und ihre SI-Einheit an.

A] Winkelgeschwindigkeit

B] Frequenz

C] Periode

D] Umlaufszeit

E] Tourenzahl

F] Geschwindigkeit

G] Zentripetalbeschleunigung

Aufgabe 47
Sie sollen die gleichförmige Kreisbewegung eines Massenpunkts beschreiben.

A] Wie viele Grössen muss man mindestens angeben, um daraus die Geschwindigkeit des Massenpunkts zu berechnen?

B] Ein Körper macht eine gleichförmige Kreisbewegung. Die Geschwindigkeit kann nicht direkt gemessen werden. Was muss man messen, um daraus die Geschwindigkeit berechnen zu können?

Aufgabe 48
A] Welche Richtung hat der Vektor der momentanen Geschwindigkeit und Beschleunigung bei einer gleichförmigen Kreisbewegung?

B] Geben Sie je eine Gleichung für den Betrag der momentanen Geschwindigkeit und Zentripetalbeschleunigung an für den Fall, dass Bahnradius und Umlaufszeit bekannt sind.

Aufgabe 49
A] Erklären Sie, warum gleichförmige Kreisbewegungen beschleunigte Bewegungen sind.

B] Zeigen Sie mit einer Skizze, dass bei einer gleichförmigen Kreisbewegung der Vektor der momentanen Beschleunigung auf den Kreismittelpunkt zeigt.

Aufgabe 50
Planeten, Monde und Satelliten bewegen sich annähernd gleichförmig auf kreisförmigen Bahnen. Einige Umlaufszeiten sollten dabei allgemein bekannt sein.

A] Wie gross ist die Umlaufszeit der Erde um die Sonne?

B] Wie gross ist die Umlaufszeit des Monds um die Erde?

C] Wie gross ist die Umlaufszeit geostationärer Satelliten?

Kurze Aufgaben

Aufgabe 51 CDs haben einen Durchmesser von 11.7 cm. Berechnen Sie die folgenden Grössen für einen Punkt am Rande einer CD für den Fall, dass die Tourenzahl 4200 Umdrehungen pro Minute beträgt:

A] Frequenz

B] Periode

C] Winkelgeschwindigkeit

D] Geschwindigkeit

E] Zentripetalbeschleunigung

Aufgabe 52 Die Erde bewegt sich praktisch gleichförmig auf einer Kreisbahn um die Sonne.

A] Wie gross ist die Strecke, die die Erde während eines Umlaufs zurücklegt?

B] Wie gross ist die Geschwindigkeit der Erde?

C] Wie gross ist die Zentripetalbeschleunigung der Erde?

Aufgabe 53 Wir befinden uns aufgrund der Erdrotation in einer ständigen gleichförmigen Kreisbewegung.

A] Wie gross ist die Umlaufszeit eines Menschen auf dem Äquator? Ist die Umlaufszeit einer Person in der Schweiz kleiner, gleich oder grösser?

B] Wie gross ist die Geschwindigkeit einer Person auf dem Äquator infolge der Erdrotation?

C] Wie gross ist die Rotationsgeschwindigkeit einer Person mit geografischer Breite 45°?

D] Wie gross ist dadurch die Zentripetalbeschleunigung einer Person auf dem Äquator?

E] Wieso merken wir von dieser Zentripetalbeschleunigung nichts?

Aufgabe 54 Sie durchfahren mit konstant 108 km/h eine kreisförmige Kurve mit Radius 200 m.

A] Wie gross ist die Periode?

B] Wie gross ist die Winkelgeschwindigkeit?

C] Wie gross ist die Zentripetalbeschleunigung? Wie gross ist die Zentripetalbeschleunigung in Einheiten der Fallbeschleunigung g?

Aufgabe 55 Wie hängt bei der gleichförmigen Kreisbewegung die Geschwindigkeit und die Zentripetalbeschleunigung eines Körpers vom Bahnradius und der Periode ab?

Aufgabe 56 Die Zeiger einer Uhr machen eine gleichförmige Kreisbewegung.

A] Wie gross ist die Winkelgeschwindigkeit eines Sekundenzeigers?

B] Wie gross ist die Frequenz eines Stundenzeigers?

Umfangreichere Aufgaben (I)

Aufgabe 57

Die Tourenzahl eines Propellers soll so sein, dass kein Punkt des Propellers schneller als 340 m/s ist.

A] Welche Punkte eines rotierenden Propellers haben die grösste Geschwindigkeit?

B] Wie gross ist die minimale Periode der Rotationsbewegung des Propellers, wenn der Propellerradius 1.0 m beträgt?

C] Was lässt sich über die maximal zulässige Tourenzahl (Umdrehungen pro Minute) des Propellers sagen, wenn der Propellerradius 1.0 m beträgt?

D] Was lässt sich über die Zentripetalbeschleunigung des schnellsten Punkts des Propellers sagen, wenn der Propellerradius 1.0 m beträgt und sich der Propeller mit einer Tourenzahl von 2000 min^{-1} dreht? Geben Sie den Wert in Einheiten von g an.

Aufgabe 58

A] Schätzen Sie die Periode und den Radius der Kreisbewegung während einer Fahrt mit einem Riesenrad.

B] Berechnen Sie aus Ihren Schätzwerten die Tourenzahl, Geschwindigkeit und Zentripetalbeschleunigung während der Fahrt.

Aufgabe 59

Mit riesigen Zentrifugen, in denen ein Mensch Platz hat, kann die Beschleunigung beim Start einer Rakete simuliert werden. Wie gross muss die Tourenzahl einer Zentrifuge sein, um eine etwa 3-fache Erdbeschleunigung zu simulieren, wenn sich der Astronaut auf einer Kreisbahn mit Radius 10 m bewegt?

Aufgabe 60

In einem Teilchenbeschleuniger mit 27 km Kreisumfang (CERN), befindet sich ein Proton auf einer gleichförmigen Kreisbewegung. Die Geschwindigkeit des Protons beträgt 99 % der Vakuum-Lichtgeschwindigkeit.

A] Wie lange braucht ein Proton für eine Runde im Teilchenbeschleuniger?

B] Wie viele Umläufe macht ein Proton jede Sekunde?

C] Wie gross ist die Zentripetalbeschleunigung eines Protons?

Aufgabe 61

A] Wie gross ist die Periode eines Punkts auf dem Rand eines Velorads bei einer durchschnittlichen Fahrt? Nehmen Sie für die Fortbewegung des Velos und die Grösse des Velorads sinnvolle Werte an.

B] Wie gross ist unter den gemachten Annahmen die Zentripetalbeschleunigung eines Punkts auf dem Rand des Velorads? Geben Sie den Wert in Einheiten von g an.

Aufgabe 62

1925 erfand Theodor Svedberg die analytische Ultrazentrifuge und bekam dafür 1926 den Nobelpreis für Chemie. Ultrazentrifugen rotieren so schnell, dass die auf die Probe wirkende Zentripetalbeschleunigung bis zu $10^6\,g$ beträgt.

A] Wie gross ist dann die Frequenz der Ultrazentrifuge, wenn sich die Probe auf einer Kreisbahn mit Radius 5.0 cm befindet?

B] Um eine noch grössere Zentripetalbeschleunigung zu erhalten, müsste man die Frequenz der Ultrazentrifuge oder den Bahnradius erhöhen. Was bewirkt eine Verdopplung der Frequenz und was eine Verdopplung des Bahnradius?

Umfangreichere Aufgaben (II)

Aufgabe 63 [Abb. 3.1] Wirbelsturm Frances am 28.8.2004 über dem Atlantik

In tropischen Wirbelstürmen kreist die Luft um ein Zentrum. Auf der Nordhalbkugel dreht sie entgegen dem Uhrzeigersinn (Hurrikan, Taifun), auf der Südhalbkugel im Uhrzeigersinn (Willy-Willy). Bild: NASA/ISS

Ein Windmessgerät, das sich 500 km vom Zentrum eines tropischen Wirbelsturms befindet, misst eine Windgeschwindigkeit von 230 km/h. Nehmen Sie bei der Beantwortung der folgenden Fragen an, dass der Wirbelsturm als starre Luftmasse rotiert und damit überall dieselbe Winkelgeschwindigkeit hat.

A] Wie gross ist die Zentripetalbeschleunigung, die die Luft auf einer Kreisbahn von 500 km Radius erfährt?

B] Wie gross ist die Periode des Wirbelsturms?

C] Wie gross ist die Windgeschwindigkeit im Wirbelsturm in einem Abstand von 250 km vom Zentrum?

Aufgabe 64 Ein Autofahrer sieht plötzlich ein breites Hindernis vor sich auftauchen. Er hat zwei Möglichkeiten, einen Aufprall zu vermeiden: stoppen oder eine 180°-Wendung einleiten. Mit welchem Manöver hat er die grössere Chance einen Aufprall zu vermeiden, wenn bei beiden Manövern die Beschleunigung gleich gross ist?

Aufgabe 65 Die Erde rotiert gleichförmig mit einer Periode von 24 h.

A] Wie gross ist der Bahnradius der Kreisbewegung, die ein Mensch auf einer geografischen Breite von 10° infolge der Erdrotation mitmacht? Tipp: Zeichnen Sie in einen Querschnitt durch die Erde die geografische Breite ein und verwenden Sie Ihre Trigonometrie-Kenntnisse.

B] Wie gross ist das Verhältnis zwischen der Zentripetalbeschleunigung eines Menschen mit geografischer Breite 45° und eines Menschen mit geografischer Breite 0°?

4 Dynamik geradliniger Bewegungen

Kurztheorie

Kraft

Kräfte, die auf einen Körper einwirken, verformen oder beschleunigen diesen Körper. Um Kräfte vollständig zu beschreiben, muss man nicht nur ihre *Stärke,* sondern auch ihre *Richtung* und ihren *Angriffspunkt* angeben. Die Kraft ist eine gerichtete Grösse, die mit Kraft-Vektoren beschrieben wird. Oft nimmt man vereinfachend an, dass alle Kräfte am Schwerpunkt des Körpers angreifen. Die SI-Einheit der Kraft hat den Namen *Newton:*

$$[F] = \text{kg} \cdot \frac{\text{m}}{\text{s}^2} = \text{N}$$

Gewichtskraft

Auf jeden Körper wirkt eine gegen den Erdmittelpunkt gerichtete *Gewichtskraft* F_G:

$$F_G = m \cdot g \qquad m = \text{Masse des Körpers}, g = \textit{Fallbeschleunigung} = 9.81 \text{ m/s}^2$$

Normalkraft

Die Kraft, mit der der Boden (Unterlage) einen Körper stützt, nennt man *Normalkraft* F_N. Die Normalkraft wirkt rechtwinklig zum Boden. Die Stärke der Normalkraft hängt davon ab, wie stark der gestützte Körper den Boden belastet. Wenn ein Körper auf einem ebenen Boden liegt, so muss der Boden der Gewichtskraft des Körpers entgegenwirken, sodass:

$$F_N = F_G = m \cdot g$$

Gleitreibungskraft

Für die entgegengesetzt zur Bewegungsrichtung wirkende *Gleitreibungskraft* F_R gilt:

$$F_R = \mu_G \cdot F_N \qquad \mu_G = \textit{Gleitreibungszahl}, F_N = \textit{Normalkraft}$$

Haftreibungskraft

Für die entgegengesetzt zur Zugkraft oder Stosskraft wirkende *Haftreibungskraft* F_R gilt:

$$F_R \leq \mu_H \cdot F_N \qquad \mu_H = \textit{Haftreibungszahl}, F_N = \textit{Normalkraft}$$

Federkraft

Gedehnte und gestauchte Federn üben eine *Federkraft* F_F aus:

$$F_F = D \cdot y \qquad D = \textit{Federkonstante}, y = \text{Dehnung/Stauchung der Feder}$$

Trägheitsgesetz

Trägheitsgesetz: Wirkt auf einen Körper keine Kraft, sind Betrag und Richtung der Geschwindigkeit konstant.

Kraftwirkungsgesetz

Damit ein Körper beschleunigt wird, muss eine Kraft auf ihn wirken. Die Beschleunigung des Körpers findet immer in Richtung der Gesamtkraft statt. Das *Kraftwirkungsgesetz* beschreibt den Zusammenhang zwischen der *Gesamtkraft* F_{total}, die auf den Körper wirkt, und der Beschleunigung a, die er erfährt:

$$F_{total} = m \cdot a$$

Den Vektor der Gesamtkraft erhält man durch vektorielle Addition aller am Körper angreifenden Kräfte. Den Betrag der Gesamtkraft erhält man durch Zusammenzählen der Parallelkomponenten aller Kräfte unter Berücksichtigung ihres *Vorzeichens* zur Gesamtkraft. Parallelkomponenten in Bewegungsrichtung haben ein positives Vorzeichen, solche entgegengesetzt zur Bewegungsrichtung ein negatives.

Wechselwirkungsgesetz

Wechselwirkungsgesetz (actio = reactio): Die Kraft, die der Körper 1 auf den Körper 2 ausübt, bewirkt eine entgegengesetzt gleich grosse Kraft des Körpers 2 auf den Körper 1.

Den Vektor der Gesamtkraft erhält man durch vektorielle Addition aller am Körper angreifenden Kräfte.

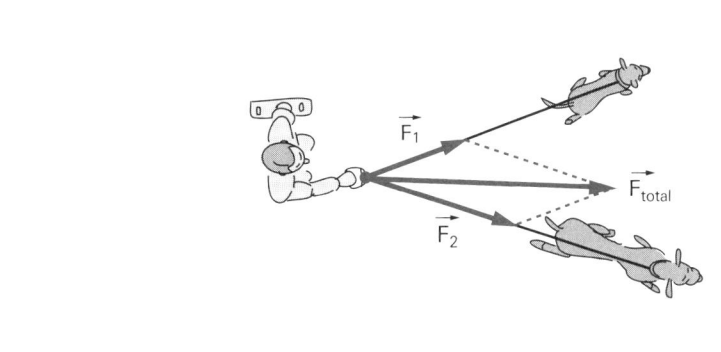

Bei einer horizontalen Vollbremsung wirkt auf das Auto die Haftreibungskraft F_R, die Gewichtskraft F_G und die Normalkraft F_N. Davon hat die Haftreibungskraft eine zur Bewegung parallele Kraftkomponente.	Beim Beschleunigen am Hang wirkt auf das Auto die Antriebskraft F_A, die Gewichtskraft F_G und die Normalkraft F_N. Davon haben die Gewichtskraft und die Antriebskraft eine zur Bewegung parallele Kraftkomponente.
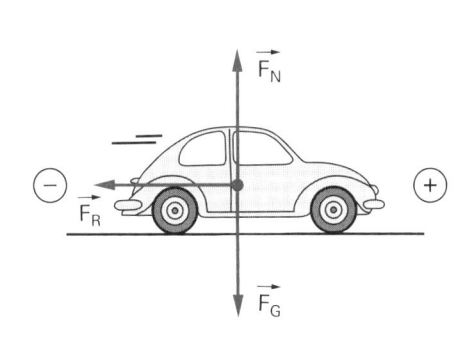	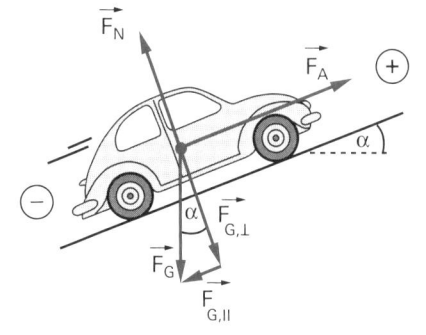
$F_{total} = -F_R = -\mu_G \cdot F_N$	$F_{total} = F_A - F_{G,\parallel}$
$F_N = F_G = m \cdot g$	$F_{G,\parallel} = F_G \cdot \sin\alpha = m \cdot g \cdot \sin\alpha$

Hinweise

Vorgehen beim Berechnen der Beschleunigung:

- Kraft-Vektoren aller am Körper wirkenden Kräfte in eine Skizze einzeichnen.
- Parallelkomponenten aller Kräfte berechnen.
- Parallelkomponenten aller Kräfte unter Berücksichtigung ihres Vorzeichens zur Gesamtkraft zusammenzählen. Parallelkomponenten in Bewegungsrichtung haben ein positives Vorzeichen, solche entgegengesetzt zur Bewegungsrichtung ein negatives.
- Aus der Gesamtkraft mit dem Kraftwirkungsgesetz die Beschleunigung berechnen.

Der Zusammenhang zwischen Steigungswinkel α und Steigung $\sigma = \Delta y / \Delta x$ lautet: $\sigma = \tan\alpha$. Die Steigung kann in Prozent angegeben werden, indem man sie mit 100 multipliziert.

Richtwerte für Reibungszahlen sind in den meisten Formelsammlungen aufgelistet.

Theoriefragen

Aufgabe 66

A] Welche zwei Wirkungen können Kräfte haben?

B] Nennen Sie Beispiele für beide Fälle.

Aufgabe 67

Um eine Kraft, die auf einen Körper wirkt, vollständig zu beschreiben, müssen Stärke, Richtung und Angriffspunkt der Kraft angegeben werden.

A] Illustrieren Sie mit einem Beispiel, dass zwei Kräfte mit gleicher Stärke und gleicher Richtung, aber unterschiedlichem Angriffspunkt unterschiedliche Wirkung haben.

B] Illustrieren Sie mit einem Beispiel, dass zwei Kräfte mit gleicher Stärke und gleichem Angriffspunkt, aber unterschiedlicher Richtung unterschiedliche Wirkung haben.

C] Illustrieren Sie mit einem Beispiel, dass zwei Kräfte mit gleichem Angriffspunkt und gleicher Richtung, aber unterschiedlicher Stärke unterschiedliche Wirkung haben.

Aufgabe 68

Um eine Kraft, die auf einen Massenpunkt wirkt, vollständig zu beschreiben, müssen Stärke und Richtung der Kraft angegeben werden.

A] Was lässt sich über die Stärke und Richtung der Gewichtskraft aussagen?

B] Was lässt sich über die Stärke und Richtung der Normalkraft aussagen?

C] Was lässt sich über die Stärke und Richtung der Gleitreibungskraft aussagen?

D] Was lässt sich über die Stärke und Richtung der Haftreibungskraft aussagen?

E] Was lässt sich über die Stärke und Richtung der Federkraft aussagen?

Aufgabe 69

A] Formulieren Sie das Trägheitsgesetz (1. Newton'sches Gesetz) in Worten.

B] Sie treten kräftig in die Pedale Ihres Velos und sind trotzdem mit konstanter Geschwindigkeit unterwegs. Wieso ist dies kein Widerspruch zum Trägheitsgesetz?

Aufgabe 70

Das Kraftwirkungsgesetz verbindet die Kraft, die auf einen Körper wirkt, mit der Beschleunigung, die der Körper erfährt.

A] Formulieren Sie das Kraftwirkungsgesetz (2. Newton'sches Gesetz) in Worten.

B] Wie kann das Kraftwirkungsgesetz verwendet werden, um die SI-Einheit 1 N zu definieren?

C] Auf zwei Körper wirkt dieselbe Kraft. Wieso bedeutet dies nicht automatisch, dass die beiden Körper dieselbe Beschleunigung erfahren?

D] In welche Richtung wird ein Körper beschleunigt?

Aufgabe 71

A] Wie lautet das Wechselwirkungsgesetz (3. Newton'sches Gesetz)?

B] Eine Lokomotive zieht an einem Eisenbahnwagen. Was wissen Sie über die Gegenkraft zu dieser Zugkraft?

C] Wieso kann ein Körper durch eine Kraft beschleunigt werden, wenn es zu jeder Kraft eine Gegenkraft gibt?

Kurze Aufgaben

Aufgabe 72 Welche Gesamtkraft muss auf eine 100 Tonnen schwere Lokomotive wirken, damit sie eine Beschleunigung von 1.25 m/s^2 erfährt?

Aufgabe 73 Wie gross ist die Gewichtskraft, die auf einen Wassertropfen von 3.0 mm Durchmesser wirkt?

Aufgabe 74 Sie versuchen erfolglos, einen 100 kg schweren Kleiderschrank aus Holz auf einem Holzboden zu verschieben. Sie stossen dabei horizontal mit 400 N.

A] Was kann über die Haftreibungskraft ausgesagt werden?

B] Wie gross ist die Normalkraft, die auf den Kleiderschrank wirkt?

C] Wie gross ist die maximale Haftreibungskraft, die auf den Kleiderschrank wirkt, wenn die Haftreibungszahl 0.6 beträgt?

D] Sie stossen nun zu zweit, sodass sich der Kleiderschrank bewegt. Wie gross ist die Gleitreibungskraft? Entnehmen Sie die Gleitreibungszahl einer Formelsammlung.

Aufgabe 75 Ein 20 kg schwerer Curlingstein gleitet bei einer Anfangsgeschwindigkeit von 4.0 m/s bis zum Stillstand 40 m weit.

A] Wie gross ist die Beschleunigung des Curlingsteins?

B] Welche Kraft bremst den Curlingstein und wie gross ist sie?

C] Welche Grösse lässt sich aus der Bremsstrecke bestimmen? Geben Sie eine Gleichung an und berechnen Sie damit diese Grösse.

Aufgabe 76 Eine Federwaage wird durch ein 200 g schweres Metallstück um 5.0 cm gedehnt.

A] Welche Kräfte wirken auf das Metallstück?

B] Wie gross ist die Gesamtkraft, die auf das Metallstück wirkt?

C] Wie gross ist die Federkonstante der Federwaage?

Aufgabe 77 Zwei Hunde zerren in entgegengesetzte Richtung am selben Pantoffel. Der eine Hund zieht mit 100 N, der andere mit 150 N. Wie gross ist die Gesamtkraft und in welche Richtung zeigen der Vektor der Gesamtkraft und der Beschleunigungs-Vektor?

Aufgabe 78 Ein Flugzeug fliegt horizontal mit konstanter Geschwindigkeit.

A] Neben der Auftriebskraft durch die Flügel wirken 3 weitere Kräfte auf das Flugzeug. Um welche Kräfte handelt es sich und welches ist die Richtung aller 4 Kräfte?

B] Wie gross ist die Summe der 4 Kräfte?

Aufgabe 79 Eine Fliege fliegt los und beschleunigt dabei in 50 ms gleichmässig auf 2.5 m/s.

A] Wie gross ist die Beschleunigung der Fliege in Einheiten der Fallbeschleunigung?

B] Wie gross ist die beschleunigende Kraft, wenn die Fliege eine Masse von 0.10 g hat?

Umfangreichere Aufgaben (I)

Aufgabe 80

Ein 1200 kg schweres Auto braucht auf einer horizontalen geraden Strecke 9.0 s, um aus dem Stillstand eine Geschwindigkeit von 100 km/h zu erreichen.

A] Beschreiben Sie alle auf das Auto wirkenden Kräfte.

B] Wie gross ist die Gesamtkraft?

C] Wie gross ist die Beschleunigung bei gleicher Gesamtkraft, wenn zusätzlich 500 kg ins Auto geladen werden?

D] Wie lange dauert es jetzt, bis das Auto 100 km/h erreicht hat?

Aufgabe 81

Ein 1200 kg schweres Auto, das mit 72 km/h unterwegs ist, braucht vom Moment der Bremsung 80 m, um durch Rutschen auf einer horizontalen nassen Teerstrasse zum Stillstand zu kommen.

A] Wie gross ist die Beschleunigung?

B] Wie gross ist die Gleitreibungskraft?

C] Wie gross ist die Gleitreibungszahl zwischen den Autoreifen und der Teerstrasse?

D] Wie lang ist der Bremsweg bei doppelter Anfangsgeschwindigkeit?

E] Ein Auto kann kontrolliert durch Haftreibung oder unkontrolliert durch Gleitreibung abgebremst werden. Vergleichen Sie die beiden Bremswege bei horizontaler Strasse für den Fall, dass die maximal mögliche Haftreibung wirkt.

Aufgabe 82

Ein 2.0 kg schweres Brett rutscht einen Hang von 50° Steigung mit konstanter Geschwindigkeit hinunter.

A] Beschreiben Sie alle auf das Brett wirkenden Kräfte.

B] Wie gross ist die Gleitreibungskraft? Wie gross die Gleitreibungszahl?

Aufgabe 83

Auf einem Brett liegt ein Holzklotz. Das Brett wird langsam immer steiler gestellt. Bei einem Steigungswinkel von 30° fängt der Holzklotz an zu rutschen.

A] Beschreiben Sie für den Moment, in dem das Brett noch so flach steht, dass der Holzklotz nicht rutscht, alle auf den Holzklotz wirkenden Kräfte.

B] Beschreiben Sie für den Moment, in dem das Brett so steil steht, dass der Holzklotz zu rutschen beginnt, alle auf den Holzklotz wirkenden Kräfte.

C] Wie gross ist die Haftreibungszahl zwischen Brett und Holzklotz?

D] Wie gross ist die Beschleunigung des Holzklotzes bei einer Gleitreibungszahl von 0.40?

Aufgabe 84

Ein 150 kg schweres Motorrad mit einem 50 kg schweren Anhänger beschleunigt auf horizontaler Strasse mit 2.0 m/s².

A] Nennen Sie alle Kräfte, die auf das Motorrad und auf den Anhänger wirken. Der Luftwiderstand kann vernachlässigt werden. Bei welchen Kräften handelt es sich um Kraft-Gegenkraft-Paare?

B] Berechnen Sie alle wirkenden Kräfte.

Umfangreichere Aufgaben (II)

Aufgabe 85

Segelflugzeuge können mittels einer Seilwinde gestartet werden. Welche Beschleunigung in Einheiten von g ist auf der Startpiste möglich, wenn das Segelflugzeug mit Pilotin 600 kg wiegt und das Zugseil der horizontal ziehenden Seilwinde maximal 2.4 t tragen kann?

Aufgabe 86

[Abb. 4.1]   Skispringer auf Sprungschanze

Der Skispringer macht bei konstantem Gefälle eine gleichmässig beschleunigte Bewegung.
Bild: Jacqueline Godany / RDB

A] Beschreiben Sie die Richtung der auf den Skispringer wirkenden Kräfte.

B] Zeigen Sie, dass die Beschleunigung des Springers nur vom Steigungswinkel und der Gleitreibungszahl abhängt, nicht aber von der Masse des Springers.

Aufgabe 87

Eine 70 kg schwere Person springt aus der Hocke 50 cm senkrecht in die Höhe. Während des Abstossens erfährt die Person eine konstante Beschleunigung.

A] Welche Kräfte wirken auf die Person, während sie den Boden nicht mehr berührt?

B] Wie gross ist die Absprungsgeschwindigkeit der Person?

C] Wie gross ist die Beschleunigung der Person während des Abstossens?

D] Wie gross ist die Normalkraft, die auf die Person während des Abstossens wirkt, wenn die Beschleunigungsstrecke beim Abstossen 40 cm beträgt?

E] Wie gross ist die Abstosskraft der Beine, wenn die Beschleunigungsstrecke beim Abstossen 40 cm beträgt?

Aufgabe 88

Herr Huber (70 kg) lässt sich vom Skilift mit konstanter Geschwindigkeit den Hang hochziehen. Der Winkel zwischen Bügelseil und Piste beträgt $\alpha = 20°$. Der Steigungswinkel des Hangs beträgt $\beta = 30°$. Die Gleitreibungszahl zwischen Skis und Piste beträgt 0.2.

A] Beschreiben Sie die Richtung aller auf Herrn Huber wirkenden Kräfte.

B] Was lässt sich über die Gesamtkraft sagen, die dabei auf ihn wirkt?

C] Berechnen Sie die Seilkraft, die an ihm ziehen muss.

D] Was ändert sich, wenn der Lift, nachdem er stehen geblieben ist, wieder losfährt?

5 Dynamik gleichförmiger Kreisbewegungen

Kurztheorie

Obwohl der Betrag der Geschwindigkeit bei einer gleichförmigen Kreisbewegung konstant ist, ist die gleichförmige Kreisbewegung eine beschleunigte Bewegung, denn die Richtung der Geschwindigkeit ändert sich ständig. Die Beschleunigung bei der gleichförmigen Kreisbewegung nennt man Zentripetalbeschleunigung. Der Betrag der Zentripetalbeschleunigung hängt bei der gleichförmigen Kreisbewegung von der Geschwindigkeit v respektive der Winkelgeschwindigkeit ω und dem Bahnradius r ab:

$$a = \frac{v^2}{r} = \omega^2 \cdot r$$

Richtung der Gesamtkraft

Der momentane Beschleunigungs-Vektor zeigt bei der gleichförmigen Kreisbewegung stets zum Kreismittelpunkt. Gemäss Kraftwirkungsgesetz muss somit auf einen Körper bei einer gleichförmigen Kreisbewegung die Gesamtkraft F_{total} in Richtung Kreismittelpunkt wirken.

Um hervorzuheben, dass bei der gleichförmigen Kreisbewegung die Gesamtkraft auf den Kreismittelpunkt zeigt, spricht man von der *Zentripetalkraft* (centrum ist der lateinische Ausdruck für Mittelpunkt, petere der lateinische Ausdruck für anstreben).

Damit ein Körper eine Kreisbewegung ausführt, muss eine auf den Kreismittelpunkt zeigende Zentripetalkraft wirken. Diese Zentripetalkraft wird beim Auto in der Kurve durch die Haftreibung, beim Mond auf seiner Kreisbahn um die Erde von der Erdanziehungskraft bewirkt.

Betrag der Gesamtkraft

Setzt man die Gleichung für die Zentripetalbeschleunigung bei der gleichförmigen Kreisbewegung ins Kraftwirkungsgesetz $F_{total} = m \cdot a$ ein, so erhält man das *Kraftwirkungsgesetz für die gleichförmige Kreisbewegung*:

$$F_{total} = m \cdot \frac{v^2}{r} = m \cdot \omega^2 \cdot r$$

Für die Geschwindigkeit der gleichförmigen Kreisbewegung mit Bahnradius r und Periode T gilt:

$$v = \frac{2 \cdot \pi \cdot r}{T}$$

Die Haftreibungskraft F_R bewirkt die gleichförmige Kreisbewegung des Autos. Somit ist die Haftreibungskraft F_R gleich der Zentripetalkraft F_{total}.

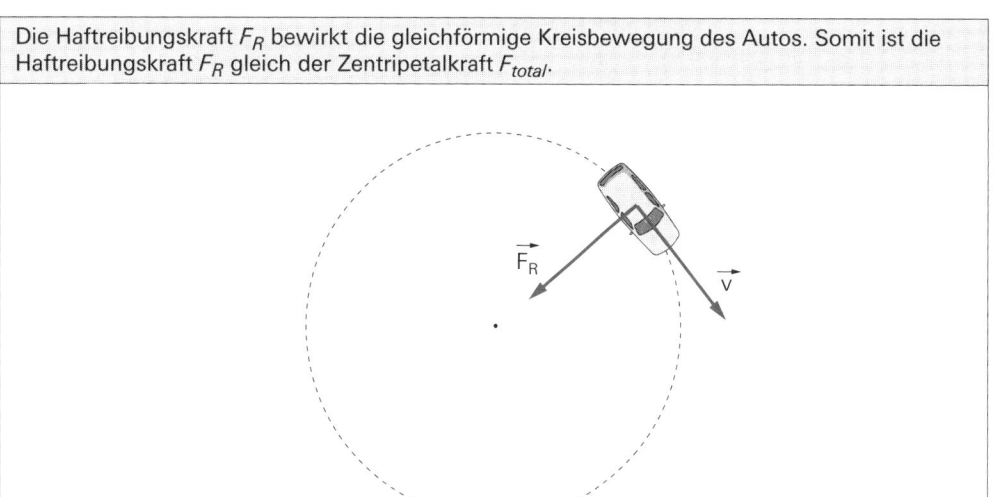

Die Gravitationskraft F_G bewirkt die gleichförmige Kreisbewegung des Monds um die Erde. Somit ist die Gravitationskraft F_G gleich der Zentripetalkraft F_{total}.

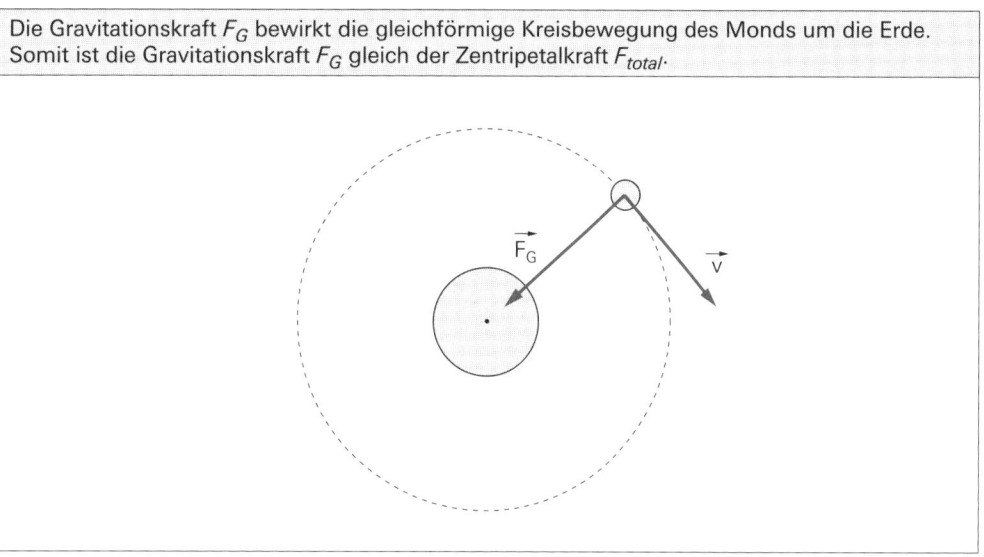

Hinweise

Bei gleichförmigen Kreisbewegungen wird der Begriff «Zentripetalkraft» anstelle des Begriffs «Gesamtkraft» verwendet. Dies, um hervorzuheben, dass die Gesamtkraft bei der gleichförmigen Kreisbewegung stets auf das Zentrum der Bewegung gerichtet ist. Die Zentripetalkraft ist also keine weitere Kraft, die am Körper wirkt, sondern sie ist die Summe aller am Körper wirkenden Kräfte.

Theoriefragen

Aufgabe 89

A] Was lässt sich über die Geschwindigkeit eines Körpers bei gleichförmiger Kreisbewegung sagen?

B] Was lässt sich über die Beschleunigung eines Körpers bei gleichförmiger Kreisbewegung sagen?

C] Wie lautet das Kraftwirkungsgesetz (2. Newton'sches Gesetz) für den Fall einer gleichförmigen Kreisbewegung?

Aufgabe 90

A] Erklären Sie den Begriff Zentripetalkraft.

B] Wie kann man die Zentripetalkraft berechnen?

Aufgabe 91

Wodurch kommt die Zentripetalkraft bei folgenden gleichförmigen Kreisbewegungen zustande?

A] Ein Auto fährt gleichförmig im Kreis.

B] Der Mond umkreist die Erde.

C] Die Wäsche kreist beim Schleudern in der Waschmaschine.

Aufgabe 92

Welche Aussagen sind richtig, welche falsch? Begründen Sie Ihre Antworten.

A] Bei der gleichförmigen Kreisbewegung zeigt die Gesamtkraft immer auf den Kreismittelpunkt.

B] Bei der gleichförmigen Kreisbewegung ist der Betrag der Gesamtkraft konstant.

C] Bei der gleichförmigen Kreisbewegung ist der Vektor der Zentripetalkraft konstant.

Aufgabe 93

A] Wie muss die Zentripetalkraft geändert werden, damit bei einer Verdopplung der Geschwindigkeit der Bahnradius gleicht bleibt?

B] Wie muss die Zentripetalkraft geändert werden, damit bei gleich bleibender Geschwindigkeit der Bahnradius doppelt so gross wird?

C] Wie ändert sich die für die Kreisbahn nötige Zentripetalkraft, wenn der Körper die gleiche Kreisbahn mit doppelter Periodendauer durchläuft?

D] Die Winkelgeschwindigkeit eines eine Kreisbahn beschreibenden Körpers soll bei gleichem Bahnradius verdoppelt werden. Was bedeutet das für die Zentripetalkraft?

E] Ein Körper bewegt sich gleichförmig auf einer Kreisbahn. Nun soll bei gleich bleibendem Bahnradius die Tourenzahl verdoppelt werden. Was hat das für einen Einfluss auf die Zentripetalkraft?

Kurze Aufgaben

Aufgabe 94

Wie gross muss die Zentripetalkraft sein, damit sich eine Kugel von 1.2 kg mit einer Geschwindigkeit von 1.5 m/s auf einer Kreisbahn von 1.20 m Radius bewegt?

Aufgabe 95

Ein 30 kg schweres Kind sitzt auf einem Karussell, das sich in 5.0 s einmal dreht.

A] Wie gross muss die Zentripetalkraft sein, damit sich das Kind auf einer Kreisbahn mit Radius 4.0 m bewegt?

B] Wie unterscheidet sich die Zentripetalkraft bei einer Kreisbahn mit 2.0 m Radius von derjenigen bei einer Kreisbahn mit 4.0 m Radius?

Aufgabe 96

Berechnen Sie aus der Umlaufzeit und dem Bahnradius des Mondes die für die Kreisbahn notwendige Zentripetalkraft.

Aufgabe 97

Welchen Radius muss die Kurve einer Eisenbahnlinie mindestens haben, wenn die Zentripetalkraft auf eine Lokomotive von 120 t, die mit 130 km/h fährt, nicht grösser als 400 kN sein darf? Wie wird die Zentripetalkraft auf die Lokomotive übertragen?

Aufgabe 98

Sie lassen einen Ball, der an einer Schnur befestigt ist, kreisen. Wenn der Ball langsam kreist, beschreibt die Schnur einen Kegel. Wenn der Ball schnell kreist, wird sich die Schnur praktisch in einer horizontalen Ebene bewegen.

Die verwendete Schnur ist 1.0 m lang und der Ball ist 50 g schwer. Mit welcher Frequenz können Sie den Ball höchstens kreisen lassen, wenn die Schnur bei einer Belastung von 50 N reisst?

Aufgabe 99

Ein Auto durchfährt eine horizontale Rechtskurve.

A] Erklären Sie, warum das Auto bei zu grosser Geschwindigkeit aus der Kurve geraten kann.

B] Während der 70 kg schwere Fahrer mit dem Auto mit 120 km/h durch die Rechtskurve fährt, drückt die Autotüre mit 600 N von links gegen den Fahrer. Wie gross ist der Bahnradius der kreisförmigen Kurve?

Aufgabe 100

Ein 150 kg schwerer geostationärer Wettersatellit bewegt sich gleichförmig auf einer Kreisbahn mit Radius $42 \cdot 10^3$ km um die Erde.

A] Wie gross ist die Kraft, die ihn auf seine Kreisbahn zwingt?

B] Wie ist die Kraft gerichtet?

Aufgabe 101

Sterne sind Gaskugeln. Junge Sterne rotieren sehr schnell um die eigene Achse. Es gibt bei Sternen eine so genannte kritische Rotationsgeschwindigkeit. Was könnte wohl passieren, wenn der Stern schneller als mit dieser kritischen Rotationsgeschwindigkeit rotiert?

Umfangreichere Aufgaben (I)

Aufgabe 102   [Abb. 5.1]   Rotierende Weltraumstation

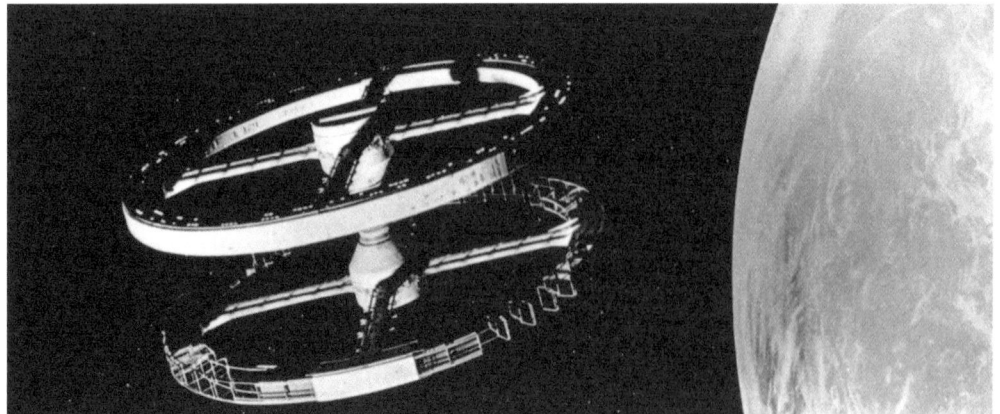

Eine rotierende Weltraumstation, wie sie im Film «Space Odyssey 2001» anzutreffen ist.
Bild: NASA

Mit welcher Periode muss die obige Raumstation rotieren, damit ein Bewohner der Raumstation eine Zentripetalkraft spürt, die gleich gross ist wie seine Gewichtskraft auf der Erde? Der Durchmesser der Raumstation beträgt 100 m.

Aufgabe 103

A] Zwei gleiche Autos fahren mit unterschiedlicher Geschwindigkeit durch die gleiche Kurve. Für welches Auto muss die Zentripetalkraft grösser sein?

B] Zwei gleiche Autos fahren mit gleicher Geschwindigkeit durch verschieden enge Kurven. In welcher Kurve muss die Zentripetalkraft grösser sein?

C] Die Kurve einer horizontalen Strasse hat einen Radius vom 200 m. Wie schnell kann ein Auto bei trockener Strasse fahren, ohne in der Kurve aus seiner Bahn zu geraten?

Aufgabe 104

Bei einem Kettenkarussell hängen die Sitze an einer Kette, die ausschwingen, wenn sich das Karussell dreht. Ein solches Kettenkarussell dreht sich mit konstanter Winkelgeschwindigkeit. Ein 40 kg schweres Kind sitzt auf einem Sitz des Karussells. Der Winkel zwischen der Kette des Sitzes und der Senkrechten beträgt 30°.

A] Beschreiben Sie die Richtung aller Kräfte und der Gesamtkraft, die auf das Kind einwirken.

B] Wie gross ist die Kettenkraft, mit der die Kette am Kind ziehen muss?

C] Berechnen Sie die Gesamtkraft, die auf das Kind wirkt.

Aufgabe 105

Ein 80 kg schwerer Pilot fliegt einen Looping, also eine senkrechte Kreisbahn. Auf ihn wirken dabei Gewichts- und Normalkraft. Der Pilot durchfliegt die Kreisbahn mit Radius 100 m mit 216 km/h.

A] Wie gross ist die Zentripetalbeschleunigung des Piloten in Einheiten von g?

B] Beschreiben Sie, wie sich Gewichtskraft und Normalkraft, die auf den Piloten wirken, am höchsten und tiefsten Punkt der Kreisbahn überlagern.

C] Wie gross ist am höchsten Punkt des Loopings die Normalkraft auf den Piloten?

D] Wie gross ist am tiefsten Punkt des Loopings die Normalkraft auf den Piloten?

Umfangreichere Aufgaben (II)

Aufgabe 106 Infolge der Erdrotation machen wir ständig eine gleichförmige Kreisbewegung mit. Vereinfachend nimmt man zwar meist an, dass die vektorielle Summe aus Normalkraft und Gewichtskraft gleich null ist. Genau genommen ist die Vektorsumme aus Gewichtskraft und Normalkraft aber gleich der winzigen Zentripetalkraft, die wirken muss, damit wir die Erdrotation mitmachen.

A] Wie gross ist die Zentripetalkraft, die zu dieser Kreisbewegung gehört, für jemanden, der auf dem Äquator steht? Geben Sie das Ergebnis in Einheiten der Gewichtskraft an.

B] Wie rasch dürfte die Erde rotieren, damit wir am Äquator gerade noch am Boden bleiben, die Normalkraft also gerade null ist?

Aufgabe 107 Ein Holzklotz liegt auf einer gleichförmig rotierenden, horizontalen Holzplatte und macht dadurch eine gleichförmige Kreisbewegung mit Radius 15 cm. Mit welcher Frequenz darf die Holzplatte maximal rotieren, ohne dass der Holzklotz wegrutscht?

Aufgabe 108 «1999 SF10» ist der Name eines kleinen, besonders schnell rotierenden, fast kugelförmigen Asteroiden. Der Durchmesser des Asteroiden beträgt etwa 100 m. Die Fallbeschleunigung auf seiner Oberfläche beträgt $g_A = 5 \cdot 10^{-5}\,\text{m/s}^2$. Die Rotationsperiode ist rund 2.5 min. Bleibt man auf dem Äquator des Asteroiden mit der winzigen Gewichtskraft $F_G = m \cdot g_A$ trotz der schnellen Rotation stehen?

Aufgabe 109 [Abb. 5.2] Krebs-Nebel

Der Krebs-Nebel ist das Resultat einer Supernova-Explosion, die im Jahr 1054 beobachtet wurde. Die Distanz zum Krebs-Nebel beträgt 6000 Lichtjahre. Im Zentrum des Krebs-Nebels befindet sich das Überbleibsel der Supernova-Explosion, ein Neutronenstern. Bild: ESO/VLT

Der Neutronenstern, der im Zentrum des Krebs-Nebels sitzt, rotiert 30-mal pro Sekunde um die eigene Achse und hat einen Durchmesser von rund 20 km.

A] Wir gross ist die Zentripetalkraft, die auf ein Neutron am Äquator des Sterns wirkt?

B] Was sagt die Grösse der Zentripetalkraft über die Kraft aus, die die anderen Neutronen des Neutronensterns auf das Neutron am Rand ausüben?

6 Gravitationskraft

Kurztheorie

Betrag der Gravitationskraft

Newton'sches Gravitationsgesetz: Massen ziehen sich gegenseitig mit der Gravitationskraft an. Zwischen zwei Körpern mit Massen m_1 und m_2 wirkt eine *Gravitationskraft* von:

$$F_G = G \cdot \frac{m_1 \cdot m_2}{r^2} \qquad G = \text{Gravitationskonstante}, r = \text{Abstand der Massenzentren}$$

$$G = 6.67 \cdot 10^{-11} \, \frac{m^3}{kg \cdot s^2}$$

Richtung der Gravitationskraft

Richtung der Gravitationskraft: Die Gravitationskraft, die auf die Masse m_1 wirkt, zeigt auf den Schwerpunkt der Masse m_2. Die Gravitationskraft, die auf die Masse m_2 wirkt, zeigt auf den Schwerpunkt der Masse m_1.

Zwischen der Erde und einem Apfel wirkt infolge der Massen der beiden Körper die Gravitationskraft. Die Gewichtskraft, die auf den Apfel wirkt, ist nichts anderes als die Gravitationskraft, die die Erde auf den Apfel ausübt.

Gemäss Wechselwirkungsgesetz gilt: Die Gravitationskraft, die die Erde auf einen Apfel ausübt, ist gleich gross wie die Gravitationskraft, die der Apfel auf die Erde ausübt.

Aufgrund der extrem unterschiedlichen Massen von Apfel und Erde hat die Gravitationskraft zwischen den beiden Körpern extrem unterschiedliche Beschleunigungen der beiden Körper zur Folge. Die Gravitationskraft, die die Erde auf einen Apfel ausübt, bewirkt eine Fallbeschleunigung $g = 9.81 \, m/s^2$ des Apfels. Die Gravitationskraft, die der Apfel auf die Erde ausübt, bewirkt infolge der riesigen Masse der Erde nur eine winzige, nicht wahrnehmbare Fallbeschleunigung der Erde.

Satelliten befinden sich oft auf kreisförmigen Erdumlaufbahnen. Die Gravitationskraft F_G, die die Erde auf einen Satelliten ausübt, ist für die Zentripetalbeschleunigung des Satelliten verantwortlich.

Körper, die durch die Gravitationskraft eine gleichförmige Kreisbewegung ausführen, befinden sich im freien Fall, wobei die Beschleunigung gleich der Zentripetalbeschleunigung ist.

Schwerelosigkeit

Wird einem Körper, auf den die Gravitationskraft wirkt, kein Widerstand entgegengesetzt, ist der Körper *schwerelos*. Ein Mensch fühlt sich somit schwerelos, wenn er sich im freien Fall befindet. Ebenso fühlt man sich schwerelos, wenn man irgendwo runterspringt oder in einer Raumstation die Erde umkreist.

Die geradlinige Fallbeschleunigung des Apfels kommt durch die Gravitationskraft zwischen Erde und Apfel zustande.	Die gleichförmige Kreisbewegung des Satelliten kommt durch die Gravitationskraft zwischen Erde und Satellit zustande.
$F_G = G \cdot \dfrac{m_A \cdot m_E}{r_E^2}$	$F_G = G \cdot \dfrac{m_S \cdot m_E}{r_S^2}$
$F_{total} = m \cdot a$	$F_{total} = m \cdot a$
$G \cdot \dfrac{m_A \cdot m_E}{r_E^2} = m_A \cdot a$	$G \cdot \dfrac{m_S \cdot m_E}{r_S^2} = m_S \cdot \dfrac{v^2}{r_S}$
$a = G \cdot \dfrac{m_E}{r_E^2} = 9.81 \,\dfrac{m}{s^2}$	$v = \sqrt{G \cdot \dfrac{m_E}{r_S}}$

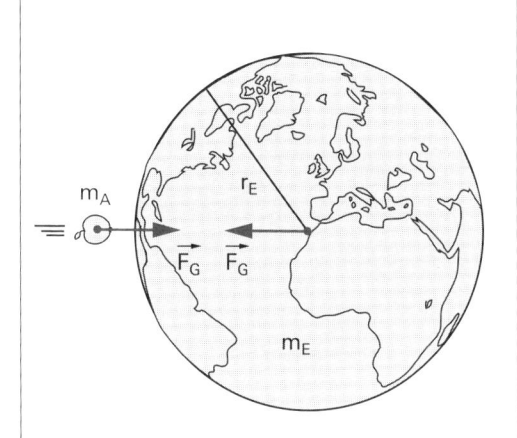

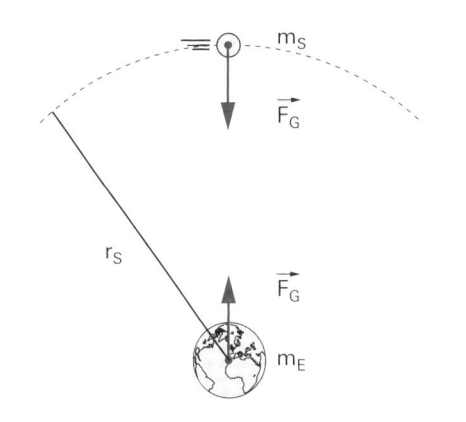

Hinweise

Die Gleichung $F_G = m \cdot g$ mit $g = 9.81$ m/s² gilt nur für Gegenstände nahe an der Erdoberfläche ($r \approx r_E$). Allgemein ist das Gravitationsgesetz gültig.

Geostationäre Satelliten haben eine Umlaufszeit von $T = 24$ h und umkreisen die Erde von West nach Ost über dem Äquator.

Die wichtigsten Daten der Sonne, der Planeten und der Monde der Planeten sind in den meisten Formelsammlungen aufgelistet.

Theoriefragen

Aufgabe 110

A] Geben Sie die Gleichung für das Newton'sche Gravitationsgesetz an und erklären Sie die darin auftretenden Grössen.

B] Durch was wird die Gravitationskraft verursacht?

C] Wie nahe müssen sich zwei Gegenstände sein, damit die Gravitationskraft wirkt?

D] Welchen Wert hat die Gravitationskonstante? Welches ist ihre SI-Einheit?

E] In welche Richtung zeigt die Gravitationskraft, die zwei Körper aufeinander ausüben?

Aufgabe 111

Warum ist die Gravitationskraft, die zwischen zwei Menschen wirkt, nicht spürbar?

Aufgabe 112

In welchen Situationen kann $F_G = m \cdot g$ mit $g = 9.81 \, \text{m/s}^2$ für die Gravitationskraft benutzt werden und wann muss das allgemeine Newton'sche Gravitationsgesetz verwendet werden?

Aufgabe 113

Beschreiben Sie mit Worten, wie sich die Gravitationskraft ändert, die die Erde auf eine Rakete ausübt, während sich diese von ihr entfernt.

Aufgabe 114

A] Wie gross ist die Gravitationskraft, mit der ein Apfel an der Erde zieht, wenn diese mit einer Gravitationskraft von 5.0 N am Apfel zieht?

B] Erklären Sie, wieso ein Apfel, der sich vom Baum löst, in Richtung Erdboden beschleunigt wird, während die Erde kaum in Richtung Apfel beschleunigt wird, obwohl gemäss Wechselwirkungsgesetz auf beide Körper betragsmässig dieselbe Gravitationskraft wirkt.

Aufgabe 115

A] Leiten Sie mit der Gleichung für die Gravitationskraft und mit dem Kraftwirkungsgesetz die Gleichung für die Fallbeschleunigung eines frei vom Baum fallenden Apfels her.

B] Leiten Sie mit der Gleichung für die Gravitationskraft und mit dem Kraftwirkungsgesetz die Gleichung für die Geschwindigkeit eines Satelliten her, der eine gleichförmige Kreisbewegung ausführt.

Aufgabe 116

Wie würde sich die Gravitationskraft ändern, die zwischen Erde und Mond wirkt, wenn der Radius der Erde bei gleich bleibender Masse doppelt so gross würde?

Aufgabe 117

Die Fallbeschleunigung beschreibt, wie ein frei beweglicher Körper K_1 durch die Gravitationskraft eines zweiten Körpers K_2 beschleunigt wird. Wovon hängt die Fallbeschleunigung des Körpers K_1 ab?

Aufgabe 118

Unter welcher Bedingung ist ein Körper schwerelos? Nennen Sie Beispiele.

Kurze Aufgaben

Aufgabe 119 Wie gross ist die Gravitationskraft zwischen zwei Menschen, die 50 kg und 60 kg schwer sind und deren Schwerpunkte einen Abstand von 60 cm voneinander haben?

Aufgabe 120 Berechnen Sie mit dem Gravitationsgesetz die Fallbeschleunigung

A] auf der Erdoberfläche.

B] auf der Mondoberfläche.

C] auf der Sonnenoberfläche.

Aufgabe 121 A] Wie gross ist die Gravitationskraft, die auf einen Apfel auf Meereshöhe wirkt, im Verhältnis zur Gravitationskraft auf einen Apfel auf dem Gipfel des Mt. Everest (8850 m über Meer)?

B] Wie gross ist die Gravitationskraft, die auf einen Space Shuttle während des Starts wirkt, im Verhältnis zur Gravitationskraft auf einen Space Shuttle in 300 km Höhe?

Aufgabe 122 A] Welche Grössen müssen Sie kennen, um daraus zusammen mit der Fallbeschleunigung $g = 9.81$ m/s^2 und dem Gravitationsgesetz die Masse der Erde berechnen zu können?

B] Der Mond umkreist die Erde praktisch gleichförmig auf einer Kreisbahn. Welche Grössen muss man kennen, um daraus den Radius der Mondbahn berechnen zu können?

Aufgabe 123 Aus den Umlaufzeiten der Planeten des Sonnensystems kann man leicht die Radien der Planetenbahnen berechnen, wenn man annimmt, dass sich die Planeten gleichförmig auf Kreisbahnen bewegen. Diese Annahme ist meistens gut erfüllt.

A] Welche zusätzliche Grösse benötigen Sie neben der Umlaufzeit noch?

B] Berechnen Sie so den Bahnradius von Mars.

Aufgabe 124 In rund 5 Milliarden Jahren wird die Sonne anfangen zu pulsieren: Sie wird sich dabei abwechselnd aufblähen und zusammenziehen. Welchen Einfluss hat das auf die Gravitationskraft, die zwischen der Sonne und den Planeten wirkt?

Aufgabe 125 Damit sich ein Satellit immer über dem gleichen Punkt der Erde befindet und somit geostationär ist, muss seine Umlaufzeit 24 Stunden betragen.

A] Erklären Sie, wieso sich geostationäre Satelliten auf kreisförmigen Bahnen über dem Äquator bewegen müssen.

B] Zeigen Sie, dass ein geostationärer Satellit in einer Höhe von etwa 36 000 km über der Erdoberfläche fliegen muss.

C] Fliegt ein Satellit mit kürzerer Periode tiefer oder höher als ein geostationärer Satellit?

D] Wie gross ist die Periode der Internationalen Weltraumstation ISS, die annähernd gleichförmig auf einer Kreisbahn in etwa 400 km Höhe über dem Erdboden fliegt?

Umfangreichere Aufgaben (I)

Aufgabe 126

Es gibt Asteroiden, die rotieren so schnell um ihre Achse, dass man nicht auf ihnen stehen könnte.

A] Leiten Sie für einen kugelförmigen Asteroiden mit Radius r_A und Dichte ρ_A die Gleichung für die Fallbeschleunigung g_A an seiner Oberfläche her.

B] Leiten Sie für kugelförmige Asteroiden eine Gleichung her, die angibt, mit welcher Periode er rotieren darf, damit man an seinem Äquator von der Gravitationskraft gerade noch auf die notwendige Kreisbahn gezwungen wird. Die mittlere Dichte von Asteroiden beträgt $3.0 \cdot 10^3 \, \text{kg/m}^3$.

Aufgabe 127

Viele Einwohner der USA waren erstaunt und beunruhigt, als im Jahre 1957 die UdSSR den ersten Erdsatelliten namens Sputnik auf eine Umlaufbahn um die Erde brachte. Es stellte sich sehr schnell die Frage nach der Masse des Satelliten, den die UdSSR in eine Umlaufbahn bringen konnte. Lässt sich die Masse des Satelliten aus seiner Höhe und Umlaufszeit berechnen?

Aufgabe 128

Die Planeten des Sonnensystems bewegen sich annähernd gleichförmig auf Kreisbahnen um die Sonne. Lange vor Newtons Gravitationsgesetz fand Johannes Kepler, dass das Verhältnis r_{SP}^3/T_P^2 für alle Planeten gleich gross ist. T_P = Periode des Planeten, r_{SP} = Radius der Kreisbahn des Planeten. Dies ist das 3. Kepler'sche Gesetz.

A] Das 3. Kepler'sche Gesetz folgt aus dem Gravitationsgesetz und dem Kraftwirkungsgesetz. Berechnen Sie r_{SP}^3/T_P^2 aus der Masse der Sonne und der Gravitationskonstante formal und kommentieren Sie das Resultat.

B] Wie viel mal grösser ist das Verhältnis r_{SP}^3/T_P^2 für Planeten, die einen anderen Stern in kreisförmigen Bahnen umrunden, wenn dieser Stern 5-mal so schwer wie die Sonne ist?

Aufgabe 129

Jupiter wird von einer Reihe von Monden umkreist. Die 4 grössten Monde heissen Io, Europa, Ganymed und Kallisto und umkreisen Jupiter praktisch gleichförmig auf Kreisbahnen mit: T_{Io} = 1.8 d, T_{Europa} = 3.6 d, $T_{Ganymed}$ = 7.2 d, $T_{Kallisto}$ = 16.7 d.

A] Welcher dieser 4 Monde hat den grössten Bahnradius, welcher den kleinsten?

B] Die Umlaufzeit des Jupitermonds Io ist gerade halb so gross wie die des Jupitermonds Europa. Wie verhält sich somit der Bahnradius von Io zu demjenigen von Europa?

C] Wie gross ist der Bahnradius von Ganymed?

Aufgabe 130

Nicht nur die Sonne übt eine Gravitationskraft auf die Planeten aus, sondern auch die Planeten untereinander. Besonders Jupiter macht sich so bemerkbar.

A] Wieso macht sich Jupiter besonders stark durch die Wirkung der Gravitationskraft bemerkbar?

B] Die Gravitationskraft zwischen Jupiter und der Erde ist nicht immer gleich gross. Beschreiben Sie die gegenseitige Stellung von Sonne, Erde und Jupiter, in der die Gravitationskraft zwischen Jupiter und der Erde am stärksten bzw. am schwächsten ist.

C] Wie gross ist das maximale Verhältnis zwischen der Gravitationskraft, die die Sonne auf die Erde ausübt, und der Gravitationskraft, die Jupiter auf die Erde ausübt?

Umfangreichere Aufgaben (II)

Aufgabe 131   [Abb. 6.1]   Saturn

Der Planet Saturn ist bekannt für seinen Ring. Der Ring besteht aus Milliarden von einzelnen Teilchen aus Eis und Gestein in der Grösse von Millimetern bis mehreren Metern. Die Teilchen umkreisen den Planeten in seiner Äquatorebene gleichförmig. Bild: NASA/JPL/Space Science Institute

A] Der Durchmesser des äusseren Rands des Rings beträgt rund 270 000 km. Wie gross ist die Umlaufzeit eines Steinbrockens am äusseren Rand des Rings?

B] Von welchen Grössen hängt die Umlaufzeit eines Teilchens im Saturnring ab?

Aufgabe 132   Schwarze Löcher sind, wie ihr Name schon andeutet, nicht direkt sichtbar. Indirekt machen sie sich aber durch die Gravitationskraft bemerkbar, die sie auf ihre Umgebung ausüben. Im Zentrum der Milchstrasse, d. h., der Galaxie, in der wir uns befinden, gibt es ein extrem massereiches schwarzes Loch mit dem Namen Sagittarius A. Anhand der Bewegung der Sterne um dieses schwarze Loch kann man seine Masse berechnen. Das schwarze Loch Sagittarius A ist 2.6 Millionen Mal so schwer wie die Sonne.

A] Geben Sie die Gleichung an, mit der man die Masse des schwarzen Lochs aus der Periode und dem Bahnradius eines Sterns, der sich auf einer Kreisbahn um das schwarze Loch bewegt, berechnen kann.

B] Welche Grössen der gleichförmigen Kreisbewegung der Erde um die Sonne müssen gemäss der eben hergeleiteten Gleichung bekannt sein, damit man aus ihnen die Masse der Sonne berechnen kann?

Aufgabe 133   Wie gross ist die Gravitationskraft, die vom Mond auf eine Masse wirkt, die sich auf der dem Mond zugewandten Seite der Erde befindet, im Vergleich zur Gravitationskraft, die vom Mond auf eine Masse wirkt, die sich auf der dem Mond abgewandten Seite der Erde befindet? Dieses Verhältnis bestimmt die Gezeitenwirkung des Monds.

Aufgabe 134   Wie gross ist die Beschleunigung eines Astronauten, der die Erde in 400 km Höhe umkreist?

7 Druck und Auftrieb

Kurztheorie

Druck

Wenn auf eine Fläche A eine Kraft F wirkt, so entspricht dies einem *Druck p:*

$$p = \frac{F}{A}$$

Der Druck ist also eine Kraft pro Fläche. Die SI-Einheit des Drucks hat den Namen *Pascal:*

$$[p] = \text{N/m}^2 = \text{Pa}$$

Die Umrechnung der Druckeinheit *Bar* in die SI-Einheit Pascal lautet:

$$1 \text{ bar} = 10^5 \text{ Pa} = 10^3 \text{ hPa}$$

Schweredruck

Im Innern von Flüssigkeiten und Gasen herrscht infolge der Gewichtskraft der darüberliegenden Flüssigkeit oder des darüberliegenden Gases ein Druck, den man *Schweredruck p_S* nennt.

Bei Flüssigkeiten mit konstanter Dichte ρ, hängt der Schweredruck p_S von der Tiefe h und der *Dichte* ρ der Flüssigkeit ab:

$$p_S = \rho \cdot g \cdot h \qquad g = \text{Fallbeschleunigung} = 9.81 \text{ m/s}^2$$

Äusserer Druck

Oft wirkt auf einen Körper ein *äusserer Druck p_0*. Der Schweredruck p_S und ein äusserer Druck addieren sich dann zum *Gesamtdruck p_{total}:*

$$p_{total} = p_0 + p_S$$

Der Luftdruck ist nichts anderes als der Schweredruck der Erdatmosphäre über uns. Da in Gasen die Dichte vom Druck abhängt, kann man den Schweredruck der Erdatmosphäre nicht mit $p_S = \rho \cdot g \cdot h$ berechnen.

Pascals Gesetz

Pascals Gesetz: Der Druck, der in einer Flüssigkeit oder in einem Gas herrscht, weil von aussen eine Kraft wirkt, ist überall gleich gross.

Anwendung des Pascal'schen Gesetzes: Aus der Kraft F_1, die auf den Presskolben (Kolbenfläche A_1) einer *hydraulischen Presse* wirkt, kann man die Kraft F_2 berechnen, die auf den Hebekolben (Kolbenfläche A_2) wirkt, denn der durch die Kraft F_1 bewirkte Druck p ist überall in der Leitung gleich gross:

$$p = \frac{F_1}{A_1} = \frac{F_2}{A_2} \quad \text{also} \quad \frac{F_1}{F_2} = \frac{A_1}{A_2}$$

Auftriebskraft

Da der Schweredruck auf die Unterseite in der Tiefe h_2 eines in eine Flüssigkeit oder in ein Gas eingetauchten Körpers grösser ist als auf die Oberseite in der Tiefe h_1, wirkt auf den Körper eine *Auftriebskraft F_A*.

Der Betrag der Auftriebskraft F_A, die auf einen Körper wirkt, ist gemäss dem *Prinzip des Archimedes* gleich gross wie die Gewichtskraft des vom Körper verdrängten Mediums:

$$F_A = \rho_M \cdot V_E \cdot g$$

ρ_M ist die Dichte des verdrängten Mediums, V_E ist das Volumen des verdrängten Mediums.

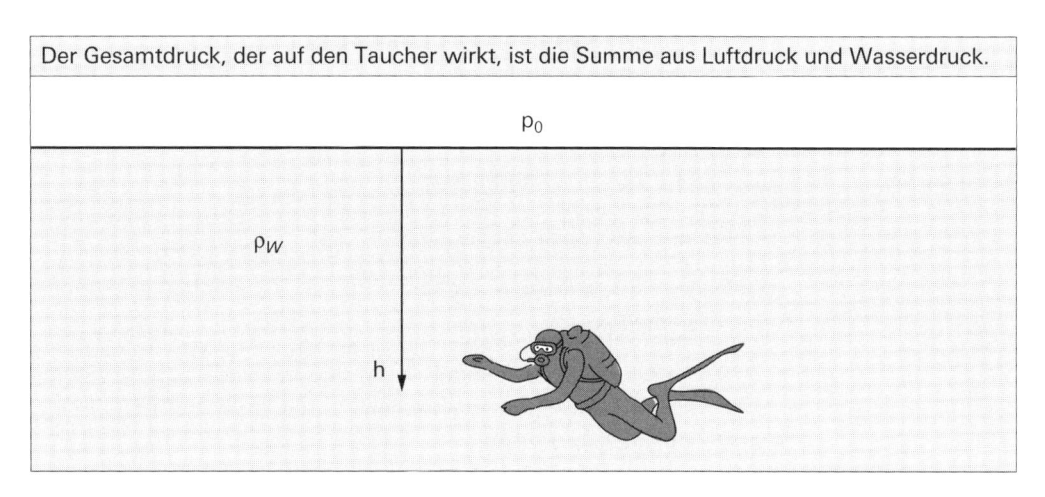

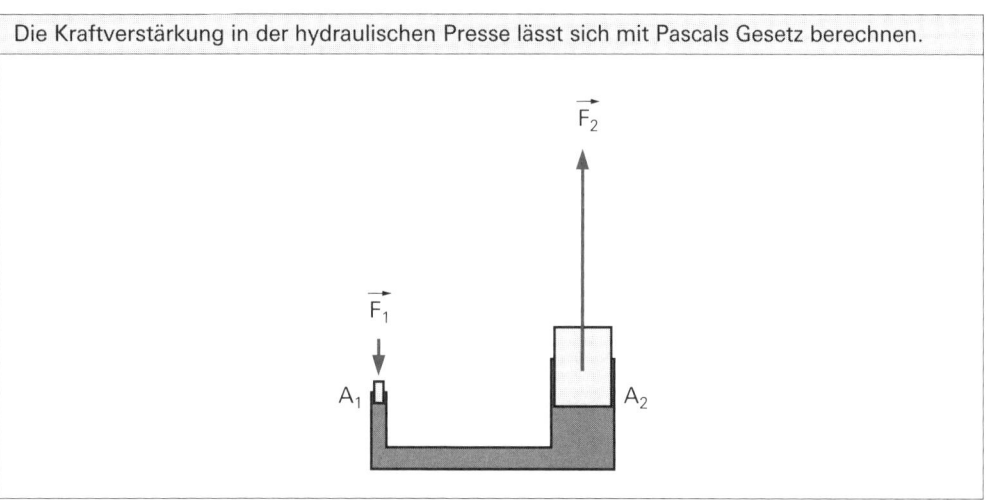

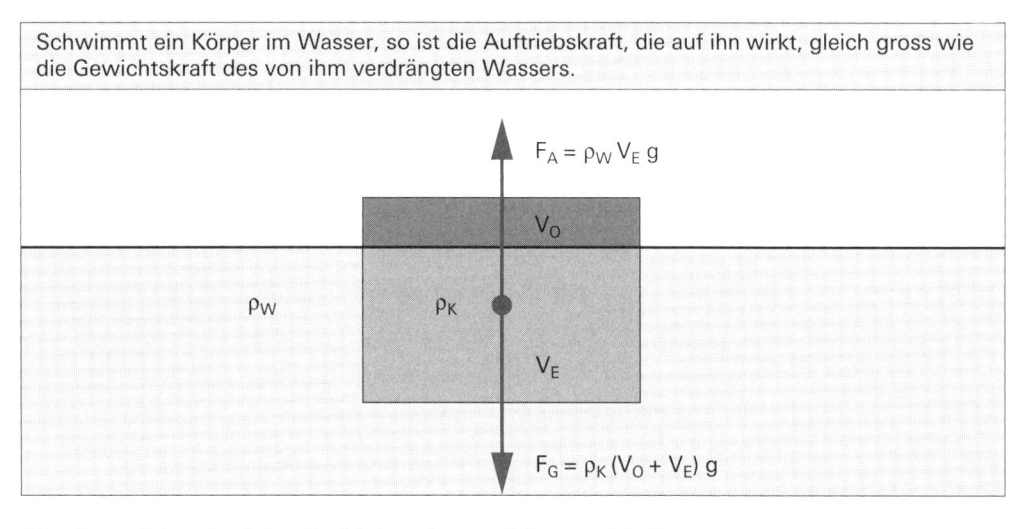

> Der Gesamtdruck, der auf den Taucher wirkt, ist die Summe aus Luftdruck und Wasserdruck.

p_0

ρ_W

h

> Die Kraftverstärkung in der hydraulischen Presse lässt sich mit Pascals Gesetz berechnen.

$\vec{F}_2$

$\vec{F}_1$

$A_1 \qquad A_2$

> Schwimmt ein Körper im Wasser, so ist die Auftriebskraft, die auf ihn wirkt, gleich gross wie die Gewichtskraft des von ihm verdrängten Wassers.

$F_A = \rho_W V_E\, g$

V_O

$\rho_W \qquad \rho_K$

V_E

$F_G = \rho_K (V_O + V_E)\, g$

Hinweise

Für die Auftriebskraft ist die Dichte des verdrängten Mediums relevant, für die Gewichtskraft des Körpers ist die Dichte des Körpers entscheidend. Die Dichten verschiedener Materialien sind in den meisten Formelsammlungen aufgelistet.

Auf einen ganz flach am Boden liegenden Körper wirkt keine Auftriebskraft, da der Schweredruck nicht auf die Unterseite des Körpers wirken kann, denn Ursprung der Auftriebskraft ist der Schweredruck, der auf die Unterseite eines Körpers wirkt.

Schwimmen bedeutet, dass Gewichts- und Auftriebskraft betragsmässig gleich gross sind und ein Teil des Körpers aus dem Wasser ragt. Schweben bedeutet, dass Gewichts- und Auftriebskraft betragsmässig gleich gross sind und der ganze Körper unter Wasser ist.

Theoriefragen

Aufgabe 135 A] Wie ist der Druck definiert?

B] Welches ist die SI-Einheit des Drucks?

C] Nennen Sie eine weitere gebräuchliche Druckeinheit und geben Sie die Umrechnung in die SI-Einheit an.

D] Ein Dominostein ist quaderförmig und hat Begrenzungsflächen verschiedener Grösse. Auf welche Fläche muss man einen Dominostein stellen, damit der Druck auf den Tisch maximal wird?

E] Mit welchem Gerät misst man den Luftdruck?

F] Wie rechnet man die in der Meteorologie gebräuchlichen hPa in mbar um?

Aufgabe 136 Von welchen Grössen hängt die Kraft ab, die von innen auf den Korken einer Champagnerflasche wirkt?

Aufgabe 137 A] Erklären Sie den Begriff Schweredruck.

B] Was bedeuten die einzelnen Grössen in der Gleichung $p_S = \rho \cdot g \cdot h$?

C] Unter welchen Umständen gilt die Gleichung $p_S = \rho \cdot g \cdot h$ für den Schweredruck p_S?

Aufgabe 138 A] Erklären Sie, wie der Luftdruck zustande kommt.

B] Wie gross ist der Luftdruck etwa?

C] Erklären Sie, wieso leere PET-Trinkflaschen, die auf einem Berggipfel fest verschlossen wurden, im Tal zusammengedrückt sind.

Aufgabe 139 A] Formulieren Sie Pascals Gesetz.

B] Beschreiben Sie eine Situation, wo Pascals Gesetz nützlich ist, um Kräfte zu berechnen.

Aufgabe 140 Woraus setzt sich der Druck zusammen, der auf das Trommelfell eines Tauchers unter Wasser wirkt?

Aufgabe 141 A] Wie kommt die Auftriebskraft zustande?

B] Formulieren Sie in Worten das Prinzip des Archimedes.

C] Wodurch ist die Stärke der Auftriebskraft bestimmt?

Aufgabe 142 A] Beschreiben Sie den Unterschied zwischen Schweben und Schwimmen.

B] Worauf muss beim Berechnen der Auftriebskraft beim Schwimmen und beim Schweben geachtet werden?

Kurze Aufgaben

Aufgabe 143
A) Schätzen Sie den Druck ab, den Sie mit Ihren Füssen auf den Boden ausüben.

B) Welchen Druck üben Sie auf den Boden aus, wenn Sie Schneeschuhe tragen? Sie sind mit Schneeschuhen 1.5 kg schwerer als ohne. Die Auflagefläche eines Schneeschuhs beträgt 10 dm^2.

Aufgabe 144
A) Wie gross ist die Kraft, die von innen her auf den Korken einer Champagnerflasche wirkt, wenn der Druck in der Flasche 6.0 bar beträgt? Schätzen Sie benötigte Grössen ab.

B) Aus was setzt sich die Gesamtkraft zusammen, die den Korken aus einer Champagnerflasche herausdrückt?

Aufgabe 145
A) Rechnen Sie 950 mbar in Pa und in hPa um.

B) Rechnen Sie 100 N/cm^2 in Pa und in mbar um.

Aufgabe 146
A) Von welchen Grössen hängt der Druck ab, den das Wasser auf eine bestimmte Stelle einer Staumauer ausübt?

B) Wie beeinflusst die Länge des Stausees die Belastung der Staumauer?

C) Wie gross ist der Druck des Wassers auf die unterste Stelle einer 50 m hohen Mauer?

D) Warum sind Staumauern von Stauseen unten dicker als oben?

Aufgabe 147
In welcher Tiefe beträgt der Schweredruck von Wasser 1.0 bar?

Aufgabe 148
Schätzen Sie ab, welche Masse die Erdatmosphäre hat. Verwenden Sie die Tatsache, dass der mittlere Luftdruck $1.0 \cdot 10^5$ Pa beträgt.

Aufgabe 149
A) Erklären Sie, was beim Trinken mit einem Strohhalm passiert, indem Sie mit dem Druck argumentieren, der an beiden Enden des Strohhalms vorhanden ist.

B) Wie lang darf ein Strohhalm theoretisch sein, um damit noch trinken zu können?

Aufgabe 150
Wie viele Kubikmeter Meerwasser verdrängt ein Schiff, das 10 000 t wiegt?

Aufgabe 151
Eis schwimmt in Wasser. Wie viele Prozent eines Volumens sind eingetaucht?

Aufgabe 152
In Ihrem Keller zeigt der Druckmesser, dass in der Wasserleitung ein Druck von 3.5 bar herrscht. Wie gross ist der Leitungsdruck im zweiten Stockwerk, also etwa 5.0 m höher?

Aufgabe 153
Ein Nagel, dessen Spitze eine Fläche von 0.012 mm^2 hat, wird mit 50 N gegen eine harte Unterlage gedrückt. Wie gross ist der Druck dort, wo die Spitze die Unterlage berührt?

Aufgabe 154
Ein Zeppelin mit Volumen $5.40 \cdot 10^3$ m^3 ist mit Helium gefüllt. Bestimmen Sie die Masse, die der Zeppelin samt Ladung haben darf, um gerade noch zu schweben. Vergleichen Sie dazu Gewichts- und Auftriebskraft. Wie gross ist der Beitrag des Gases zur Gesamtmasse?

Umfangreichere Aufgaben (I)

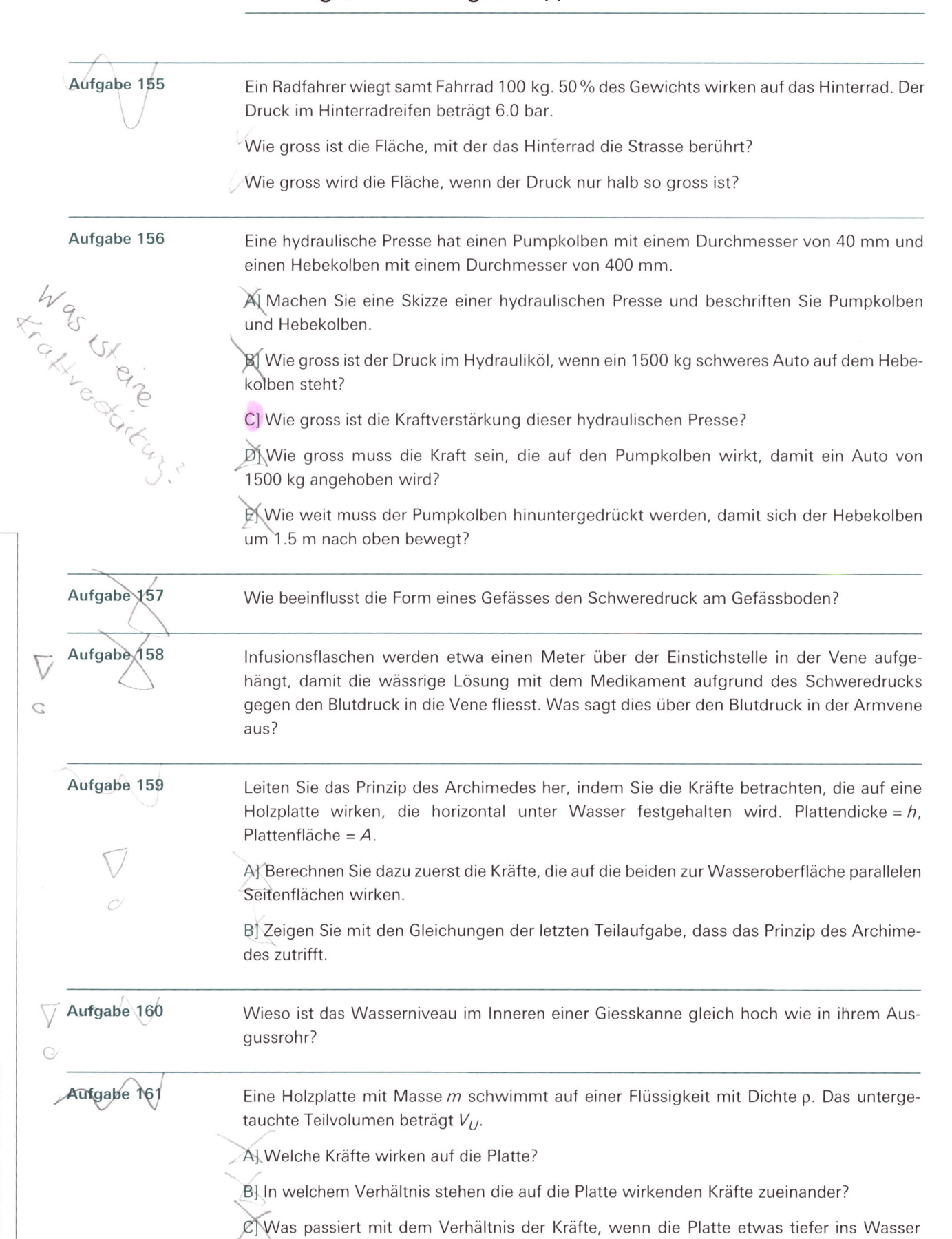

Aufgabe 155

Ein Radfahrer wiegt samt Fahrrad 100 kg. 50 % des Gewichts wirken auf das Hinterrad. Der Druck im Hinterradreifen beträgt 6.0 bar.

Wie gross ist die Fläche, mit der das Hinterrad die Strasse berührt?

Wie gross wird die Fläche, wenn der Druck nur halb so gross ist?

Aufgabe 156

Eine hydraulische Presse hat einen Pumpkolben mit einem Durchmesser von 40 mm und einen Hebekolben mit einem Durchmesser von 400 mm.

A] Machen Sie eine Skizze einer hydraulischen Presse und beschriften Sie Pumpkolben und Hebekolben.

B] Wie gross ist der Druck im Hydrauliköl, wenn ein 1500 kg schweres Auto auf dem Hebekolben steht?

C] Wie gross ist die Kraftverstärkung dieser hydraulischen Presse?

D] Wie gross muss die Kraft sein, die auf den Pumpkolben wirkt, damit ein Auto von 1500 kg angehoben wird?

E] Wie weit muss der Pumpkolben hinuntergedrückt werden, damit sich der Hebekolben um 1.5 m nach oben bewegt?

Aufgabe 157

Wie beeinflusst die Form eines Gefässes den Schweredruck am Gefässboden?

Aufgabe 158

Infusionsflaschen werden etwa einen Meter über der Einstichstelle in der Vene aufgehängt, damit die wässrige Lösung mit dem Medikament aufgrund des Schweredrucks gegen den Blutdruck in die Vene fliesst. Was sagt dies über den Blutdruck in der Armvene aus?

Aufgabe 159

Leiten Sie das Prinzip des Archimedes her, indem Sie die Kräfte betrachten, die auf eine Holzplatte wirken, die horizontal unter Wasser festgehalten wird. Plattendicke = h, Plattenfläche = A.

A] Berechnen Sie dazu zuerst die Kräfte, die auf die beiden zur Wasseroberfläche parallelen Seitenflächen wirken.

B] Zeigen Sie mit den Gleichungen der letzten Teilaufgabe, dass das Prinzip des Archimedes zutrifft.

Aufgabe 160

Wieso ist das Wasserniveau im Inneren einer Giesskanne gleich hoch wie in ihrem Ausgussrohr?

Aufgabe 161

Eine Holzplatte mit Masse m schwimmt auf einer Flüssigkeit mit Dichte ρ. Das untergetauchte Teilvolumen beträgt V_U.

A] Welche Kräfte wirken auf die Platte?

B] In welchem Verhältnis stehen die auf die Platte wirkenden Kräfte zueinander?

C] Was passiert mit dem Verhältnis der Kräfte, wenn die Platte etwas tiefer ins Wasser gedrückt wird?

Umfangreiche Aufgaben (II)

Aufgabe 162 Schätzen Sie die für die folgenden Berechnungen notwendigen Grössen selber ab.

A] Berechnen Sie den Druck, den ein Schlitten mit Ihnen auf die Schlittenbahn ausübt.

B] Berechnen Sie den Druck, den ein Kinderbob aus Plastik mit Ihnen auf die Bahn ausübt.

C] Wie gross ist der Druck in einer gefüllten Bettflasche, wenn Sie draufstehen? Kommt es bei der Berechnung darauf an, ob die Bettflasche neben Wasser auch Luft enthält?

D] Das Überdruckventil eines Kochtopfs öffnet sich, wenn der Druck im Topf grösser als 4 bar ist. Wie gross ist in diesem Fall die Kraft auf den Deckel des Kochtopfs?

Weso wird mit 2bar gerechnet!

Aufgabe 163 Experiment: Decken Sie ein randvoll mit Wasser gefülltes Glas vorsichtig mit einem Stück Karton ab, sodass sich keine Luft zwischen Karton und Wasseroberfläche befindet. Drehen Sie das Glas vorsichtig auf den Kopf und lassen Sie den Karton los. Wenn beim Drehen keine Luft zwischen Karton und Wasser gelangt, wird der Karton nicht herunterfallen und das Wasser wird im Glas bleiben.

A] Erklären Sie, wieso der Karton nicht herunterfällt und das Wasser nicht aus dem Glas fliesst.

B] Zeigen Sie anhand einer Rechnung, dass Sie bei der Wahl des Glases nicht vorsichtig sein müssen und auch das grösste Glas nehmen können, das Sie besitzen.

Aufgabe 164 Von einer 2.0 m mal 2.0 m grossen, flachen Eisscholle ragen 50 mm aus dem Wasser eines Teichs.

A] Wie gross ist das Gesamtvolumen der Eisscholle?

B] Wie schwer darf eine Person auf der Eisscholle sein, ohne dass die Eisscholle untergeht?

Aufgabe 165 Ein Würfel hängt an einem Kraftmesser (in Newton geeichte Federwaage). Dieser zeigt 3.00 N an, solange sich der Würfel an der Luft befindet. Taucht man ihn in Wasser ein, so zeigt der Kraftmesser noch 1.89 N. Die winzige Auftriebskraft, die bei der Wägung an der Luft wirkt, kann vernachlässigt werden.

A] Wie gross ist die Masse des Würfels?

B] Woraus setzt sich die Gesamtkraft zusammen, die auf den Würfel wirkt, wenn er mit dem Kraftmesser unter Wasser gewogen wird? Wie gross ist die Gesamtkraft? Wie gross ist die Auftriebskraft?

C] Zeigen Sie anhand der Dichte, dass der Würfel aus Aluminium besteht.

8 Arbeit und Leistung

Kurztheorie

Arbeit

Wenn auf einen Körper eine Kraft wirkt und es dadurch zu einer Bewegung in Kraftrichtung kommt, so wird am Körper eine *Arbeit* verrichtet.

Bei konstanter Kraft ist die verrichtete Arbeit das Produkt aus der Kraftkomponente $F_\parallel$ parallel zur Bewegungsrichtung und zum zurückgelegten Weg s:

$$W = F_\parallel \cdot s = F \cdot s \cdot \cos\alpha \qquad \alpha = \text{Winkel zwischen Kraft und Bewegungsrichtung}$$

Die SI-Einheit der Arbeit hat den Namen *Joule* (ausgesprochen Dschuul):

$$[W] = \frac{\text{kg} \cdot \text{m}^2}{\text{s}^2} = \text{J}$$

Für das *Vorzeichen der Arbeit* gilt:

- Ist $0° \leq \alpha < 90°$, so ist die Arbeit W positiv.
- Ist $\alpha = 90°$, so ist die Arbeit W null. Es wird keine Arbeit verrichtet.
- Ist $90° < \alpha \leq 180°$, so ist die Arbeit W negativ.

Die verrichtete Arbeit ist im *Kraft-Weg-Diagramm* an der Fläche unter der Kurve erkennbar.

Bekannte Arbeiten

Für die *Beschleunigungsarbeit* gilt:

$$W = \frac{m}{2} \cdot (v_2^2 - v_1^2) \qquad v_1 = \text{Anfangsgeschw.}, v_2 = \text{Endgeschwindigkeit}$$

Für die *Hubarbeit* gilt:

$$W = m \cdot g \cdot (h_2 - h_1) \qquad h_1 = \text{Anfangshöhe}, h_2 = \text{Endhöhe}$$

Für die *Dehnarbeit* gilt:

$$W = \frac{D}{2} \cdot (y_2^2 - y_1^2) \qquad y_1 = \text{Anfangslänge}, y_2 = \text{Endlänge}$$

Für die *Reibungsarbeit* bei horizontaler Bewegung:

$$W = \mu_G \cdot m \cdot g \cdot (s_2 - s_1) \qquad s_1 = \text{Anfangsort}, s_2 = \text{Endort}$$

Leistung

Die *Leistung P* ist definiert als Arbeit pro Zeiteinheit:

$$P = \frac{W}{\Delta t}$$

Die SI-Einheit der Leistung hat den Namen *Watt*:

$$[P] = \frac{\text{kg} \cdot \text{m}^2}{\text{s}^3} = \text{W}$$

Ist die Leistung zeitlich nicht konstant, unterscheidet man *momentane Leistung* und *durchschnittliche Leistung*.

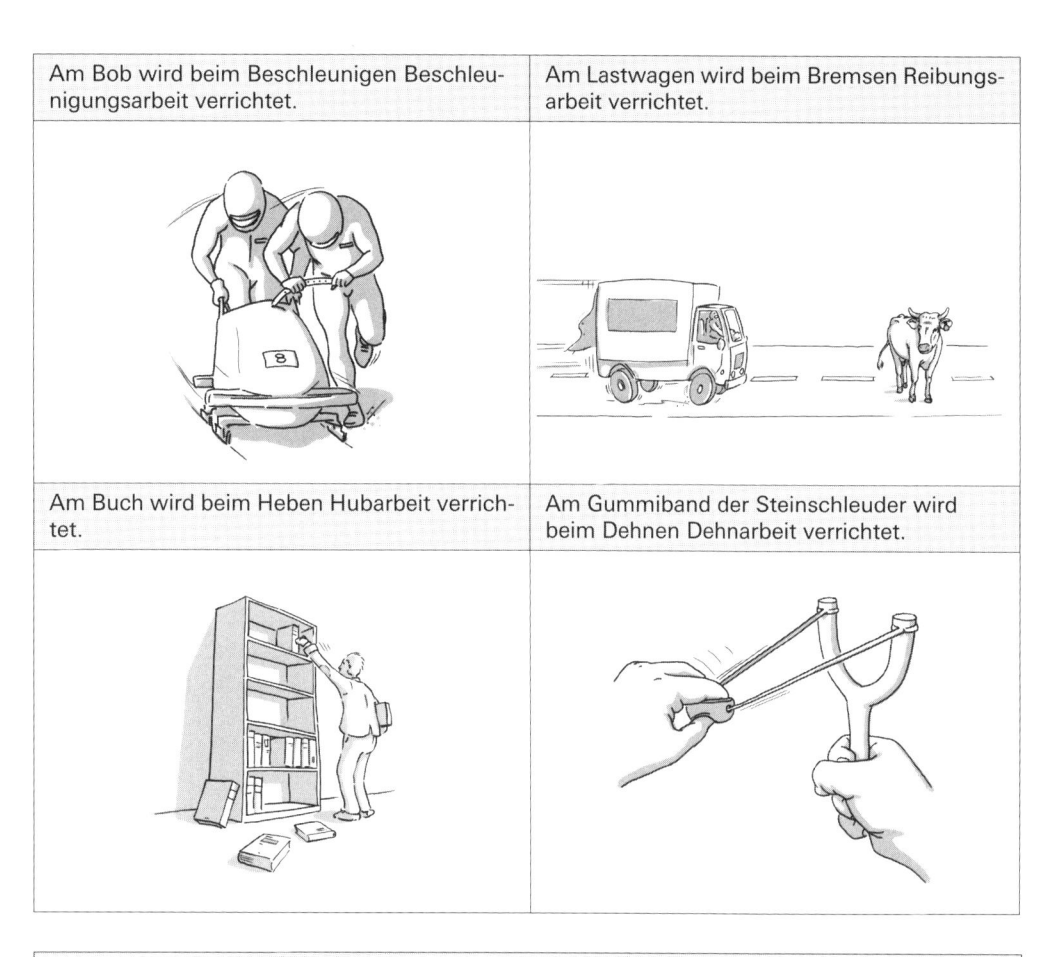

Am Bob wird beim Beschleunigen Beschleunigungsarbeit verrichtet.	Am Lastwagen wird beim Bremsen Reibungsarbeit verrichtet.
Am Buch wird beim Heben Hubarbeit verrichtet.	Am Gummiband der Steinschleuder wird beim Dehnen Dehnarbeit verrichtet.

Ein Velofahrer verrichtet Arbeit, während er den Berg hochfährt. Die durchschnittliche Leistung P des Velofahrers ist das Verhältnis aus verrichteter Arbeit W und der Zeit Δt, die er benötigt, um den Berg hochzufahren.

Hinweise

Nur wenn die Kraft eine Bewegung des Körpers in Kraftrichtung verursacht, wird eine Arbeit verrichtet. Die Zentripetalkraft für die gleichförmige Kreisbewegung verrichtet keine Arbeit, da sie stets rechtwinklig zur Bewegungsrichtung wirkt ($\alpha = 90°$ und somit $\cos \alpha = 0$).

Theoriefragen

Aufgabe 166

A] Erklären Sie, unter welchen Umständen an einem Körper Arbeit verrichtet wird.

B] Erklären Sie, unter welchen Umständen an einem Körper keine Arbeit verrichtet wird, obwohl eine Kraft auf ihn wirkt und der Körper sich bewegt. Nennen Sie ein Beispiel.

C] Wie lautet die Gleichung für die Arbeit für den Fall, dass eine konstante Kraft auf den Körper wirkt? Erläutern Sie alle in der Gleichung vorkommenden Grössen.

D] Aus welchen SI-Basiseinheiten ist die SI-Einheit Joule zusammengesetzt?

E] Wann hat die Arbeit ein positives Vorzeichen, wann ein negatives? Illustrieren Sie Ihre Aussage je mit einem Beispiel.

F] Wie kann man die Arbeit einer Kraft grafisch bestimmen?

Aufgabe 167

Nennen Sie Situationen, wo die folgende Form von Arbeit verrichtet wird, und geben Sie jeweils an, von welchen Grössen die verrichtete Arbeit abhängt.

A] Beschleunigungsarbeit

B] Hubarbeit

C] Dehnarbeit

D] Reibungsarbeit

Aufgabe 168

A] Wie ist die Leistung definiert? Erklären Sie die in Ihrer Gleichung vorkommenden Grössen.

B] Aus welchen SI-Basiseinheiten ist die SI-Einheit Watt zusammengesetzt?

C] Welches ist der Unterschied zwischen momentaner und durchschnittlicher Leistung?

Aufgabe 169

Geben Sie folgende Werte mit geeigneten Vorsätzen an:

$1.5 \cdot 10^6$ W

$1.0 \cdot 10^3$ J

$2.0 \cdot 10^{-3}$ W

$0.5 \cdot 10^9$ W

$4.5 \cdot 10^6$ Wh

Kurze Aufgaben

Aufgabe 170
Wie gross ist die Arbeit, die an einem Koffer verrichtet wird, wenn auf ihn eine konstante Kraft von 50 N wirkt und er dadurch um 2.5 m verschoben wird? Der Koffer wird parallel zur Kraft verschoben.

Aufgabe 171
Berechnen Sie, wie gross die Arbeit ist, die an einem 15 kg schweren Koffer verrichtet wird:

A] Der Koffer wird vom Boden auf eine 2.0 m hohe Gepäckablage gehoben.

B] Der Koffer wird auf einem horizontalen 100 m langen Förderband transportiert.

C] Der Koffer wird auf einem 5.0 m langen Förderband mit 15° Steigung transportiert.

D] Der Koffer wird aus 2.0 m Höhe auf den Boden gestellt.

Aufgabe 172
Eine 120 kg schwere Kiste wird horizontal 5.0 m weit verschoben. Die Gleitreibungszahl beträgt 0.20. Wie gross ist die Reibungsarbeit, die an der Kiste verrichtet wird?

Aufgabe 173
Wie gross ist die Beschleunigungsarbeit, die ein Pfeilbogen beim Abschuss an einem 100 g schweren Pfeil verrichtet, wenn dieser mit 30 m/s losfliegt?

Aufgabe 174
Wie gross ist die Bremsarbeit, die an einem 350 t schweren Zug verrichtet werden muss, um ihn von 144 km/h zum Stillstand zu bringen?

Aufgabe 175
Wie gross ist die Arbeit, die Sie im Kraftraum an einem Expander verrichten, wenn Sie diesen einmal aus dem entspannten Zustand um 30 cm dehnen? Die Federkonstante des Expanders beträgt 500 N/m.

Aufgabe 176
In welchem Zeitraum muss eine Arbeit von 1.0 kJ verrichtet werden, damit eine durchschnittliche Leistung von 100 W erbracht wird?

Aufgabe 177
Wie gross muss die Leistung eines Liftmotors mindestens sein, damit er sechs 70 kg schwere Personen in 10 s in 50 m Höhe befördern kann?

Aufgabe 178
A] Wie gross ist die Leistung, die Sie beim Treppensteigen erbringen? Schätzen Sie alle benötigten Grössen selber ab.

B] Nennen Sie ein Gerät mit einer vergleichbaren Leistung.

Aufgabe 179
Wie gross ist die Arbeit, die der Wind an einem Tag durchschnittlich am Rotor eines Windkraftwerks verrichtet, wenn die durchschnittliche Leistung des Rotors 1.5 MW beträgt?

Aufgabe 180
Sie stemmen eine 10 kg schwere Hantel vom Boden in eine Höhe von 2.3 m und halten sie hoch.

A] Wie gross ist die Arbeit, die Sie beim Hochstemmen der Hantel verrichten?

B] Wie gross ist die Arbeit, die Sie beim Hochhalten der Hantel verrichten?

Umfangreichere Aufgaben (I)

Aufgabe 181 In dieser Aufgabe berechnen Sie die Arbeit und die Leistung, die die Lokomotive eines 250 t schweren Zugs erbringt.

A] Wie gross ist die Beschleunigungsarbeit, die am Zug verrichtet werden muss, um ihn von 72 km/h auf 144 km/h zu beschleunigen? Vergleichen Sie diese Arbeit mit der Arbeit aus der letzten Teilaufgabe.

B] Wie gross ist die mittlere Leistung der Lokomotive beim Beschleunigen von 0 km/h auf 108 km/h, wenn sie die Beschleunigungsarbeit in 30 s verrichtet?

C] Wie gross ist die Reibungsarbeit, die bei einer Notbremsung mit Anfangsgeschwindigkeit 108 km/h auf einer horizontalen Strecke verrichtet wird?

D] Wie gross ist die Hubarbeit, die am Zug verrichtet werden muss, wenn er bei seiner Fahrt von 500 m über Meer auf 800 m über Meer gelangt?

E] Wie gross ist die Leistung der Lokomotive, wenn sie die Hubarbeit in 30 min verrichtet?

Aufgabe 182 Sie ziehen einen 10 kg schweren Schlitten eine 300 m lange Piste hoch, sodass der Schlitten 100 m an Höhe gewinnt. Der Steigungswinkel der Piste beträgt 20°. Die Gleitreibungszahl beträgt 0.2.

A] Was für Arbeiten werden am Schlitten verrichtet?

B] Berechnen Sie die Arbeit, die insgesamt am Schlitten verrichtet wird.

C] Berechnen Sie die durchschnittliche Leistung, die erbracht wird, wenn der Schlitten in 20 min die Piste hochgezogen wird.

Aufgabe 183 Leiten Sie die Gleichung für die Beschleunigungsarbeit her, indem Sie einen Körper betrachten, der durch die konstante Kraft F auf der horizontalen Strecke s die konstante Beschleunigung a erfährt. Tipp: Verwenden Sie die Definition für die Arbeit, das Kraftwirkungsgesetz und eine Bewegungsgleichung.

Aufgabe 184 Leiten Sie die Gleichung für die Hubarbeit her, indem Sie einen Körper betrachten, der durch die konstante Kraft F in die Höhe h gehoben wird, ohne dabei auch beschleunigt zu werden. Tipp: Überlegen Sie sich, wie gross die Kraft mindestens sein muss, damit ein Körper der Masse m ganz langsam in die Höhe h gehoben wird.

Aufgabe 185 Die SI-Einheit Joule steht für $kg \cdot m^2/s^2$. Zeigen Sie, dass dies mit den Gleichungen für die Beschleunigungsarbeit, Hubarbeit, Dehnungsarbeit und Reibungsarbeit in Einklang steht.

Aufgabe 186
A] Wie gross ist die Beschleunigungsarbeit, die eine 60 kg schwere Person verrichten muss, damit sie aus dem Stand 3.6 km/h erreicht?

B] Wie gross ist die Beschleunigungsarbeit, die eine 60 kg schwere Person mit 3.6 km/h verrichten muss, um 7.2 km/h zu erreichen? Vergleichen Sie das Resultat mit dem Resultat der letzten Teilaufgabe.

Umfangreichere Aufgaben (II)

Aufgabe 187

Der Motor eines Krans hebt einen 2.4 t schweren Container gleichförmig mit einer Geschwindigkeit von 0.5 m/s in eine Höhe von 30 m.

A] Wie gross ist die Hubarbeit, die der Kran verrichtet?

B] Wie gross ist dabei die Leistung des Motors?

Aufgabe 188

Ein 400 kg schweres Elektroauto soll aus dem Stand bei gleichmässiger Beschleunigung (F_{Motor} = konstant) in 10 s auf horizontaler Strasse eine Geschwindigkeit von 72 km/h erreichen. Reibung kann vernachlässigt werden. Welche mittlere Leistung muss der Motor erbringen?

Aufgabe 189

[Abb. 8.1]   Schlepplift

Ein Skilift verrichtet an den Skifahrern Arbeit. Bild: Thedi Suter / Keystone

Ein Skifahrer der Masse 70 kg wird von einem 800 m langen Skilift einen Hang mit 40° Steigung hinaufgezogen. Der Lift verrichtet dabei eine Arbeit von 460 kJ.

A] Wie gross ist die Kraft in Bewegungsrichtung?

B] Welcher Bruchteil der vom Lift verrichteten Arbeit ist Hubarbeit am Skifahrer?

C] Welche weiteren Arbeiten muss der Skilift verrichten?

D] Welche durchschnittliche Leistung ist nötig, um den Skifahrer nach oben zu transportieren, wenn die Liftgeschwindigkeit 1.0 m/s ist?

Aufgabe 190

Leiten Sie die Gleichung für die Dehnungsarbeit her, indem Sie das Kraft-Weg-Diagramm einer Feder mit der Federkonstanten D betrachten.

9 Energie

Kurztheorie

Energie

Ein Körper, der *Energie* besitzt, kann damit eine Arbeit verrichten. Ein Körper kann verschiedene Formen von Energie besitzen.

Die SI-Einheit der Energie ist die gleiche wie die SI-Einheit der Arbeit:

$$[E] = [W] = \frac{kg \cdot m^2}{s^2} = J$$

Ein Körper hat Energie, weil an ihm vorher eine Arbeit verrichtet worden ist.

Aus der Arbeit W, die am Körper verrichtet worden ist, können wir die daraus resultierende Energie E des Körpers berechnen.

Energieformen

Die Beschleunigungsarbeit, die an einem Körper mit der Masse m verrichtet wurde, um ihn aus der Ruhe auf die Geschwindigkeit v zu beschleunigen, ist seine *kinetische Energie E_k*:

$$E_k = \frac{m \cdot v^2}{2}$$

Die Hubarbeit, die an einem Körper der Masse m verrichtet wurde, um ihn aus der Höhe $h = 0$ auf die Höhe h zu heben, ist seine *potenzielle Energie E_p*:

$$E_p = m \cdot g \cdot h$$

Die Dehnarbeit, die an einer Feder verrichtet wurde, um sie aus dem entspannten Zustand um die Strecke y zu dehnen oder zu stauchen, ist ihre *Federenergie E_F*:

$$E_F = \frac{1}{2} \cdot D \cdot y^2$$

Die Reibungsarbeit, die verrichtet wurde, während die Gleitreibungskraft F_R den Körper auf der Strecke s gebremst hat, ist gleich der *Reibungswärme Q*:

$$Q = F_R \cdot s$$

Der Bob bewegt sich mit der Geschwindigkeit v. Der Bob hat somit kinetische Energie.	Die Reifen und der Boden sind beim Bremsen auf der Strecke s erwärmt worden. Reifen und Boden haben somit Reibungswärme.
Das Buch befindet sich auf der Höhe h. Das Buch hat somit potenzielle Energie.	Das Gummiband der Steinschleuder ist um die Strecke y gedehnt. Das Gummiband hat somit Federenergie.

Hinweise

Es muss immer erst eine h-Achse mit Nullpunkt festgelegt werden, um die potenzielle Energie eines Körpers berechnen zu können.

1 eV = 1 Elektronenvolt = 1.602^{-19} J

Theoriefragen

Aufgabe 191 Energie ist in der Physik ein genau definierter Begriff.

A] Woran erkennt man, dass ein Gegenstand Energie besitzt?

B] Welches ist die SI-Einheit der Energie?

C] Welche andere physikalische Grösse hat die gleiche Einheit wie die Energie?

Aufgabe 192 Energie tritt in verschiedenen Formen auf.

A] Nennen Sie Energieformen.

B] Nennen Sie dazu je ein alltägliches Beispiel.

Aufgabe 193 Die Energie eines Körpers kann sich ändern.

A] Wie kann einem Körper Energie zugeführt werden?

B] Was passiert, wenn die Energie eines Körpers abnimmt?

Aufgabe 194 Zwei wichtige Energieformen sind kinetische und potenzielle Energie.

A] Was versteht man unter kinetischer Energie?

B] Was versteht man unter potenzieller Energie?

Aufgabe 195 Die potenzielle Energie eines Körpers hängt von seiner Lage ab. Wie ändert sich die potenzielle Energie eines Körpers, wenn man ihn auf die doppelte Höhe anhebt?

Aufgabe 196 Ordnen Sie jeder der unten aufgeführten Energiearten die Arbeit zu, mit deren Hilfe sie verändert werden kann.

A] Federenergie

B] Potenzielle Energie

C] Reibungswärme

D] Kinetische Energie

Aufgabe 197 Ein Motorrad hat seine Geschwindigkeit verdoppelt. Was bedeutet dies für die kinetische Energie des Motorrads?

Kurze Aufgaben

Aufgabe 198

Ein Kran hebt einen Balken um 12 m und leistet dabei eine Hubarbeit von 10 kJ.

A] Wie ändert sich dabei die potenzielle Energie des Balkens?

B] Welche Masse hat der Balken?

Aufgabe 199

Ein 25 t schwerer Lastwagen fährt mit einer Geschwindigkeit von 36 km/h.

A] Welche Beschleunigungsarbeit wurde am Lastwagen verrichtet, damit er aus dem Stillstand auf diese Geschwindigkeit kam?

B] Wie gross ist die kinetische Energie des Lastwagens?

Aufgabe 200

Eine 100 kg schwere Kiste wird auf horizontaler Unterlage 20 m weit über den Boden gezogen. Die Gleitreibungszahl beträgt 0.70.

A] Welche Reibungsarbeit wird geleistet?

B] Wie viel Reibungswärme ist entstanden?

C] Mit welcher Kraft muss man schieben?

Aufgabe 201

Eine Feder hat eine Federkonstante von 5000 N/m.

A] Wie gross ist die Dehnarbeit, die an der Feder verrichtet wird, wenn man sie aus der entspannten Lage um 10 cm dehnt?

B] Wie gross ist die in der Feder gespeicherte Federenergie, wenn man sie aus der entspannten Lage um 10 cm staucht?

C] Wie weit muss man die um 10 cm gespannte Feder zusätzlich spannen, um in ihr weitere 75 J zu speichern?

Aufgabe 202

Ein 20.0 t schweres Flugzeug fliegt auf einer Höhe von 6000 m mit einer Geschwindigkeit von 900 km/h. Nun steigt es auf 10 000 m und seine Geschwindigkeit sinkt auf 720 km/h.

A] Um wie viel ändert sich dabei die kinetische Energie des Flugzeugs?

B] Um wie viel ändert sich dabei die potenzielle Energie des Flugzeugs?

C] Um wie viel ändert sich die Energie gesamthaft?

Aufgabe 203

Bei Speicherkraftwerken wird Wasser in ein höher gelegenes Wasserbecken gepumpt. Bei Bedarf kann das gespeicherte Wasser zur Stromerzeugung benutzt werden.

A] In welcher Form wird hier Energie gespeichert?

B] Wie gross ist die Masse des Wassers, das in ein 200 m höher gelegenes Becken gepumpt werden muss, wenn damit 10 MJ gespeichert werden sollen?

C] Während 4 Minuten wird eine Leistung von 10 MW benötigt. Wie viele Liter Wasser müssen abgelassen werden, um den Energiebedarf zu decken? Nehmen Sie an, dass bei der Energieumwandlung und Energieübertragung keine Energieverluste auftreten.

Umfangreichere Aufgaben (I)

Aufgabe 204

Zusammen mit Ihrem Velo wiegen Sie 85 kg. Sie untersuchen hier, welche Arbeit Ihre Beine beim Velofahren verrichten müssen. Vernachlässigen Sie die Reibung.

A] Sie beschleunigen mit Ihrem Velo auf horizontaler Strecke aus dem Stillstand auf eine Geschwindigkeit von 18 km/h. Wie gross ist die Beschleunigungsarbeit, die Sie verrichten müssen, und wie gross ist die kinetische Energie, die Sie mit Ihrem Velo nach der Beschleunigung haben?

B] Sie legen auf einer horizontalen Strasse eine Distanz von 200 m mit konstanter Geschwindigkeit zurück. Wie gross ist die Arbeit, die Sie verrichten müssen?

C] Sie fahren nun mit konstanter Geschwindigkeit eine 1.5 km lange Steigung hinauf und gewinnen eine Höhe von 60 m. Wie viel Arbeit verrichten Sie dabei?

D] Um wie viel hat die potenzielle Energie durch den Höhengewinn von 60 m zugenommen?

E] Sie beschleunigen mit Ihrem Velo auf horizontaler Strecke von 18 km/h auf 21.6 km/h. Wie gross ist die Beschleunigungsarbeit und um wie viel hat Ihre kinetische Energie zugenommen?

Aufgabe 205

Verschiedene Tätigkeiten können auf ihren Energiebedarf hin verglichen werden. Sie haben eine Energiemenge von 10 kJ zur Verfügung sowie einen Gegenstand der Masse 10 kg.

A] Auf welche Geschwindigkeit können Sie den Gegenstand beschleunigen?

B] Wie hoch können Sie den Gegenstand heben?

C] Wie weit können Sie den Gegenstand mit dieser Energie auf einer horizontalen Ebene stossen, wenn die Gleitreibungszahl 0.60 beträgt?

Aufgabe 206

Fallende Objekte werden schneller und gewinnen damit kinetische Energie.

A] Stellen Sie eine allgemeine Gleichung auf für den zeitlichen Verlauf der kinetischen Energie eines frei fallenden Objekts.

B] Sie lassen einen 0.25 kg schweren Stein von einer Felswand fallen. Wie gross ist die kinetische Energie des Steins nach 2.5 s freiem Fall?

C] Wie gross ist die kinetische Energie des Steins nach 50 m freiem Fall?

Aufgabe 207

A] Ein 750 kg schwerer Satellit befindet sich in einer geostationären Erdumlaufbahn mit 42 000 km Bahnradius. Wie gross ist seine kinetische Energie?

B] Wie gross ist die kinetische Energie, die der Mond aufgrund seiner gleichförmigen Kreisbewegung um die Erde hat?

C] Weshalb lässt sich die potenzielle Energie des Monds oder eines Satelliten in Bezug auf die Erdoberfläche nicht mit $E_p = m \cdot g \cdot h$ berechnen?

Umfangreichere Aufgaben (II)

Aufgabe 208

Sie werfen einen Stein mit der Anfangsgeschwindigkeit v_0 senkrecht nach oben.

A) Stellen Sie eine Gleichung für den zeitlichen Verlauf seiner potenziellen Energie auf.

B) Stellen Sie eine Gleichung für den zeitlichen Verlauf seiner kinetischen Energie auf.

C) Wo ist seine potenzielle Energie maximal und wo minimal?

D) Wo ist seine kinetische Energie maximal und wo minimal?

Aufgabe 209

[Abb. 9.1]   Flusskraftwerk Eglisau

Im Flusskraftwerk wird potenzielle Energie des Wassers in elektrische Energie umgewandelt.
Bild: Roger Dölly / Keystone

Ein Flusskraftwerk erzeugt eine Leistung von 12 MW. Es arbeitet verlustfrei. Pro Sekunde fliessen 150 m³ Wasser durch die Turbinen.

A) Wieso kann die Leistung des Kraftwerks bei gleichbleibendem Flussquerschnitt nicht durch die kinetische Energie des Flusses zustande kommen?

B) Mit welcher Energie verrichtet das Wasser die Antriebsarbeit an der Turbine?

C) Um wie viel tiefer muss der Fluss nach dem Kraftwerk fliessen, um die genannte Leistung zu erbringen?

Aufgabe 210

Ein 1200 kg schweres Auto macht auf einer horizontalen trockenen Strasse eine Vollbremsung, durch die das Auto ins Rutschen kommt. Die Gleitreibungszahl beträgt 0.70. Beim Bremsvorgang entsteht insgesamt eine Reibungswärme von 60 kJ.

A) Wie schnell war das Auto?

B) Wie gross ist die Gleitreibungskraft und wie lang der Bremsweg?

C) Vergleichen Sie den Bremsweg bei Gleitreibung mit demjenigen bei maximaler Haftreibung, wenn die Haftreibungszahl 1.0 beträgt.

D) Worauf ist beim Bremsen zu achten, wenn man einen möglichst kurzen Bremsweg haben möchte?

10   Energieerhaltungssatz

Kurztheorie

Energieerhaltung

Energieerhaltungssatz: Energie kann weder aus dem Nichts erzeugt noch vernichtet werden:

$$E_{total} = \text{konstant}$$

Der Energieerhaltungssatz besagt, dass Energie nur von einem Körper auf einen anderen *übertragen* oder von einer Form in eine andere *umgewandelt* werden kann. Bei Energieübertragungen und Energieumwandlungen ist die Gesamtenergie E_{total} immer gleich gross.

Abgeschlossenes System

Wenn ein System keine Energie mit der Umgebung austauscht, so nennt man es ein *abgeschlossenes System*. Gemäss Energieerhaltungssatz ist die Gesamtenergie in einem abgeschlossenen System immer konstant.

Offenes System

Wenn ein System Energie mit der Umgebung austauscht, so nennt man es ein *offenes System*. Die Energie eines offenen Systems ist nicht konstant.

Wirkungsgrad

Der *Wirkungsgrad* η ist das Verhältnis aus der *nutzbaren Energie* E_{Nutz} (die Energie, die nachher in der gewünschten Energieform vorliegt) und der *zugeführten Energie* E_{Zu}:

$$\eta = \frac{E_{Nutz}}{E_{Zu}}$$

Wenn man den Wirkungsgrad mit 100 multipliziert, so erhält man den Wirkungsgrad in Prozent.

Ein Wirkungsgrad von 60 % ($\eta = 0.60$) bedeutet, dass 60 % der zugeführten Energie nachher in der gewünschten Energieform und 40 % in einer unerwünschten Energieform wie z. B. Reibungswärme vorliegen.

Der spezifische Heizwert gibt an, wie viel Wärme bei der Verbrennung von 1 kg Heizstoff entsteht. Der spezifische Heizwert von Heizöl beträgt $4.3 \cdot 10^7$ J/kg, derjenige von Tannenholz $1.5 \cdot 10^7$ J/kg.

> Energie kann von einer Form in eine andere umgewandelt oder von einem Körper auf einen anderen übertragen werden. Die Gesamtenergie E_{total} bleibt dabei immer gleich gross.

> Der Wirkungsgrad η ist das Verhältnis aus nutzbarer Energie E_{Nutz} und zugeführter Energie E_{Zu}.

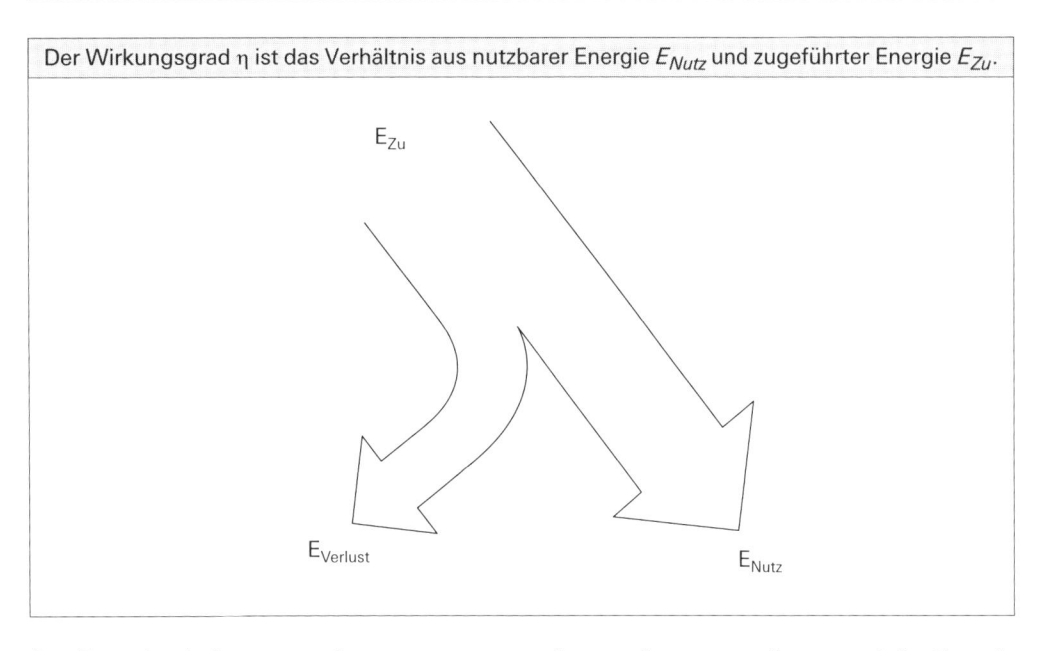

Hinweise

Der Energieerhaltungssatz kann nur angewendet werden, wenn die potenzielle Energie immer bezüglich desselben Koordinatensystems berechnet wird.

Für die Einheit Wh (Wattstunden) und kWh (Kilowattstunden) gilt:

$$1 \text{ Wh} = 1 \text{ W} \cdot \text{h} = 1 \text{ W} \cdot 3600 \text{ s} = 3600 \text{ W} \cdot \text{s} = 3600 \text{ J} = 3.6 \text{ kJ}$$

$$1 \text{ kWh} = 1 \text{ kW} \cdot \text{h} = 1 \text{ kW} \cdot 3600 \text{ s} = 3600 \text{ kW} \cdot \text{s} = 3600 \text{ kJ} = 3.6 \text{ MJ}$$

Theoriefragen

Aufgabe 211 Erklären Sie den Begriff «Energieumwandlung» und geben Sie Beispiele.

Aufgabe 212 Erklären Sie den Begriff «Energieübertragung» und geben Sie Beispiele.

Aufgabe 213 Definieren Sie den Begriff «offenes System» und erklären Sie ihn anhand eines Beispiels.

Aufgabe 214 A] Definieren Sie den Begriff «abgeschlossenes System».

B] Nennen Sie einen Grund, weshalb wir es im Alltag meist mit offenen Systemen zu tun haben.

Aufgabe 215 A] Formulieren Sie den Energieerhaltungssatz in Worten.

B] Was lässt sich über die Energie eines zu Boden fallenden Apfels sagen, wenn man ihn als abgeschlossenes System betrachtet?

Aufgabe 216 A] Beschreiben Sie, was mit der Energie eines den Berg hinunterfahrenden Schlittens passiert.

B] Beschreiben Sie, was mit der Energie eines auf und ab springenden Gummiballs passiert.

Aufgabe 217 A] Definieren Sie den Begriff «Wirkungsgrad».

B] Erklären Sie die Begriffe «zugeführte Energie» und «nutzbare Energie» am Beispiel des Automotors.

C] Erklären Sie, weshalb der Wirkungsgrad eines Automotors möglichst gross sein sollte.

Aufgabe 218 Geben Sie für die folgenden Energieumwandlungen ein Gerät an, in dem sie stattfinden. Beispiel: In der Ölheizung wird chemische Energie in Wärme umgewandelt. Nicht für alle Felder ist ein Eintrag möglich.

	Kinetische Energie	Potenzielle Energie	Chemische Energie	Wärmeenergie	Licht	Elektrische Energie
Kinetische Energie	–					
Potenzielle Energie		–				Wasserkraftwerk
Chemische Energie			–	Ölheizung		
Wärmeenergie				–		
Licht					–	Solarzelle
Elektrische Energie						–

Aufgabe 219 Unter welchen Umständen kann ein System vereinfachend als abgeschlossenes System betrachtet werden?

Kurze Aufgaben

Aufgabe 220 Berechnen Sie die Geschwindigkeit, die ein vom Baum fallender Apfel nach 4.5 m freiem Fall hat. Verwenden Sie dazu den Energieerhaltungssatz.

Aufgabe 221 An einem Faden hängt ein Körper. Der Körper wird ausgelenkt und pendelt reibungsfrei.

A] Beschreiben Sie die Energieumwandlungen, welche ablaufen, während der Körper pendelt.

B] Wie hoch wurde der Körper ausgelenkt, wenn er am tiefsten Punkt eine Geschwindigkeit von 5.0 m/s hat?

C] Wie hoch schlägt der Körper auf der anderen Seite aus?

Aufgabe 222 Ein Kran hebt 8.0 t 30 m in die Höhe. Der Wirkungsgrad des Elektromotors beträgt 95 %.

A] Wie viel elektrische Energie muss dem Elektromotor zugeführt werden?

B] Wie viel Wärme entsteht?

Aufgabe 223 Ein 1000 kg schweres Auto, das mit 90 km/h auf horizontaler Strasse unterwegs ist, bremst bis zum Stillstand. Wie gross ist die Wärmeenergie, die dabei entsteht?

Aufgabe 224 A] Wie schnell ist ein Schlitten, der aus dem Stand reibungsfrei den Hang hinunter fährt, nachdem er 50 m Höhe verloren hat?

B] Ist die Annahme der Reibungsfreiheit hier sinnvoll?

Aufgabe 225 Der Wirkungsgrad des Menschen beim Bergsteigen wird meist mit 30 % angegeben.

A] Wozu wird beim Bergsteigen die zugeführte Energie genutzt?

B] Was passiert mit den restlichen 70 % der zugeführten Energie?

C] Wie viel Energie «verbrennt» eine 70 kg schwere Person beim Aufstieg um 1000 m?

Aufgabe 226 Sie spannen einen Bogen und schiessen einen 100 g schweren Pfeil senkrecht in die Luft, sodass er eine Höhe von 10 m erreicht. Reibung soll vernachlässigt werden.

A] Welche Energieformen und Energieumwandlungen treten hier auf?

B] Wie viel Energie wurde beim Spannen in den Bogen hineingesteckt?

Aufgabe 227 Im Wagen einer Achterbahn wird potenzielle Energie in kinetische Energie verwandelt und umgekehrt. Wie schnell ist der Wagen am höchsten Punkt, wenn er am tiefsten Punkt 108 km/h schnell ist und der höchste Punkt der Bahn 30 m höher liegt? Nehmen Sie an, es trete keine Reibung auf.

Aufgabe 228 Das Flusskraftwerk Eglisau liefert eine elektrische Leistung von 30 MW. Wie viele Kubikmeter Wasser fliessen jede Sekunde durch die Turbinen, wenn das Wasser im Kraftwerk 9.0 m an Höhe verliert? Der Wirkungsgrad von Turbine und Generator betrage 85 %.

Umfangreichere Aufgaben (I)

Aufgabe 229 Bei Liegestützen wird chemische Energie der Nahrung in potenzielle Energie des Körpers umgewandelt.

A] Um wie viel nimmt die potenzielle Energie eines 60 kg schweren Menschen zu, wenn er seinen Körper in eine Höhe von 30 cm stemmt?

B] Wie viel Energie muss eine 60 kg schwere Person dazu in Form von Nahrung zu sich nehmen, wenn der Wirkungsgrad der Energieumwandlung in den Muskeln 30 % beträgt?

C] Wie viele Liegestützen muss eine 60 kg schwere Person machen, um 2400 kJ, also die Energie von etwa einer Tafel Schokolade, zu verbrennen?

Aufgabe 230 Das Wasserkraftwerk in Bieudron wird vom Grande-Dixence-Stausee gespiesen.

A] Wie viel elektrische Energie kann das Wasserkraftwerk liefern, wenn es vom 1800 m höher gelegenen Stausee gespiesen wird, in dem 400 Millionen Kubikmeter Wasser aufgestaut sind? Der Wirkungsgrad des Kraftwerks beträgt 85 %.

B] Wie viel Geld steckt im Wasser des Grande-Dixence-Stausees, wenn das EWZ eine Kilowattstunde elektrische Energie für 20 Rappen verkauft?

C] Wie viel Wasser muss jede Sekunde durch das Wasserkraftwerk fliessen, damit bei einem Wirkungsgrad von 85 % die Nutzleistung des Kraftwerks 1.2 GW beträgt?

Aufgabe 231 Beim Ausbruch des Ätna wird ein Gesteinsbrocken auf eine Höhe von 2.40 km über den Kraterrand geschleudert. Wie gross war in diesem Fall die Geschwindigkeit in der Höhe des Kraterrandes? Vernachlässigen Sie den Luftwiderstand.

Aufgabe 232 Die beiden Eisengewichte einer Pendeluhr von je 3.5 kg werden einmal in der Woche hochgezogen und liefern während ihrer Abwärtsbewegung von 85 cm die für den Antrieb des Uhrwerks nötige Energie. Ist es wahr, dass diese Uhr nicht wesentlich mehr Energie benötigt als eine moderne elektronische Armbanduhr, bei der einmal im Jahr die Batterie mit der Energie 250 mWh ausgewechselt werden muss?

Aufgabe 233 Ein Haushalt mit 4 Personen benötigt mit Heizung im Durchschnitt täglich etwa 50 kWh Energie. Wie hoch müsste man ein Gewichtstück mit der Masse von 1.0 t heben, um diesen täglichen Energiebedarf aus der potenziellen Energie des Gewichtstücks zu decken?

Aufgabe 234 Ein Eishockey-Puck wiegt 300 g und wird mit einem Stock beim Abschlag auf eine Geschwindigkeit von 10 m/s gebracht. Der Puck kommt nach 60 m zum Stillstand.

A] Wie gross ist die Reibungskraft?

B] Wie gross war die Geschwindigkeit des Pucks nach 30 m?

Aufgabe 235 Wie viele Tonnen Kerosin sind nötig, um ein 300 t schweres Verkehrsflugzeug auf Reisegeschwindigkeit (900 km/h) und Reisehöhe (12 000 m) zu bringen, wenn die Motoren einen Wirkungsgrad von 30 % haben? Vernachlässigen Sie den Luftwiderstand. Der spezifische Heizwert von Kerosin beträgt rund $4 \cdot 10^7$ J/kg.

Umfangreichere Aufgaben (II)

Aufgabe 236

A] Verwenden Sie den Energieerhaltungssatz, um eine Gleichung für die Fallgeschwindigkeit eines frei fallenden Steins als Funktion des Orts herzuleiten für den Fall, dass der Stein eine Anfangsgeschwindigkeit hat.

B] Welcher Bewegungsgleichung für die gleichmässig beschleunigte Fallbewegung entspricht die so hergeleitete Gleichung?

Aufgabe 237

[Abb. 10.1]   Hochsprung

Beim Überspringen der Hochsprunglatte wird kinetische in potenzielle Energie umgewandelt.
Bild: Eddy Risch / Keystone

A] Wie schnell muss eine Hochspringerin vor dem Absprung rennen, um über eine 1.60 m hohe Latte springen zu können, wenn sich ihr Körper gestreckt horizontal über die Latte bewegt? Der Schwerpunkt der Hochspringerin befindet sich ungefähr auf Höhe des Bauchnabels in etwa 1.0 m Höhe. Der Schwerpunkt der Hochspringerin muss also nur um 0.6 m angehoben werden, um über die Latte zu kommen.

B] Wieso bewegt sich die Hochspringerin im Bild nicht gestreckt über die Hochsprunglatte, sondern gekrümmt (Fosbury-Flop)?

Aufgabe 238

Während eines Platzregens fällt innerhalb kurzer Zeit so viel Regen, dass in einem zylinderförmigen Topf das Wasser 20 mm hoch steht.

A] Wie viele Liter pro Quadratmeter sind gefallen?

B] Die dabei beregnete Fläche war ca. 50 km² gross, die Wolken befanden sich in einer Höhe von 2.5 km. Wie viel potenzielle Energie wurde bei diesem Platzregen insgesamt umgewandelt?

C] Regentropfen erreichen wegen des Luftwiderstands maximale Fallgeschwindigkeiten von etwa 10 m/s. Wie gross war die gesamte kinetische Energie des auftreffenden Regens? Vergleichen Sie diese Energie mit der anfänglichen potenziellen Energie.

D] Was ist mit der Differenz zwischen der anfänglichen potenziellen Energie und der kinetischen Energie des auftreffenden Regens passiert?

11 Temperatur, Wärme und innere Energie

Kurztheorie

Grössen der Wärmelehre

Die *innere Energie U* (SI-Einheit Joule) eines Körpers ist die Energie, die der Körper aufgrund seiner Temperatur hat. Die innere Energie eines Körpers setzt sich zusammen aus der kinetischen und der potenziellen Energie der Atome des Körpers. Die kinetische Energie der Atome kommt durch die ungeordnete Bewegung der Atome des Körpers zustande, die potenzielle Energie durch die gegenseitige Anziehungskraft zwischen den Atomen.

Die *Wärme Q* (SI-Einheit Joule) ist die Energie, die ein Körper durch Wärmeaustausch von der Umgebung aufnimmt oder an die Umgebung abgibt.

Die *Temperatur* eines Körpers beschreibt, wie warm der Körper ist. Die Temperatur ist ein Mass für die thermische Bewegung der Teilchen des Körpers: Je höher die Temperatur eines Körpers, umso stärker die thermische Bewegung seiner Teilchen.

- Die Teilchen eines Festkörpers bewegen sich hin und her und stossen dabei an die benachbarten Teilchen, sie können ihren Platz aber nicht verlassen.
- Die Teilchen einer Flüssigkeit bewegen sich hin und her und stossen dabei an die benachbarten Teilchen. Dabei können die Teilchen von ihrem Platz weggestossen werden. Dies bewirkt eine langsame Wanderung *(Diffusion)* der Flüssigkeitsteilchen.
- Zwischen den Teilchen eines Gases wirken keine Kräfte. Die Teilchen bewegen sich deshalb geradlinig gleichförmig, bis sie mit einem anderen Teilchen oder der Gefässwand zusammenstossen. Dies bewirkt eine schnelle Wanderung der Gasteilchen.

Temperaturskalen

Celsius-Skala: Bei der *Celsius-Temperatur* $\vartheta = 0$ °C schmilzt Eis, bei $\vartheta = 100$ °C kocht Wasser (bei einem Luftdruck von 1 bar). Kelvin-Skala: Die tiefstmögliche Temperatur $\vartheta = -273.15$ °C ist der Nullpunkt der *absoluten Temperaturskala*. Somit gilt für die *absolute Temperatur T*:

$$T = \vartheta + 273.15$$

Die absolute Temperatur T ist eine SI-Grundgrösse, ihre Einheit hat den Namen *Kelvin*:

$$[T] = K$$

Normales Expansionsverhalten

Bei *normalem Expansionsverhalten* sind die Längenänderung und die Volumenänderung proportional zur Temperaturänderung. Für die thermische Volumenänderung einer Flüssigkeit respektive Längenänderung eines Festkörpers gilt dann:

$$\Delta l = \alpha \cdot \Delta T \cdot l \qquad \alpha = \textit{Längenausdehnungskoeffizient}$$

$$\Delta V = \gamma \cdot \Delta T \cdot V \qquad \gamma = \textit{Volumenausdehnungskoeffizient}$$

Anormales Expansionsverhalten

Bei *anomalem Expansionsverhalten* wie bei Wasser ist die Volumenzunahme nicht proportional zur Temperaturzunahme. Wasser hat bei 4 °C das kleinste Volumen, sowohl darüber als auch darunter nimmt das Volumen nichtlinear zu.

Thermometer

Im Flüssigkeitsthermometer wird das normale Expansionsverhalten von Quecksilber oder Alkohol verwendet, um die Temperatur zu messen. Um die Volumenänderung gut erkennen zu können, muss das Thermometerröhrchen mit dem Quecksilber oder Alkohol sehr dünn sein und unten ein Flüssigkeitsreservoir haben.

Temperatur T und innere Energie U sind die Grössen, die den Wärmezustand eines Körpers auf makroskopischer Ebene beschreiben.

Die potenzielle Energie E_p und die kinetische Energie E_k der Teilchen des Körpers sind Grössen, die den Aggregatszustand und den Wärmezustand eines Körpers auf mikroskopischer Ebene beschreiben.

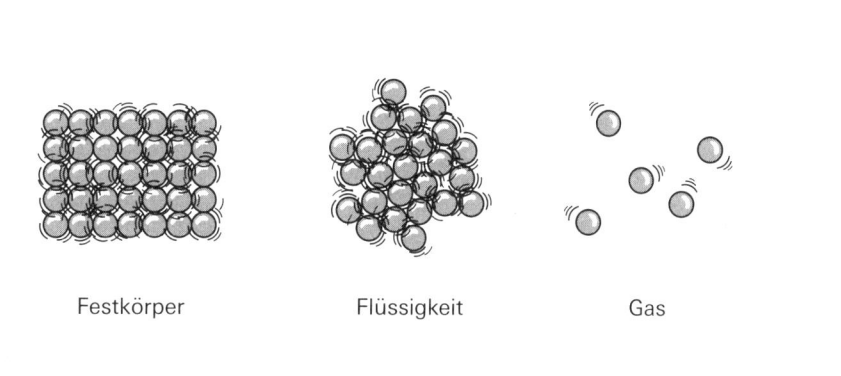

Festkörper — Flüssigkeit — Gas

Die Temperaturänderung $\Delta\vartheta$ eines Körpers kann anhand der Volumenänderung ΔV des Quecksilbers im Thermometer gemessen werden, denn bei normalem Expansionsverhalten ist die Volumenänderung ΔV proportional zum Volumen V.

Hinweise

Temperaturdifferenzen sind in Kelvin und Grad Celsius gleich gross.

Längen- und Volumenausdehnungskoeffizienten für verschiedene Materialien sind in den meisten Formelsammlungen aufgelistet.

Für den Längen- und Volumenausdehnungskoeffizienten gilt:

$$\gamma \approx 3 \cdot \alpha$$

Theoriefragen

Aufgabe 239 Temperatur und Wärme sind zwei Begriffe, die in der Alltagssprache oft die gleiche Bedeutung haben. In der Physik ist dies nicht der Fall.

A] Welcher der beiden Begriffe beschreibt, wie warm ein Körper ist?

B] Welcher der beiden Begriffe beschreibt die Energie, die ein Körper aufnimmt oder abgibt, wenn er aufgeheizt oder abgekühlt wird?

C] Warum braucht man in der Physik den Begriff «Wärme», aber nicht den Begriff «Kälte»?

D] Wie nennt man Temperatur-Messinstrumente? Wie funktionieren sie?

Aufgabe 240 Die Aggregatszustände der Materie sind fest, flüssig und gasförmig. Erklären Sie, wie sich diese Aggregatszustände unterscheiden in Bezug auf

A] mittleren Teilchenabstand.

B] Beweglichkeit der Teilchen.

C] Anordnung der Teilchen.

Aufgabe 241 Wie verändern sich bei normalem Expansionsverhalten die folgenden Eigenschaften eines Körpers, wenn seine Temperatur abnimmt?

A] Volumen

B] Masse

C] Innere Energie

D] Länge

E] Dichte

Aufgabe 242 Die Temperatur kann mit verschiedenen Skalen gemessen werden.

A] Wie ist der Nullpunkt der Kelvin-Skala definiert?

B] Wie sind die Fixpunkte der Celsius-Skala definiert?

C] Wie wird die Grösse der Temperatureinheit von 1 °C festgelegt?

D] Wie wird die Grösse der Temperatureinheit von 1 K festgelegt?

Aufgabe 243 Die meisten Stoffe dehnen sich bei der Erwärmung aus. Wasser bildet eine Ausnahme.

A] Beschreiben Sie das thermische Expansionsverhalten von Wasser.

B] Bei welcher Temperatur hat Wasser die grösste Dichte?

C] Wie nennt man dieses besondere Ausdehnungsverhalten von Wasser?

Aufgabe 244 Die Temperatur eines Körpers ist eine seiner fundamentalen physikalischen Eigenschaften.

A] Weshalb gibt es eine untere Grenze für die Temperatur?

B] Geben Sie die tiefstmögliche Temperatur in °C und K an.

Kurze Aufgaben

Aufgabe 245

A] Rechnen Sie folgende Celsiustemperaturen in Kelvin um: 20 °C, 100 °C, −25 °C, 0 °C.

B] Rechnen Sie folgende Kelvintemperaturen in Grad Celsius um: 0 K, 100 K, 300 K.

Aufgabe 246

Das thermische Expansionsverhalten von Festkörpern und Flüssigkeiten wird mit dem Längen- und dem Volumenausdehnungskoeffizienten beschrieben.

A] Was ist beim Füllen eines Benzintanks eher von Interesse, der Volumen- oder der Längenausdehnungskoeffizient? Welcher Koeffizient ist beim Spannen eines Luftseilbahntragseils eher von Interesse?

B] Wie lautet die SI-Einheit des Volumen- und des Längenausdehnungskoeffizienten?

Aufgabe 247

Eine Kugel hat bei 10 °C einen Durchmesser von 100.00 mm und bei 220 °C einen Durchmesser von 100.50 mm.

A] Berechnen Sie den Längenausdehnungskoeffizienten des Materials.

B] Zu welchem Material passt dieser Längenausdehnungskoeffizient?

Aufgabe 248

Ordnen Sie je 1 kg Wasserdampf, Wasser von 0 °C, Eis von 0 °C und Wasser von 80 °C nach der Grösse ihrer inneren Energie.

Aufgabe 249

Ein Aluminiumstab hat bei 8 °C eine Länge von genau 1 m. Nun wird er auf 90 °C erhitzt.

A] Berechnen Sie, um wie viel die Länge des Aluminiumstabs zunimmt.

B] Wie stark darf die Temperatur ändern, sodass sich seine Länge um weniger als 0.1 % ändert?

C] Um wie viel länger wird eine 500 km lange Ölpipeline aus Stahlrohren, wenn ihre Temperatur aufgrund der Sonneneinstrahlung um 20 °C zunimmt? $\alpha_{Stahl} = 1.1 \cdot 10^{-5} \, K^{-1}$.

Aufgabe 250

Der Benzintank eines Mopeds fasst 4.0 Liter und wird bei einer Temperatur von −5 °C randvoll gefüllt. Danach wird das Moped in einen geheizten Hausflur mit einer Temperatur von 20 °C gestellt. Wie viel Treibstoff tropft auf den Boden? Vernachlässigen Sie die Ausdehnung des Tanks. $\gamma_{Benzin} = 1.1 \cdot 10^{-3} \, K^{-1}$.

Aufgabe 251

A] Beschreiben Sie die thermische Bewegung der Teilchen eines Festkörpers. Welchen Einfluss hat die Temperatur auf die Bewegung der Teilchen?

B] Beschreiben Sie die thermische Bewegung der Teilchen einer Flüssigkeit. Welchen Einfluss hat die Temperatur auf die Bewegung der Teilchen?

C] Beschreiben Sie die thermische Bewegung der Teilchen eines Gases. Welchen Einfluss hat die Temperatur auf die Bewegung der Teilchen?

Umfangreichere Aufgaben (I)

Aufgabe 252

Ein Temperatursensor lässt sich herstellen, indem man zwei dünne Metallstreifen aus Material mit verschiedenen Ausdehnungskoeffizienten aneinander klebt. Man kann z. B. zwei gleich lange Streifen aus Eisen und Aluminium nehmen und bei 20 °C zusammenkleben.

A] Wie krümmt sich ein solcher Temperatursensor, wenn die Temperatur zunimmt?

B] Wie krümmt er sich, wenn die Temperatur abnimmt?

C] Was muss für die Ausdehnungskoeffizienten der Metalle gelten, damit man an einem solchen Temperatursensor schon kleine Temperaturveränderungen erkennen kann?

Aufgabe 253

Quecksilberthermometer bestehen aus einem dünnen Röhrchen, an dessen unterem Ende sich ein kugelförmiges Reservoir befindet. Wird es wärmer, so dehnt sich das Quecksilber aus und steigt im Röhrchen weiter auf. Der Röhreninnendurchmesser eines Thermometers betrage 0.10 mm. Das Volumen des Reservoirs betrage $V_R = 15$ mm^3. Das Volumen des Quecksilbers ist bei sehr dünnen Röhrchen praktisch gleich dem Volumen des Reservoirs. Volumen des Reservoirs und Volumen des Röhrchens können als konstant angenommen werden.

A] Um wie viel nimmt das Volumen des Quecksilbers zu, wenn es 1.0 °C wärmer wird?

B] Um wie viel nimmt die Länge der Quecksilbersäule zu, wenn es 1.0 °C wärmer wird?

C] Wieso braucht ein Reservoir? Macht ein dickeres Röhrchen das Reservoir überflüssig?

D] Schätzen Sie die Dicke des Glasröhrchens eines Fieberthermometers, wenn das Reservoir des Fieberthermometers ein Volumen von $V_R = 15$ mm^3 hat und eine Erwärmung um 1.0 °C die Quecksilbersäule um 1.0 cm verlängert.

Aufgabe 254

Beim Bremsen eines Zugs wird kinetische Energie in innere Energie der Bremsklötze umgewandelt. Dementsprechend erhitzen sich die Bremsklötze und die Räder, an denen die Bremsklötze angreifen.

A] Nennen Sie andere Beispiele aus dem täglichen Leben, bei denen durch Reibung die innere Energie von Gegenständen erhöht wird.

B] Eine 120 t schwere Lokomotive bremst von einer Geschwindigkeit von 72 km/h bis zum Stillstand. Um wie viel nimmt die innere Energie der Bremsklötze und der Räder, an denen sie reiben, zu, wenn vorerst keine Wärme an die Umgebung abgegeben wird?

C] Nach einiger Zeit haben sich die Bremsklötze und die Räder wieder abgekühlt. Die innere Energie der Räder und der Bremsklötze hat wieder abgenommen. Wo befindet sich diese Energie nun und in welcher Form liegt sie vor?

Aufgabe 255

In einer Stahlplatte befindet sich ein kreisförmiges Loch, durch das bei 20 °C eine Stahlkugel gerade hindurchpasst. Nun wird die Platte auf 80 °C erhitzt. Passt die Kugel nach dem Erhitzen noch durch das Loch?

Aufgabe 256

Viele Häuser werden durch eine Zentralheizung geheizt. Beschreiben Sie, wie die Wärme, die bei der Verbrennung des Öls im Brenner der Heizung abgegeben wird, in die Zimmer des Hauses gelangt.

Umfangreichere Aufgaben (II)

Aufgabe 257

Ein Stahlmessband wird zur Vermessung eines quadratischen Grundstücks benutzt. Das Messband ist geeicht für eine Temperatur von 18 °C, doch die Vermessung findet bei einer Temperatur von −12 °C statt. Man misst dabei als Seitenlänge des quadratischen Grundstücks 45.70 m. Sie untersuchen in dieser Aufgabe, wie stark sich die gemessene Grundstücksfläche von der wirklichen unterscheidet. $\alpha_{Stahl} = 1.1 \cdot 10^{-5} \, K^{-1}$.

A] Wird bei −12 °C eine zu grosse oder zu kleine Seitenlänge gemessen?

B] Um wie viel wurde die Seitenlänge falsch gemessen?

C] Wie gross ist das Verhältnis gemessener und wahrer Fläche?

Aufgabe 258

Das Wasser in einem See schichtet sich so, dass sich an der Oberfläche das Wasser mit der kleinsten und am Seeboden das Wasser mit der grössten Dichte befindet. Da die Dichte von der Temperatur abhängt, ist der Dichteverlauf im See (Dichte in Abhängigkeit der Höhe über dem Seeboden) eine Frage des Temperaturverlaufs.

A] Im Winter ist die Oberfläche eines Sees zugefroren. Unter der Eisfläche gibt es noch Wasser. Beschreiben Sie qualitativ den Temperaturverlauf im See.

B] Beschreiben Sie qualitativ den Temperaturverlauf im See im Sommer.

Aufgabe 259

[Abb. 11.1]   Diffusion

Der sich auflösende Farbstoff verteilt sich langsam im Wasser, ohne dass im Wasser gerührt wird.
Bild: Andrew Lambert Photography / Science Photo Library

A] Erklären Sie, wieso sich der Farbstoff langsam im Wasser verteilt, obwohl nicht gerührt wird.

B] Beschreiben Sie, wieso die Temperatur einen Einfluss hat auf die Geschwindigkeit, mit der sich die Farbe verteilt.

12 Das Wärmeverhalten von Gasen

Kurztheorie

Teilchenzahl und Stoffmenge

Gasmengen werden mit der *Teilchenzahl N* oder mit der *Stoffmenge n* beschrieben:

$$n = N / N_A$$

N_A ist die *Avogadro-Zahl*. Ihr Wert beträgt: $N_A = 6.022 \cdot 10^{23}\,\text{mol}^{-1}$. Die Stoffmenge n ist eine der 7 SI-Grundgrössen der Physik. Die SI-Einheit der Stoffmenge ist das *Mol*:

$$[n] = \text{mol}$$

Ideale Gase in Experimenten

Experimente zeigen, dass für ideale Gase die allgemeine Gasgleichung gilt:

$$p \cdot V = N \cdot k \cdot T = n \cdot R \cdot T$$

k heisst *Boltzmann-Konstante* und hat den Wert:

$$k = 1.38 \cdot 10^{-23} \frac{\text{J}}{\text{K}}$$

R heisst *universelle Gaskonstante R* und hat den Wert:

$$R = 8.31 \frac{\text{J}}{\text{K} \cdot \text{mol}}$$

Bei *isobaren* Experimenten ist der *Gasdruck p* konstant, bei *isothermen* Experimenten die *Gastemperatur T* und bei *isochoren* Experimenten das *Gasvolumen V*.

Gesetz von Avogadro: Bei gleicher Temperatur und gleichem Druck enthalten gemäss allgemeiner Gasgleichung gleiche Volumen eines idealen Gases die gleiche Anzahl Gasteilchen, unabhängig von der Art des Gases.

Ideale Gase in der Theorie

Der Gasdruck kommt dadurch zustande, dass die Gasteilchen ständig mit der Gefässwand kollidieren. Um den Druck in einem Gas zu erklären, betrachtet man die Teilchen des Gases als winzige, ständig in Bewegung befindliche, untereinander kollidierende Kügelchen. Man spricht vom *Modell des idealen Gases*.

Mit dem Modell des idealen Gases findet man, dass der Gasdruck p eines idealen Gases nur abhängt von der Gasteilchenanzahl N, der mittleren kinetischen Energie E_k der Gasteilchen und dem Volumen V, das die Gasteilchen einnehmen:

$$p \cdot V = \frac{2}{3} \cdot N \cdot E_k$$

Vergleich zwischen Experiment und Theorie

Vergleicht man $p \cdot V = N \cdot k \cdot T$ mit $p \cdot V = \frac{2}{3} \cdot N \cdot E_k$, so erkennt man, dass die mittlere kinetische Energie E_k der Gasteilchen proportional zur absoluten Gastemperatur T ist:

$$E_k = \frac{3}{2} \cdot k \cdot T$$

Die Temperatur T eines idealen Gases ist somit durch die mittlere kinetische Energie E_k der Gasteilchen bestimmt. Beim *absoluten Nullpunkt* ist die kinetische Energie der Gasteilchen null. Alle Gasteilchen sind dann in Ruhe.

Auf makroskopischer Ebene ist das Produkt aus Druck p und Volumen V eines idealen Gases durch die Stoffmenge n und die Temperatur T des Gases bestimmt.	Auf mikroskopischer Ebene ist das Produkt aus Druck p und Volumen V eines idealen Gases durch die Anzahl N und die mittlere kinetische Energie E_k der Gasteilchen bestimmt.

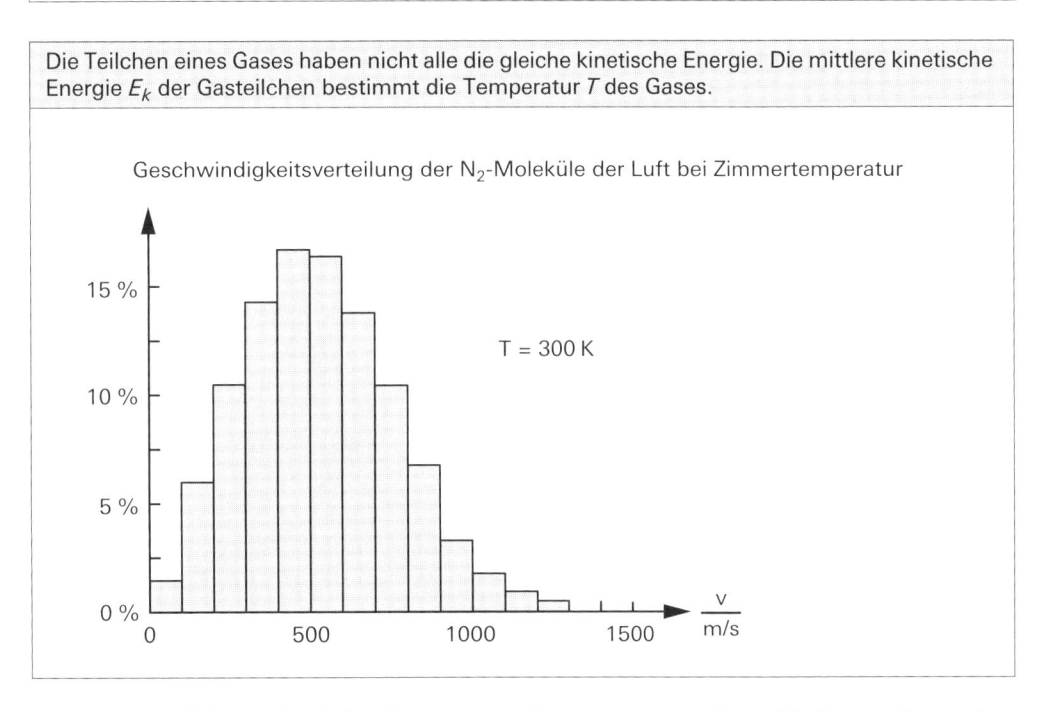

Die Teilchen eines Gases haben nicht alle die gleiche kinetische Energie. Die mittlere kinetische Energie E_k der Gasteilchen bestimmt die Temperatur T des Gases.

Geschwindigkeitsverteilung der N_2-Moleküle der Luft bei Zimmertemperatur

$T = 300\,K$

Hinweise

Ein einzelnes Teilchen hat keine Temperatur. Erst wenn es genügend Teilchen gibt, sodass sich eine Geschwindigkeitsverteilung bestimmen lässt, kann aus ihrer mittleren kinetischen Energie eine Temperatur berechnet werden. Nur einer grossen Anzahl Teilchen kann man somit gemäss ihrer mittleren kinetischen Energie E_k eine Temperatur T zuordnen.

In den Gasgesetzen steht die Kelvin-Temperatur.

Theoriefragen

Aufgabe 260

A] Was bedeutet «isobare Zustandsänderung»?

B] Was bedeutet «isotherme Zustandsänderung»?

C] Was bedeutet «isochore Zustandsänderung»?

Aufgabe 261

Was lässt sich über Druck, Temperatur und Volumen für eine gegebene Gasmenge aussagen bei

A] isobarer Zustandsänderung?

B] isothermer Zustandsänderung?

C] isochorer Zustandsänderung?

Aufgabe 262

A] Wie ist die Stoffmenge definiert?

B] Was ist die SI-Einheit der Stoffmenge?

C] Welchen Einfluss hat die Stoffmenge auf den Druck eines eingeschlossenen idealen Gases?

Aufgabe 263

A] Welchen Einfluss hat die Temperatur eines idealen Gases auf die mittlere kinetische Energie der Gasteilchen?

B] Erklären Sie, warum es eine untere Grenze für die Temperatur gibt.

C] In welchem Bewegungszustand würden sich Gasteilchen bei 0 K befinden?

Aufgabe 264

Das Gesetz von Avogadro besagt: Bei gleicher Temperatur und gleichem Druck enthalten gleiche Volumen eines idealen Gases die gleiche Anzahl Gasteilchen, unabhängig von der Art des Gases.

A] Bestätigen Sie dieses Gesetz mithilfe der allgemeinen Gasgleichung idealer Gase.

B] Berechnen Sie das Volumen, das 1.0 mol eines idealen Gases bei 0 °C und 1.013 bar einnimmt.

Kurze Aufgaben

Aufgabe 265

Helium-Gas ist in einem Behälter von 0.20 m³ Volumen eingeschlossen. Es hat eine Temperatur von 10 °C. Der Gasdruck beträgt 2.5 bar.

A] Wie gross ist die Stoffmenge des Gases?

B] Wie gross ist die Stoffmenge, wenn das Gas anstatt aus Helium-Atomen aus Stickstoff-Molekülen besteht, jedoch Temperatur, Volumen und Druck gleich sind?

Aufgabe 266

Ein ideales Gas aus $2.5 \cdot 10^{25}$ Gasteilchen befindet sich in einem geschlossenen Behälter. Die Temperatur des Gases ist 250 K, der Druck beträgt $1.1 \cdot 10^5$ Pa.

A] Wie gross ist das Volumen des Behälters?

B] Das Volumen des Behälters wird auf 1.5 m³ vergrössert. Wie gross ist der Gasdruck, wenn die Temperatur gleich bleibt?

Aufgabe 267

10 mol eines idealen Gases befinden sich in einem Behälter mit Volumen 0.50 m³. Der Druck beträgt 1200 hPa.

A] Wie viele Teilchen befinden sich im Gas?

B] Wie heiss ist das Gas?

C] Wie gross ist die mittlere kinetische Energie eines Gasteilchens?

Aufgabe 268

Ein Ballon hat ein Volumen von 15 dm³. Der Druck im Ballon beträgt 1020 hPa, die Temperatur 15 °C.

A] Wie viele Gasteilchen sind im Ballon?

B] Wie gross ist die Stoffmenge im Ballon?

C] Wie viel wiegt die Gasfüllung, wenn es sich um Helium handelt?

Aufgabe 269

Das Wettergeschehen wird bestimmt durch Hoch- und Tiefdruckgebiete in der Erdatmosphäre.

A] Wie viele Moleküle pro m³ enthält die Luft bei einem Druck von 1030 hPa und einer Temperatur von 25 °C?

B] Wie viele Moleküle pro m³ enthält die Luft bei einem Druck von 990 hPa und einer Temperatur von –25 °C?

Aufgabe 270

A] Wie gross ist die mittlere kinetische Energie der Teilchen auf der Sonnenoberfläche, wenn die Temperatur dort 5700 K beträgt?

B] Wie gross ist die mittlere Geschwindigkeit der H_2-, He-, O_2-Teilchen der Luft bei 20 °C?

C] Vergleichen Sie diese mittleren Geschwindigkeiten mit der Schallgeschwindigkeit in Luft, welche etwa 330 m/s beträgt.

Umfangreichere Aufgaben (I)

Aufgabe 271

Ein Autoreifen mit einem Volumen von 25 dm^3 wird beim Fahren und durch Sonneneinstrahlung von 10 °C auf 45 °C erhitzt. Der Druck im Reifen war anfangs 2.5 bar.

A] Wie gross ist der Druck nach der Erwärmung, wenn das Volumen des Reifens konstant bleibt?

B] Um welchen Faktor hat die mittlere Energie der Luftmoleküle bei der Erwärmung zugenommen?

C] Wie viel mol Luft müsste man nach der Erwärmung ablassen, um wieder den gleichen Druck wie am Anfang zu haben? Beim Ablassen der Luft bleibe die Temperatur im Reifen konstant.

Aufgabe 272

Von einem Taucher wird in 30 m Tiefe eine kugelförmige Luftblase ausgeatmet. Sie hat dort einen Durchmesser von 1 cm. Die Blase steigt an die Oberfläche, wobei sich ihre Temperatur nicht ändert. Der Druck an der Wasseroberfläche ist 1.0 bar.

A] Wie gross ist der Druck in einer Wassertiefe von 30 m?

B] Warum ist der Druck, mit dem das Wasser auf die Blase drückt, der gleiche Druck, mit dem die Luft auf die Blasenwand drückt?

C] Um welchen Faktor hat das Volumen der Luftblase zugenommen, wenn sie an der Oberfläche ankommt?

D] Um welchen Faktor hat der Durchmesser der Luftblase zugenommen, wenn sie an der Oberfläche ankommt?

Aufgabe 273

Ein perfektes Vakuum enthält per Definition gar keine Gasteilchen, doch selbst die besten, in Laboratorien hergestellten Vakua enthalten noch Gasteilchen. Aus dieser Aufgabe ersehen Sie, dass sie sogar noch sehr viele Teilchen enthalten.

A] Ein sehr gutes Vakuum, wie man es im Labor herstellen kann, hat einen Restdruck von $1.0 \cdot 10^{-9}$ Pa. Wie viele Teilchen enthält dieses Vakuum pro Kubikmillimeter, wenn die Temperatur 300 K beträgt?

B] Selbst im Weltraum hat es noch etwa 1 Gasteilchen pro Kubikzentimeter. Wie gross ist dort der Gasdruck, wenn die Gastemperatur 50 K beträgt?

Aufgabe 274

In einer 20 Liter fassenden Gasflasche befinden sich in gefülltem Zustand 2.0 kg Stickstoffgas (N_2). Die Temperatur des Gases beträgt 20 °C.

A] Berechnen Sie den Druck in der Flasche. Rechnen Sie dazu zuerst aus der Masse des Stickstoffgases die Teilchenzahl aus.

B] Nun lässt man Stickstoff aus der Flasche ausströmen. Wie gross ist die Masse des Stickstoffgases in der Flasche, wenn der Druck isotherm auf 10 bar abgesunken ist?

Umfangreichere Aufgaben (II)

Aufgabe 275

[Abb. 12.1] Mars

Der Durchmesser von Mars ist etwa halb so gross wie derjenige der Erde. Mars ist ein Zehntel so schwer wie die Erde. Auf Mars herrschen Temperaturen zwischen −130 °C und +30 °C.
Bild: NASA/ESA/HST

Sie untersuchen in dieser Aufgabe, welche der drei Moleküle O_2, H_2 und CO_2 von der Gravitationskraft des Mars festgehalten werden können. Ein Molekül kann nur festgehalten werden, wenn seine mittlere Geschwindigkeit kleiner ist als ein Sechstel der Fluchtgeschwindigkeit. Die Fluchtgeschwindigkeit auf dem Mars beträgt 5.0 km/s. Die mittlere Temperatur beträgt −50 °C.

A] Wie gross ist die mittlere Geschwindigkeit von O_2-Molekülen in der Marsatmosphäre? Kann der Mars diese Moleküle in seiner Atmosphäre halten?

B] Wie gross ist die mittlere Geschwindigkeit von H_2-Molekülen in der Marsatmosphäre? Kann der Mars diese Moleküle in seiner Atmosphäre halten?

C] Wie gross ist die mittlere Geschwindigkeit von CO_2-Molekülen in der Marsatmosphäre? Kann der Mars diese Moleküle in seiner Atmosphäre halten?

Aufgabe 276

Die Gleichung für das ideale Gas $p \cdot V = N \cdot k \cdot T$ kann man in eine Form bringen, in der die Gasdichte $\rho = M / V$ vorkommt. Die Masse M des Gases ist gegeben durch die Teilchenzahl N mal die Masse m eines einzelnen Teilchens.

A] Zeigen Sie, dass man das Gasgesetz auch so schreiben kann: $p \cdot m = \rho \cdot k \cdot T$.

B] Wie ändert sich die Dichte eines Gases, wenn man bei konstantem Druck die Temperatur erhöht?

C] Wie ändert sich die Dichte eines Gases, wenn man bei konstanter Temperatur den Druck erhöht?

D] Zeigen Sie, dass für die mittlere Geschwindigkeit v der Teilchen gilt: $p = (\rho \cdot v^2)/3$. Gehen Sie dazu von der Beziehung $p \cdot m = \rho \cdot k \cdot T$ aus und verwenden Sie die Gleichung für die mittlere kinetische Energie eines Teilchens.

13 Wärmeaustausch

Kurztheorie

1. Hauptsatz der Wärmelehre

1. Hauptsatz der Wärmelehre: Die innere Energie U eines Körpers ändert sich durch Austausch von Wärme Q und durch Verrichten von Arbeit W:

$$\Delta U = Q + W$$

Dem Körper zugeführte Wärme Q und am Körper verrichtete Arbeit W haben ein positives Vorzeichen. An einem Gas wird Arbeit verrichtet, wenn man sein Volumen ändert.

Formen des Wärmeaustauschs

Wärme geht von alleine immer von warm nach kalt. Es gibt 3 Wärmeaustauschformen:

- *Wärmeleitung* kommt durch Kollisionen zwischen den Teilchen des Köpers zustande. Wärmeleitung findet ohne Materietransport statt.
- *Wärmeströmungen* kommen durch Materietransport zustande. Wärmeströmungen kommen deshalb nur in Flüssigkeiten und Gasen vor. Beispiele:
  - Ist es in einer Flüssigkeit oder in einem Gas irgendwo etwas wärmer, so ist die Dichte dort kleiner. Die kleinere Dichte hat eine Auftriebskraft zu Folge: Die wärmeren Zonen steigen auf, während die kühleren Zonen absinken. Es kommt zu einem selbstständigen Wärmetransport.
  - Pumpen können warme Flüssigkeiten und Gase vorwärts bewegen, was einen erzwungenen Wärmetransport bedeutet.
- Körper senden aufgrund ihrer Temperatur elektromagnetische Strahlung aus. Man spricht von *Wärmestrahlung*. Ein Körper mit Zimmertemperatur sendet z. B. infrarote Strahlung aus; ein Körper, der wie die Sonne 6000 °C heiss ist, sendet sichtbares Licht aus. Sendet ein Körper Wärmestrahlung aus, so nimmt seine innere Energie ab und er kühlt sich ab. Nimmt ein Körper elektromagnetische Strahlung auf, so nimmt seine innere Energie zu und er erwärmt sich.

Folgen des Wärmeaustauschs

Wärmeaustausch bewirkt bei den beteiligten Körpern eine Änderung der *Temperatur* oder des *Aggregatszustands*. Bei einer Temperaturänderung verändert die Wärme die kinetische und potenzielle Energie der Teilchen des Körpers. Bei einer Aggregatszustandsänderung ist die Temperatur konstant, denn die Wärme ändert nur die potenzielle Energie der Teilchen des Körpers.

Die von einem Körper der Masse m bei der Temperaturzunahme aufgenommene oder bei der Temperaturabnahme abgegebene Wärme Q lässt sich mit der *spezifischen Wärmekapazität c* berechnen:

$$Q = c \cdot m \cdot \Delta T$$

Bei Gasen wird zwischen der spezifischen Wärmekapazität c_p bei konstantem Druck und der spezifischen Wärmekapazität c_V bei konstantem Volumen unterschieden.

Die vom Körper mit der Masse m beim *Schmelzen* aufgenommene oder beim *Gefrieren* abgegebene Wärme Q lässt sich mit der spezifischen *Schmelzwärme* L_f berechnen:

$$Q = L_f \cdot m$$

Die von der Masse m beim *Verdampfen* aufgenommene oder beim *Kondensieren* abgegebene Wärme Q lässt sich mit der spezifischen *Verdampfungswärme* L_V berechnen:

$$Q = L_V \cdot m$$

1. Hauptsatz der Wärmelehre: Die innere Energie U ändert sich um die ausgetauschte Wärme Q und um die verrichtete Arbeit W.

Wärmeleitung, Wärmeströmung und Wärmestrahlung sind Formen des Wärmeaustauschs.

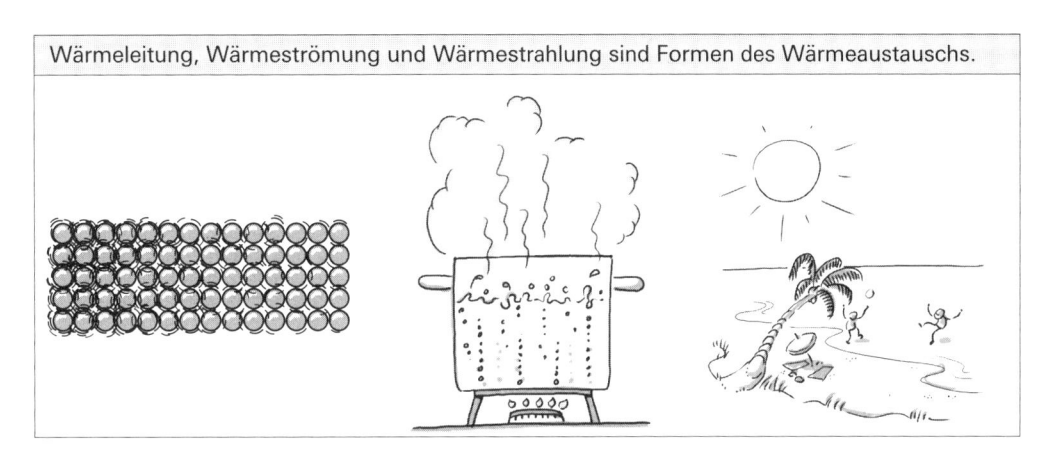

Die Wärme bewirkt entweder eine Temperaturänderung oder eine Aggregatzustandsänderung.

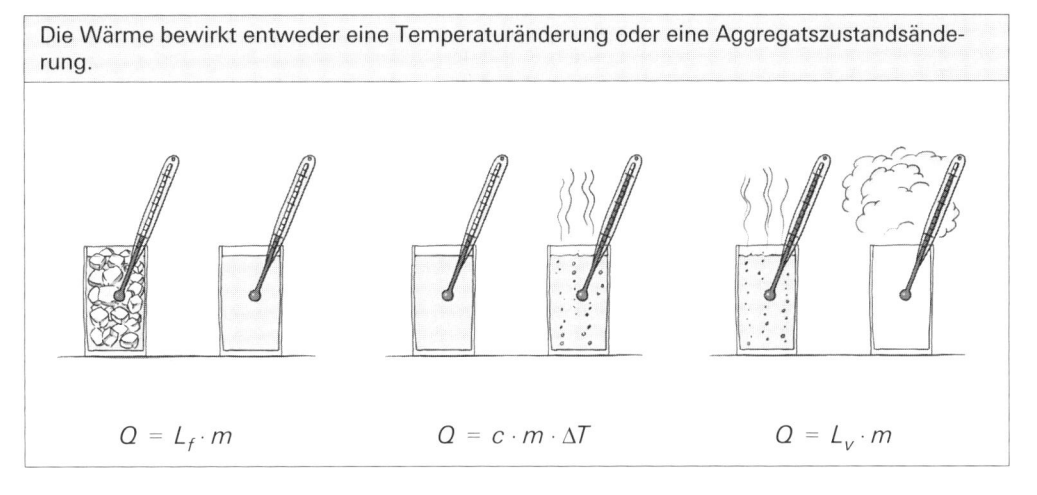

$$Q = L_f \cdot m \qquad Q = c \cdot m \cdot \Delta T \qquad Q = L_v \cdot m$$

Hinweise

Von *Verdampfen* spricht man, wenn eine Flüssigkeit den Siedepunkt erreicht und deshalb alle Teilchen schnell genug sind, um die Flüssigkeit zu verlassen. Von *Verdunsten* spricht man, wenn nur die schnellsten Teilchen einer Flüssigkeit beliebiger Temperatur schnell genug sind, um die Flüssigkeit zu verlassen.

Beim Mischen von Flüssigkeiten unterschiedlicher Temperatur gilt: Die Wärme Q, die die wärmere Flüssigkeit abgibt, ist gleich der Wärme Q, die die kältere Flüssigkeit aufnimmt. Wenn sich der Aggregatzustand beim Mischen ändert, müssen Schmelzwärme und Verdampfungswärme in der Wärmebilanz mitberücksichtigt werden.

Der spezifische Heizwert H gibt an, wie viel Wärme bei der Verbrennung von 1 kg Heizstoff entsteht: $[H]$ = J/kg.

L_f, L_v, c, c_p, c_V verschiedener Materialien sind in Formelsammlungen aufgelistet.

Theoriefragen

Aufgabe 277 Geben Sie den 1. Hauptsatz der Wärmelehre in Worten und mit einer Gleichung wieder. Illustrieren Sie ihn mit einem Beispiel.

Aufgabe 278 Die spezifische Wärmekapazität ist von Material zu Material verschieden.

A] Was gibt die spezifische Wärmekapazität an?

B] Welches ist die Einheit der spezifischen Wärmekapazität?

C] Welches Material nimmt bei der Erwärmung um 1 K mehr Energie auf, dasjenige mit einer kleinen oder das mit einer grossen spezifischen Wärmekapazität?

D] Was braucht mehr Energie für eine Temperaturerhöhung von 1 K: 1 dm^3 Wasser oder 1 dm^3 Aluminium?

Aufgabe 279 A] Was ist Wärmeleitung? Nennen Sie Beispiele für Wärmetransport durch Leitung.

B] Was ist eine Wärmeströmung? Nennen Sie Beispiele für Wärmetransport durch Strömung.

C] Was ist Wärmestrahlung? Nennen Sie Beispiele für Wärmetransport durch Strahlung.

D] Welche der drei Mechanismen sind an Materie gebunden?

Aufgabe 280 Wann führt Wärmezufuhr zu keiner Temperaturerhöhung des Körpers?

Aufgabe 281 Die Aggregatszustandswechsel fest–flüssig und flüssig–gasförmig können jeweils in beide Richtungen stattfinden. Je nachdem wird Energie frei oder muss zugeführt werden. Ordnen Sie jeder der folgenden Aussagen einen der Übergänge gasförmig–flüssig, flüssig–gasförmig, fest–flüssig und flüssig–fest, zu.

A] Die Schmelzwärme wird frei.

B] Die Schmelzwärme wird der Umgebung entzogen.

C] Die Verdampfungswärme wird frei.

D] Die Verdampfungswärme wird der Umgebung entzogen.

Aufgabe 282 Durch Arbeit und Wärme kann die innere Energie eines Gegenstands verändert werden. Arbeit erkennt man daran, dass eine Kraft auf den Körper wirkt und eine Bewegung stattfindet, während Wärme dann fliesst, wenn ein Temperaturunterschied besteht. Welche der folgenden Vorgänge ändern die innere Energie des Körpers? Wird die innere Energie durch Wärme oder durch Arbeit verändert?

A] Sie treten einen Fussball. Ändert sich die innere Energie des Fussballs?

B] Sie bremsen Ihr Velo. Ändert sich die innere Energie der Bremsklötze?

C] Sie reiben sich die Hände. Ändert sich die innere Energie Ihrer Hände?

D] Sie halten einen Löffel in eine heisse Suppe. Ändert sich die innere Energie des Löffels?

Kurze Aufgaben

Aufgabe 283

Die spezifische Schmelzwärme beschreibt, wie viel Energie es braucht, um ein Kilogramm eines gegebenen Materials zu schmelzen. Die Temperatur des zu schmelzenden Materials muss dabei bereits die Schmelztemperatur erreicht haben.

A] Um 10.00 g Silber zu schmelzen, braucht es eine Wärmemenge von 1045 J. Wie gross ist die spezifische Schmelzwärme von Silber?

B] Welche Wärmemenge wird frei, wenn 1.0 dl Wasser gefriert?

Aufgabe 284

Die spezifische Wärmekapazität beschreibt, wie viel Wärme es braucht, um die Temperatur eines Körpers aus einem bestimmten Material um genau 1 °C zu erhöhen.

A] Wie stark steigt die Temperatur eines 0.20 kg schweren Stücks Stahl, wenn ihm eine Wärmemenge von 4000 J zugeführt wird? $c_{Stahl} = 452 \frac{J}{K \cdot kg}$

B] Wie stark steigt die Temperatur eines 0.20 kg schweren Stücks Blei, wenn ihm eine Wärmemenge von 4000 J zugeführt wird?

C] Welches der beiden Metallstücke wird heisser, wenn man beiden Metallstücken die gleiche Wärmemenge zuführt?

Aufgabe 285

Ein Schmied bearbeitet ein Stück Metall. Dabei ändert er die innere Energie des Metalls. Zuerst hält er das Metall ins Feuer. Dabei nimmt es 1200 J Wärme auf. Danach hämmert der Schmied das Stück 20-mal. Bei jedem Schlag werden 300 J zugeführt.

A] Wie gross ist die Änderung der inneren Energie des Metallstücks?

B] Nach dem Bearbeiten lässt der Schmied das Metallstück auskühlen. Es gibt eine Wärme von 2400 J an die Umgebung ab. Wie gross ist die Änderung der inneren Energie des Metallstücks seit Beginn der Bearbeitung? Ist die Temperatur nach diesem Auskühlen noch grösser als zu Beginn der beschriebenen Bearbeitung?

Aufgabe 286

Ein 15 g schwerer Eiswürfel mit der Temperatur 0 °C wird in 2.0 dl 14 °C warmes Wasser geworfen.

A] Welche Wärme entzieht der Würfel dem Wasser, während er schmilzt?

B] Wie gross ist die Wassertemperatur nach dem Schmelzen des Eises?

Aufgabe 287

A] Durch den Heizkörper eines Zimmers fliesst heisses Wasser. Welcher Wärmetransportmechanismus transportiert die Wärme vom Wasser in den Heizkörper?

B] Welcher Wärmetransportmechanismus transportiert die Wärme vom Heizkörper in die Luft, die den Heizkörper umgibt?

C] Durch welchen Transportmechanismus wird die warme Luft im Zimmer verteilt?

D] Die Sonne scheint durch das Fenster auf den Fussboden, der sich dadurch erwärmt. Durch welchen Mechanismus wurde hier Wärme transportiert?

Aufgabe 288

Ein Kernkraftwerk muss 2.0 GW Abwärme loswerden. Dies geschieht im Kühlturm durch Verdampfen von Wasser. Wie viele Liter 10 °C warmes Wasser müssen pro Sekunde verdampft werden? Hat die Wassertemperatur einen grossen Einfluss auf diese Menge?

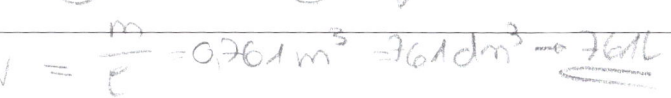

Umfangreichere Aufgaben (I)

Aufgabe 289

100 g Wasserdampf der Temperatur 200 °C sollen so weit abgekühlt werden, dass daraus Eis von –100 °C entsteht. Dabei wird Wärme an die Umgebung abgegeben.

A) Wie viel Energie wird abgegeben, wenn 100 g Wasserdampf von 200 °C auf 100 °C abkühlt?

B) Wie viel Energie wird abgegeben, wenn 100 g Wasserdampf kondensiert?

C) Wie viel Energie wird abgegeben, wenn 100 g Wasser von 100 °C auf 0 °C abkühlt?

D) Wie viel Energie wird abgegeben, wenn 100 g Wasser zu Eis erstarrt?

E) Wie viel Energie wird abgegeben, wenn 100 g Eis von 0 °C auf –100 °C abkühlt?

F) Bei welchem der beschriebenen Prozesse wurde am meisten Energie abgegeben, bei welchem am wenigsten?

Aufgabe 290

A) Wie viel Energie muss das Heizelement einer Waschmaschine an 10 l Wasser abgeben, um es von 10 °C auf 60 °C aufzuheizen?

B) Welche Heizleistung ist erforderlich, wenn 10 l Wasser in 5 Minuten von 10 °C auf 60 °C aufgeheizt werden sollen? Vernachlässigen Sie Wärmeverluste an die Umgebung.

Aufgabe 291

Eine Porzellantasse mit einer Masse von 120 g hat eine spezifische Wärmekapazität 800 J · kg^{-1} · K^{-1}. Sie hat anfangs eine Temperatur von 20 °C. Jetzt giessen Sie 1.0 dl Teewasser mit einer Temperatur von 80 °C in die Tasse. Sie untersuchen in dieser Aufgabe, was mit den Temperaturen der Tasse und des Wassers geschieht. Vernachlässigen Sie dabei die Wärmeabgabe an die Umgebung.

A) Begründen Sie, warum nach einiger Zeit Tasse und Tee die gleiche Temperatur haben.

B) Man bezeichnet die Temperatur, die sich bei Tasse und Wasser einstellt, auch als Gleichgewichtstemperatur. Wie gross ist die Gleichgewichtstemperatur?

Aufgabe 292

Die Sonne scheint in ein ursprünglich 22 °C warmes Zimmer. Nach einiger Zeit ist die Temperatur im Zimmer dadurch auf 28 °C gestiegen. Um wie viel hat die innere Energie der Luft im Zimmer zugenommen? Das Volumen des Zimmers beträgt 50 m^3.

Aufgabe 293

A) Ein Kochtopf von 250 mm Durchmesser steht auf einer eingeschalteten Kochplatte und enthält siedendes Wasser. Um wie viele Millimeter pro Minute sinkt der Wasserspiegel, wenn die Heizleistung der Platte 1.2 kW beträgt?

B) Eine Kerze von 20 mm Durchmesser brennt und wird pro Stunde um 20 mm kürzer. Wie gross ist ihre Heizleistung? Der spezifische Heizwert von Paraffin beträgt 45 MJ/kg.

C) Ein Schwimmbecken mit 25 m^3 Wasser soll von 10 °C auf 20 °C geheizt werden. Wie gross sind die Heizkosten mit einer elektrischen Heizung (1 kWh kostet 10 Rappen) und wie gross mit einer Ölheizung (100 Liter Öl kosten 70 Franken)?

Umfangreichere Aufgaben (II)

Aufgabe 294

[Abb. 13.1]   Infrarotaufnahme eines Autorads

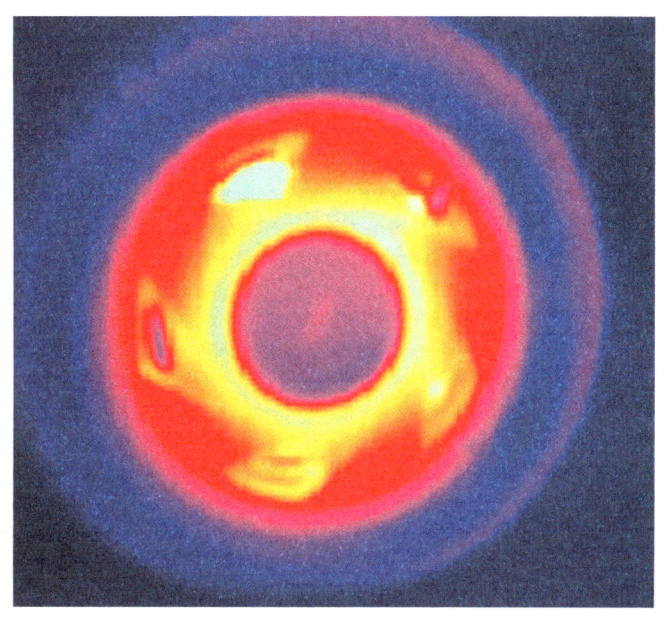

Beim Bremsen wird kinetische Energie in Wärme umgewandelt. Diese erwärmt die Bremsflächen. Bild: Geoff Williams / Science Photo Library

Ein vierteiliger Vorortszug der Masse 250 t fährt mit einer Geschwindigkeit von 72 km/h. Um anzuhalten, hat jedes der 32 Räder Bremsklötze, die auf den Rädern reiben. Beim Bremsen wird die kinetische Energie des Zugs in Wärmeenergie umgewandelt. Sie untersuchen, wie sich die innere Energie und die Temperatur eines Rads dabei verändern.

A] Um wie viel nimmt die innere Energie jedes Rades zu, wenn die eine Hälfte der Reibungswärme in das Rad und die andere Hälfte in die Bremsklötze geht?

B] Wie stark hat sich die Temperatur eines Rads durch den Bremsvorgang kurzfristig erhöht, wenn ein Rad aus 150 kg Stahl besteht und der Wärmeaustausch zwischen Rad und Schiene vernachlässigbar ist? $c_{Stahl} = 452 \dfrac{J}{K \cdot kg}$

Aufgabe 295

A] Erklären Sie, wie ein Haus durch Wärmeleitung und Wärmeströmung Wärme verliert.

B] Nehmen Sie zur guten Wärmeisolation eines Hauses ein Baumaterial mit grosser oder mit kleiner Wärmeleitfähigkeit? Was für Materialien kommen somit in Frage?

C] Wie lassen sich Wärmeverluste durch Wärmeströmungen verhindern?

D] Im Winter sieht man, dass auf gewissen Hausdächern der Schnee schneller schmilzt als auf anderen Dächern. Was schliessen Sie daraus?

Aufgabe 296

Erklären Sie, welche Formen des Wärmetransports in folgenden Situationen wichtig sind.

A] Ein Segelflugzeug steigt mithilfe eines Aufwinds (Thermik).

B] Der Kamin zieht, wenn ein Feuer angezündet wird.

C] Der Sand unter der Sonne wird heiss.

D] Im Wintergarten ist es auch ohne Zentralheizung warm.

E] Sie verbrennen sich die Finger an der heissen Herdplatte.

14 Wärmekraftmaschine, Wärmepumpe und Kühlschrank

Kurztheorie

Wärmekraftmaschine

In *Wärmekraftmaschinen* (z. B. *Dampfmaschine*, *Benzinmotor*, *Dieselmotor*, *Gasturbinen*) wird ein Gas durch Wärme zur *Expansion* gebracht, wobei Arbeit verrichtet wird. In Motoren verschiebt das expandierende Gas den *Kolben* im Zylinder, wobei *Expansionsarbeit* verrichtet wird. Den Betrag der Expansionsarbeit W erkennt man an der Fläche unter der Kurve im *p-V-Diagramm*. Ist der Druck p während der Expansion konstant, kann die Expansionsarbeit W aus dem Druck p und der Volumenzunahme ΔV berechnet werden:

$$W = -p \cdot \Delta V$$

Der *Wirkungsgrad einer Wärmekraftmaschine,* der die Wärme Q_W zugeführt wird und die dadurch die Expansionsarbeit W verrichten kann, beträgt:

$$\eta = W / Q_W$$

Der theoretisch maximale Wirkungsgrad einer Wärmekraftmaschine hängt nur ab von der Gastemperatur T_W vor der Expansion und der Gastemperatur T_k nach der Expansion:

$$\eta_{max} = \frac{T_W - T_k}{T_W}$$

Wärmepumpe, Kühlschrank

Wärme geht von alleine nur von warm nach kalt. *Wärmepumpen* und *Kühlschränke* können Wärme hingegen von einem kühleren Ort an einen wärmeren Ort zwingen. In beiden Geräten zirkuliert ein Medium, das am kühleren Ort verdampft und dabei der Umgebung die Verdampfungswärme entzieht und das durch einen Kompressor am wärmeren Ort zum Kondensieren gebraucht wird und dabei die Kondensationswärme an die Umgebung abgibt. Dem Kompressor muss für seine *Kompressionsarbeit* Energie zugeführt werden.

Transportiert eine Wärmepumpe durch die Kompressionsarbeit W die Wärme Q_W an den wärmeren Ort, so beträgt die *Effizienz ε der Wärmepumpe:*

$$\varepsilon = Q_W / W$$

Die theoretisch maximal mögliche Effizienz einer Wärmepumpe hängt nur ab von der Temperatur T_k am kühleren Ort und der Temperatur T_W am wärmeren Ort:

$$\varepsilon_{max} = \frac{T_W}{T_W - T_k}$$

Transportiert ein Kühlschrank durch die Kompressionsarbeit W die Wärme Q_k vom kühleren Ort ab, so beträgt die *Effizienz ε des Kühlschranks:*

$$\varepsilon = Q_K / W$$

Die theoretisch maximal mögliche Effizienz eines Kühlschranks hängt nur ab von der Temperatur T_k am kühleren Ort und der Temperatur T_W am wärmeren Ort:

$$\varepsilon_{max} = \frac{T_k}{T_W - T_k}$$

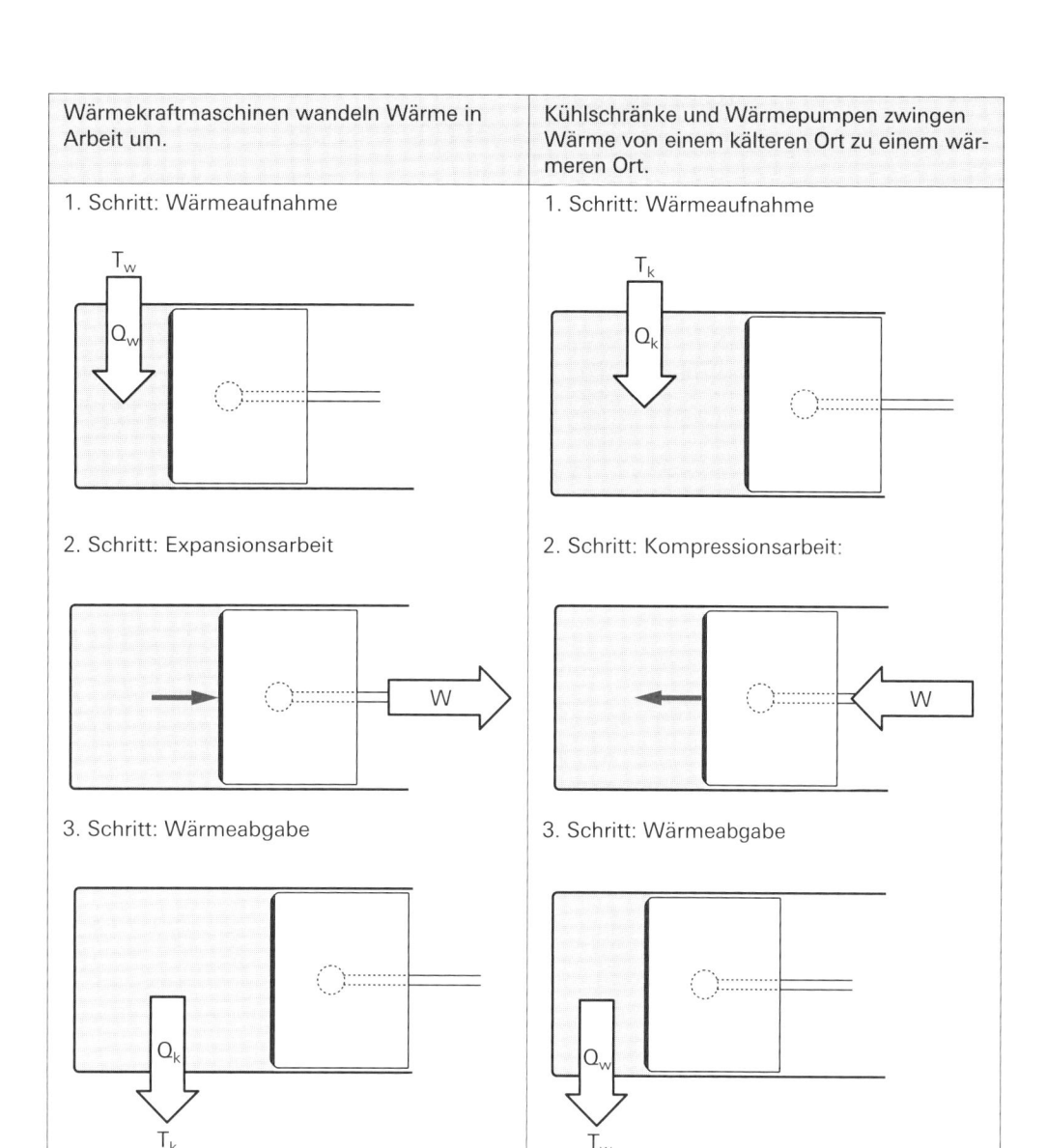

Wärmekraftmaschinen wandeln Wärme in Arbeit um.	Kühlschränke und Wärmepumpen zwingen Wärme von einem kälteren Ort zu einem wärmeren Ort.
1. Schritt: Wärmeaufnahme	1. Schritt: Wärmeaufnahme
T_w, Q_w	T_k, Q_k
2. Schritt: Expansionsarbeit	2. Schritt: Kompressionsarbeit:
W	W
3. Schritt: Wärmeabgabe	3. Schritt: Wärmeabgabe
Q_k, T_k	Q_w, T_w

Energieflussdiagramm einer Wärmekraftmaschine	Energieflussdiagramm einer Wärmepumpe
Heisse Gase mit Temperatur T_w	Wärmerer Ort mit Temperatur T_w
Q_w	$Q_w = Q_k + W$
$W = Q_w - Q_k$	W
Q_k	Q_k
Abgekühlte Gase mit Temperatur T_k	Kälterer Ort mit Temperatur T_k

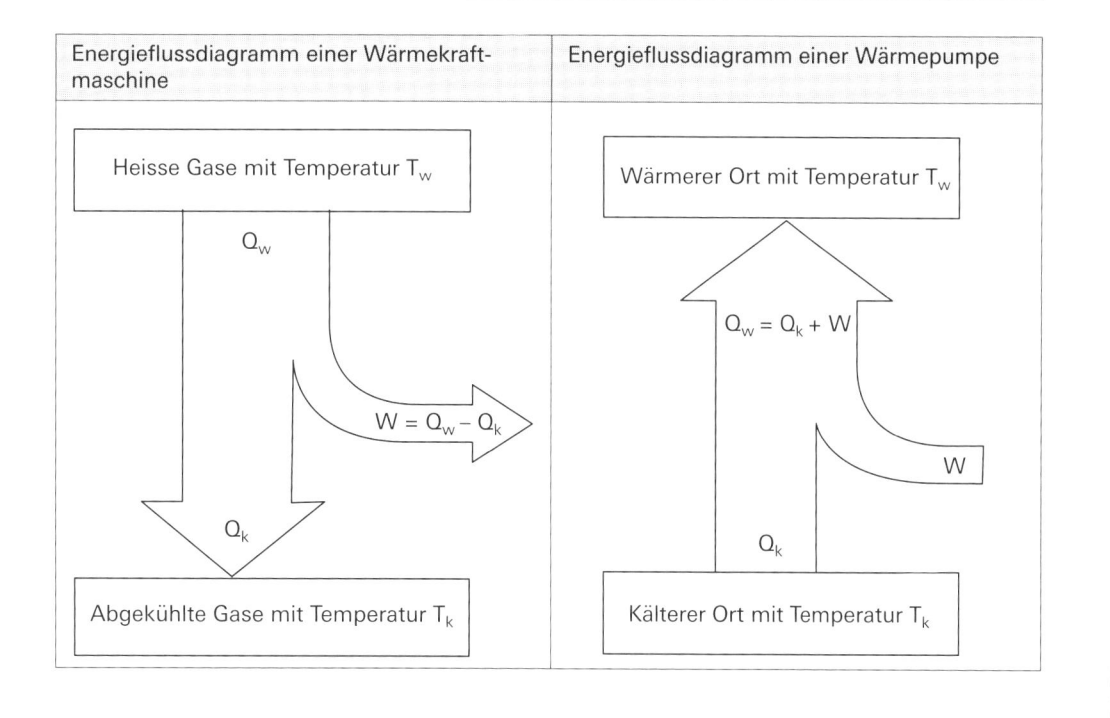

Theoriefragen

Aufgabe 297 In Verbrennungsmotoren wird ein Teil der Wärme in Arbeit umgewandelt.

A] Erklären Sie, wie dies vor sich geht.

B] Von welchen Grössen hängt die Arbeit ab, die ein Verbrennungsmotor verrichtet?

Aufgabe 298 Ein Gas ändert bei konstantem Druck p sein Volumen von V_1 zu V_2.

A] Stellen Sie mit diesen Grössen eine Gleichung für die Arbeit W des Gases auf.

B] Was bedeutet es für das Gas, wenn W negativ ist?

C] Was bedeutet es für das Gas, wenn W positiv ist?

Aufgabe 299 A] Erklären Sie den Begriff «Wirkungsgrad» am Beispiel eines Verbrennungsmotors.

B] Welche Werte kann der Wirkungsgrad eines Verbrennungsmotors annehmen?

C] Von welchen Grössen hängt der theoretisch maximale Wirkungsgrad eines Verbrennungsmotors ab?

D] Berechnen Sie den theoretisch maximalen Wirkungsgrad eines Automotors, indem Sie plausible Werte für die benötigten Grössen annehmen.

Aufgabe 300 Wärmepumpen und Kühlschränke haben dasselbe Funktionsprinzip: Wärme wird von einem kühleren Ort an einen wärmeren Ort transportiert. Worin unterscheiden sich Wärmepumpen und Kühlschränke? Beschreiben Sie dazu den Nutzen eines Kühlschranks und einer Wärmepumpe.

Aufgabe 301 A] Erklären Sie den Begriff «Effizienz» am Beispiel eines Kühlschranks.

B] Welche Werte kann die Effizienz eines Kühlschranks annehmen?

C] Von welchen Grössen hängt die theoretisch maximale Effizienz eines Kühlschranks ab?

D] Berechnen Sie die theoretisch maximale Effizienz eines Kühlschranks, indem Sie plausible Werte für die benötigten Grössen annehmen.

E] Was kann man tun, um eine möglichst grosse Effizienz zu erhalten?

Aufgabe 302 A] Erklären Sie den Begriff «Effizienz» anhand einer Wärmepumpe.

B] Welche Werte kann die Effizienz einer Wärmepumpe annehmen?

C] Von welchen Grössen hängt die theoretisch maximale Effizienz einer Wärmepumpe ab?

D] Berechnen Sie die theoretisch maximale Effizienz einer Wärmepumpe, indem Sie plausible Werte für die benötigten Grössen annehmen.

E] Was kann man tun, um eine möglichst grosse Effizienz zu erhalten?

Kurze Aufgaben

Aufgabe 303

Das Gas im Zylinder eines Verbrennungsmotors expandiert von 100 cm³ auf 700 cm³. Während dieser Expansion beträgt der Gasdruck im Zylinder $5.0 \cdot 10^6$ Pa.

A] Stellen Sie den Vorgang in einem *p-V*-Diagramm dar.

B] Berechnen Sie die Arbeit, die das Gas verrichtet, während es den Kolben verschiebt.

Aufgabe 304

Ein Verbrennungsmotor entlässt Abgas mit einer Temperatur von 100 °C. Vor der Expansion betrug die Gastemperatur 600 °C.

A] Wie gross ist der maximal mögliche Wirkungsgrad des Motors?

B] Bei welcher Temperatur muss das Gas ausströmen, damit der maximal mögliche Wirkungsgrad 0.65 ist?

Aufgabe 305

Eine Wärmepumpe benutzt Flusswasser mit einer Temperatur von 8 °C. Die Wärmepumpe transportiert Wärme in das Heizungswasser eines Wohnhauses. Die Temperatur des Heizungswassers soll 60 °C betragen.

A] Wie gross ist die maximal mögliche Effizienz der Wärmepumpe?

B] Im Winter beträgt die Flusstemperatur nur 4 °C. Wie gross ist dann die maximal mögliche Effizienz der Wärmepumpe?

Aufgabe 306

Die Wärmepumpe eines Hauses erbringt eine durchschnittliche Leistung von 10 kW. Sie entzieht dabei Flusswasser jede Sekunde 20 kJ Wärme.

A] Wie viel Wärme wird pro Sekunde ins Haus geliefert?

B] Wie gross ist die Effizienz der Wärmepumpe?

Aufgabe 307

Um Luft zu komprimieren, muss Kompressionsarbeit verrichtet werden. 5.0 m³ Umgebungsluft sollen auf ein Volumen von 1.0 m³ zusammengedrückt werden. Der Druck vor der Kompression beträgt 1.0 bar, nach der Kompression 5.0 bar.

A] Zeichnen Sie in ein *p-V*-Diagramm den Anfangs- und den Endzustand.

B] Bestimmen Sie zeichnerisch, wie viel Arbeit für diese Kompression nötig ist. Verbinden Sie dazu die beiden Punkte einfachheitshalber durch eine gerade Strecke.

C] Welche Gleichung würde die korrekte Verbindung zwischen den beiden Punkten bei isothermer Kompression beschreiben, und welche Form hat die Kurve somit wirklich?

D] Der Kompressor verdichtet die Luft mit einer Leistung von 10 kW. Wie lange braucht er, um die 5.0 m³ Luft so zu verdichten?

Aufgabe 308

Der Kompressor einer Kühlanlage benötigt eine elektrische Leistung von 1.0 kW, während die Kühlanlage den Kühlraum kühlt und sich dadurch die Umgebung mit einer Heizleistung von 1.8 kW erwärmt.

A] Wie gross ist die Kühlleistung der Kühlanlage?

B] Wie gross ist die Effizienz der Kühlanlage?

Umfangreichere Aufgaben (I)

Aufgabe 309

In einem Zylinder mit einem frei beweglichen Kolben befindet sich ein ideales Gas. Das Gas hat ein Volumen von 100 cm^3 und eine Temperatur von 20 °C und steht unter einem Druck von $1.0 \cdot 10^5$ Pa. Das Gas wird nun isobar auf 700 °C erwärmt.

A] Wie viele Gasteilchen befinden sich im Zylinder?

B] Wie viele mol Gas befinden sich im Zylinder?

C] Welche innere Energie hatte das Gas vor der Erwärmung?

D] Welches Volumen nimmt das Gas ein, wenn seine Temperatur 700 °C erreicht hat?

E] Um wie viel hat die innere Energie des Gases zugenommen?

F] Wie gross ist die Expansionsarbeit, die das Gas verrichtet hat, und wie viel Wärme musste dem Gas zugeführt werden?

Aufgabe 310

Ein Verbrennungsmotor muss Wärme aufnehmen und Abwärme abgeben können.

A] Wie wird dem Verbrennungsmotor in Autos Wärme zugeführt?

B] Wie führt der Verbrennungsmotor im Auto Wärme ab?

C] Einem laufenden Automotor wird pro Sekunde eine Wärmemenge von $1.0 \cdot 10^5$ J zugeführt. Damit verrichtet er pro Sekunde $1.5 \cdot 10^4$ J Antriebsarbeit. Wie viel Wärme gibt der Motor pro Sekunde ab?

D] Wie gross ist der Wirkungsgrad des Automotors?

Aufgabe 311

Ein Verbrennungsmotor mit einem Zylinder durchläuft den folgenden Kreisprozess mit den Punkten A–D:

- Vom Punkt A zum Punkt B wird das Volumen des Gases mit Umgebungsdruck bei praktisch konstantem Druck von V_A auf V_B verkleinert.
- Beim Punkt B wird Treibstoff und Sauerstoff eingespritzt und zur Explosion gebracht, sodass sich der Druck bei gleich bleibendem Volumen schlagartig erhöht, bis er den Punkt C erreicht.
- Zwischen dem Punkt C und Punkt D dehnt sich das heisse Gas aus und drückt den Kolben bei praktisch gleich bleibendem Druck aus dem Zylinder heraus, wodurch sich das Volumen des Zylinders von V_B auf V_A vergrössert.
- Beim Punkt D entweicht das warme Gas durch ein Ventil aus dem Zylinder, wodurch der Druck bei gleich bleibendem Volumen auf Umgebungsdruck abfällt. Jetzt ist das System wieder beim Punkt A und bereit für den nächsten Zyklus.

Umgebungsdruck $1.0 \cdot 10^5$ Pa, Volumen $V_A = 7.0$ dm^3; Volumen $V_B = 1.0$ dm^3; der Druck beim Punkt C beträgt $6.0 \cdot 10^5$ Pa.

A] Zeichnen Sie ein p-V-Diagramm des Kreisprozesses, und markieren Sie die Punkte A–D.

B] Wie gross sind die Arbeiten, die vom Gas während der 4 Teilschritte verrichtet werden?

C] Wie gross ist die Arbeit, die während eines ganzen Zyklus verrichtet wird?

Umfangreichere Aufgaben (II)

Aufgabe 312

Im Zylinder eines Verbrennungsmotors wird Umgebungsluft angesaugt und dann Benzin eingespritzt. Anschliessend wird das Luft-Benzin-Gemisch durch einen Funken gezündet und zur Explosion gebracht. Der Druck des Gases erhöht sich schlagartig, wodurch der Kolben herausgepresst wird.

A] Berechnen Sie die innere Energie der in den Zylinder gesaugten 0.1 mol Luft, wenn sie eine Temperatur von 18 °C hat.

B] Es werden 10 µl Benzin eingespritzt. Benzin hat einen Heizwert von 43.5 MJ/kg. Wie gross ist die Wärmemenge, die das Benzin freisetzt, wenn es verbrannt wird?

C] Die Wärme, die das Benzin beim Verbrennen abgibt, erhöht die innere Energie der Luft. Wie gross ist sie nach der Verbrennung?

D] Wie hoch ist die Temperatur des Gases nach der Explosion, wenn sich durch das Einspritzen des Benzins die Teilchenzahl verdoppelt hat?

E] Wie gross ist der Druck direkt nach der Explosion, bevor es zur Expansion kommt? Das Volumen des Gases ist 100 cm^3.

F] Das heisse Gas expandiert und drückt den Kolben heraus. Das Volumen vergrössert sich dabei bei praktisch konstantem Druck auf 200 cm^3. Wie gross ist die Expansionsarbeit?

Aufgabe 313

Kühlschränke besitzen einen geschlossenen Kreislauf, in dem ein Medium strömt, das zwischen flüssigem und gasförmigem Zustand hin und her wechselt. Im Kreislauf befinden sich ein Kompressor und zwei Wärmeaustauscher, über die das Medium Wärme mit der Umgebung austauschen kann. Der eine Wärmeaustauscher nimmt beim Verdampfen des Mediums Wärme von der Umgebung auf, der andere gibt die beim Kondensieren des Mediums frei werdende Wärme an die Umgebung ab.

A] Wo wird Wärme von der Luft aufgenommen?

B] Wo wird Wärme an die Luft abgegeben?

C] Wo wird Arbeit verrichtet?

Aufgabe 314

Ein Kühlschrank hat eine Effizienz von $\varepsilon = 3$. Der Kompressor des Kühlschranks benötigt auf Maximalstufe pro Tag 0.40 kWh, um seine Kompressionsarbeit zu verrichten.

A] Wie gross ist die Kühlleistung des Kühlschranks?

B] Wie lange dauert es, bis 1.0 Liter Wasser von 20 °C auf 5 °C abgekühlt ist, wenn der restliche Inhalt des Kühlschranks schon auf 5 °C abgekühlt ist?

C] Wie gross ist die Heizleistung des Kühlschranks?

D] Weshalb muss ein Kühlschrank auch dann arbeiten, um kühl zu bleiben, wenn keine Lebensmittel in den Kühlschrank gestellt wurden?

15 Strahlenoptik

Kurztheorie

Lichtstrahlen

Licht breitet sich im Vakuum mit der *Lichtgeschwindigkeit* $c = 3.0 \cdot 10^8$ m/s aus. Es breitet sich von einem leuchtenden Punkt geradlinig in alle möglichen Richtungen aus. Der Weg, den das Licht nimmt, kann mit *Lichtstrahlen* beschrieben werden.

Schattenwurf

Trifft das Licht einer Lichtquelle auf ein undurchsichtiges Hindernis, kann mit Lichtstrahlen, die knapp am Hindernis vorbeikommen, der Schatten *(Halbschatten, Kernschatten)* konstruiert werden. Wenn die Lichtquelle sehr weit entfernt ist, wird der Schatten (Kernschatten) mit parallelen Lichtstrahlen konstruiert.

Reflexion

Trifft Licht auf eine Oberfläche, so kann es zu *Reflexion* kommen. *Reflexionsgesetz:* Der *Ausfallswinkel* α_2 der reflektierten Lichtstrahlen ist gleich dem *Einfallswinkel* α_1 der einfallenden Lichtstrahlen:

$$\alpha_1 = \alpha_2$$

An rauen Oberflächen kommt es zu unregelmässiger Reflexion, es entsteht dann *Streulicht*. An spiegelnden Oberflächen kommt es bei Reflexion zu regelmässiger Reflexion, es entsteht dann ein *Spiegelbild*.

Brechung

Treten Lichtstrahlen von einem transparenten Medium in ein anderes transparentes Medium, so werden sie abgelenkt. Diese Ablenkung nennt man *Brechung*. Mit dem *Brechungsgesetz* kann der Ausfallswinkel α_2 der Lichtstrahlen in Abhängigkeit vom Einfallswinkel α_1 und den *Brechzahlen* n_1 und n_2 berechnet werden:

$$n_1 \cdot \sin\alpha_1 = n_2 \cdot \sin\alpha_2$$

Dies bedeutet: Wenn Licht von einem optisch dünneren Medium in ein optisch dichteres Medium tritt ($n_1 < n_2$), so wird das Licht zum Lot hin gebrochen ($\alpha_1 > \alpha_2$) und umgekehrt.

Weil das Auge von geraden Lichtstrahlen ausgeht, erscheint bei Brechung der Gegenstand an einem anderen Ort, als er wirklich ist. Bei einem ins Wasser eingetauchten Gegenstand entsteht dadurch der Eindruck eines Knicks an der Wasseroberfläche (siehe Abbildungen).

Totalreflexion

Fällt Licht von einem transparenten Medium mit grösserer Brechzahl n_1 in ein transparentes Medium mit kleinerer Brechzahl n_2, ist der Ausfallswinkel α_2 grösser als der Einfallswinkel α_1. Ist der Einfallswinkel α_1 gleich dem *kritischen Einfallswinkel* α_c, so ist der Ausfallswinkel $\alpha_2 = 90°$. Für den kritischen Einfallswinkel α_c gilt:

$$\alpha_c = \arcsin(n_2 / n_1)$$

Ist der Einfallswinkel α_1 grösser als der kritische Einfallswinkel α_c, kommt es zur *Totalreflexion*. Bei Totalreflexion wird das Licht nicht gebrochen, sondern wird an der Grenzfläche vollständig reflektiert, wobei das Reflexionsgesetz gilt.

Dispersion

Scheint Sonnenlicht durch ein Prisma, so erkennt man: *Weisses Licht* ist eine Mischung aus mehrfarbigem Licht. Die Brechzahl n eines Materials ist für die verschiedenen Farben leicht unterschiedlich: Blaues Licht wird stärker gebrochen als rotes. Dadurch kommt es bei der Brechung von weissem Licht zur Auffächerung in seine Farbanteile. Man spricht von der *Dispersion* des Lichts.

| Mit Lichtstrahlen wird die Ausbreitung des Lichts hinter einem Hindernis konstruiert. |

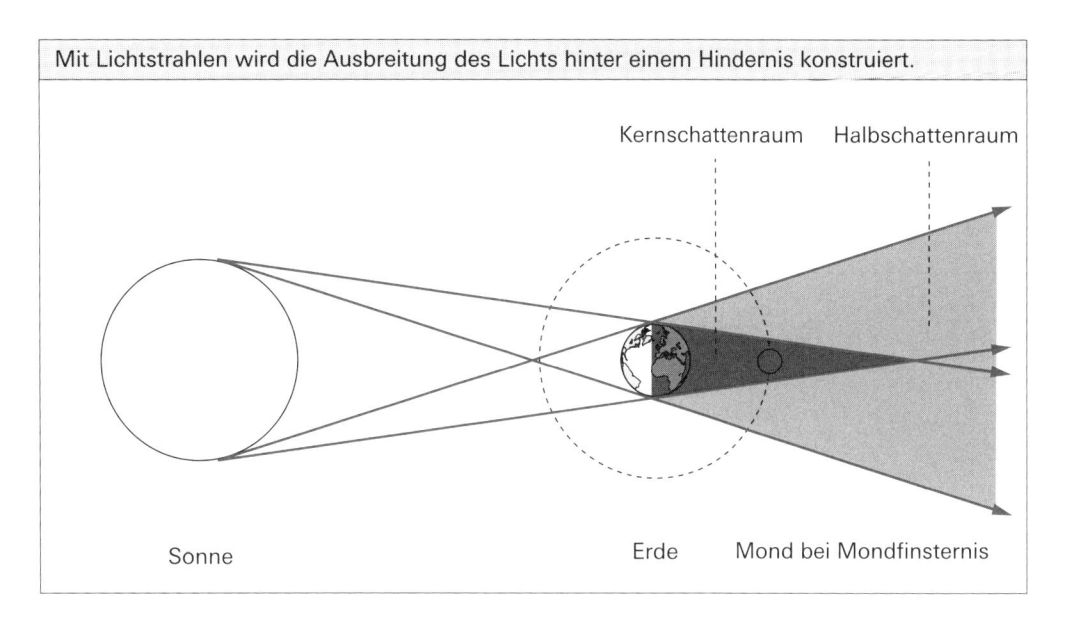

Kernschattenraum   Halbschattenraum

Sonne   Erde   Mond bei Mondfinsternis

| Mit Lichtstrahlen und dem Reflexionsgesetz wird die Ausbreitung des Lichts bei Reflexion konstruiert. |

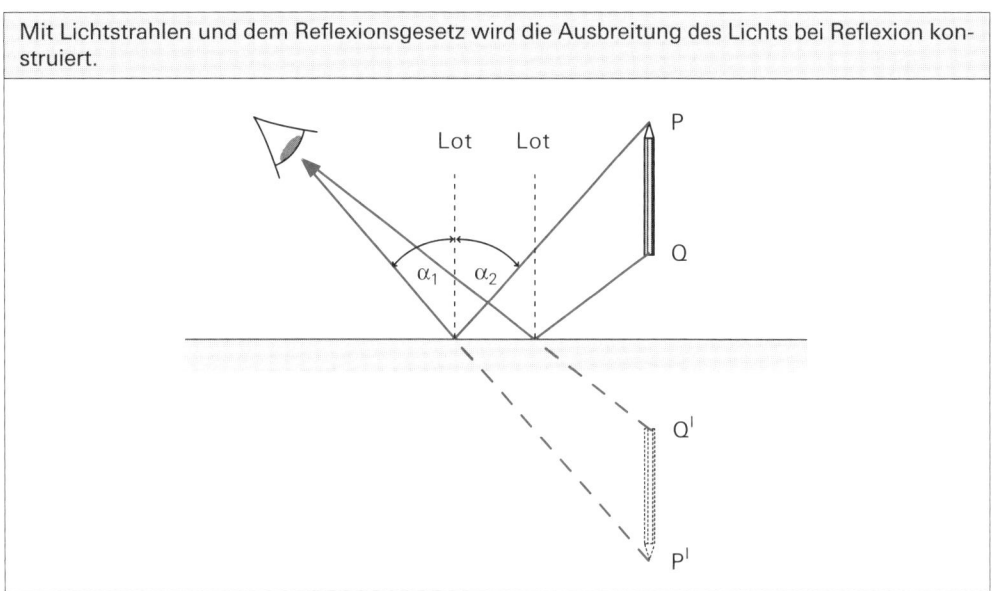

P, Q, Lot, Lot, α_1, α_2, Q', P'

| Mit Lichtstrahlen und dem Brechungsgesetz wird die Ausbreitung des Lichts bei Brechung konstruiert. |

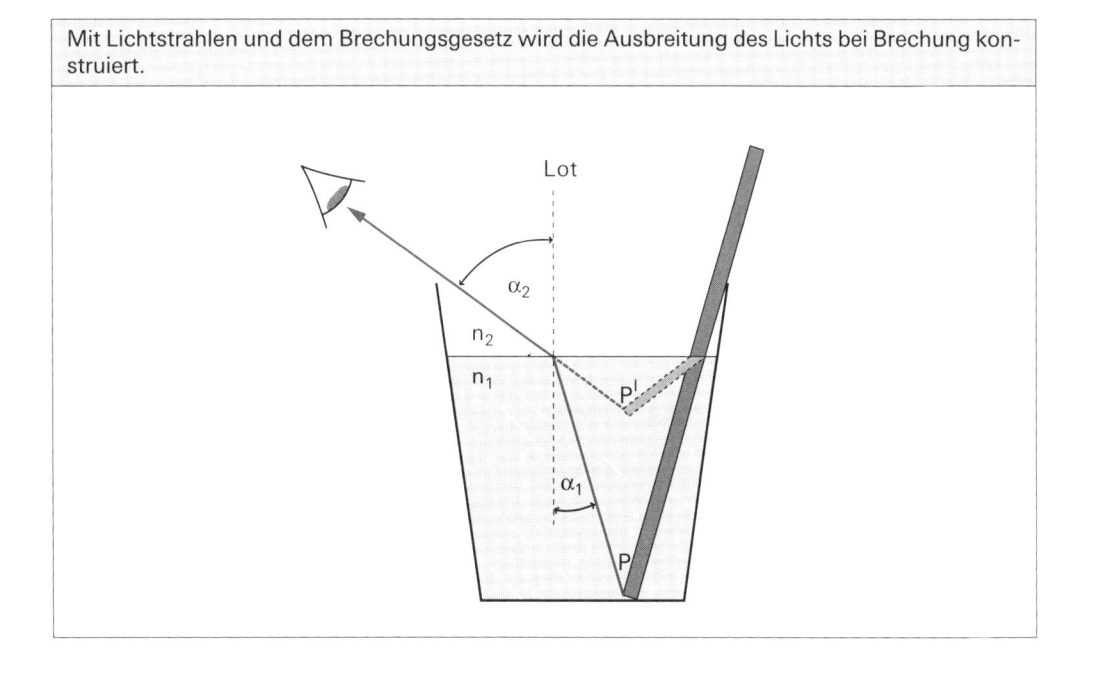

Lot, α_2, n_2, n_1, P', α_1, P

15 STRAHLENOPTIK

Theoriefragen

Aufgabe 315 Die Ausbreitung des Lichts kann mithilfe von Lichtstrahlen beschrieben werden. Nennen Sie Eigenschaften des Lichts, die eine solche Beschreibung nahe legen.

Aufgabe 316 Schatten lassen sich in Halbschatten und Kernschatten aufteilen.

A] Welches ist der Unterschied zwischen den beiden Schattenarten?

B] Sie stehen im Kernschatten und schauen in Richtung Lampe. Was sehen Sie von ihr?

C] Sie stehen im Halbschatten und schauen in Richtung Lampe. Was sehen Sie von ihr?

D] In welcher Situation gibt es nur einen Kernschatten?

Aufgabe 317 Wenn wir das Licht in einem Zimmer einschalten, so ist der Raum sofort überall erleuchtet. Das Licht breitet sich also mit grosser Geschwindigkeit aus.

A] Wie gross ist die Lichtgeschwindigkeit im Vakuum?

B] Wie lange braucht das Licht, um vom Mond zur Erde zu gelangen?

C] Wie lange braucht das Licht, um von der Sonne zur Erde zu gelangen?

Aufgabe 318 Steht ein Gegenstand im Lichtkegel einer Lichtquelle, so wirft er einen Schatten. Wie unterscheidet sich der Schatten, den eine punktförmige Lichtquelle wirft, von dem einer ausgedehnten Lichtquelle?

Aufgabe 319 Trifft ein Lichtstrahl auf einen Gegenstand, so kann es sein, dass er an der Oberfläche des Gegenstands reflektiert wird.

A] Was versteht man unter Einfallswinkel und Ausfallswinkel?

B] Wie lautet bei der Reflexion die Beziehung zwischen Einfalls- und Ausfallswinkel?

C] Unter welchen Umständen kommt es zu diffuser Reflexion?

Aufgabe 320 Lichtstrahlen können gebrochen werden.

A] Wann kommt es zur Brechung?

B] Wie lautet das Brechungsgesetz?

C] Was bedeuten die im Brechungsgesetz auftretenden Grössen?

D] Was passiert mit dem Licht bei Totalreflexion?

E] Wann kommt es zu Totalreflexion?

Aufgabe 321 Trifft Licht auf ein Prisma, so wird es in seine Farbanteile zerlegt.

A] Wie nennt man diesen Vorgang der Farbzerlegung?

B] Wie kommt es zu dieser Farbzerlegung?

C] Welche Farbe wird am stärksten gebrochen, welche am wenigsten?

Kurze Aufgaben

Aufgabe 322

Bei einer Sonnenfinsternis fällt der Schatten des Monds auf die Erdoberfläche.

A] In welcher gegenseitigen Stellung müssen sich Sonne, Mond und Erde befinden, damit es zu einer Sonnenfinsternis kommt?

B] Zeichnen Sie schematisch die durch den Mond bewirkten Schattenräume.

C] In welchem Teil des Schattenraums befindet man sich, wenn die Sonnenfinsternis total ist? In welchem, wenn sie partiell ist?

Aufgabe 323

Zwei Kerzen, die als punktförmige Lichtquellen betrachtet werden können, stehen vor einer zylinderförmigen Säule.

A] Konstruieren Sie die Schattenräume, die auf dem Boden entstehen.

B] Beschriften Sie die Schattenräume in Ihrer Konstruktion.

Aufgabe 324

Licht einer Lampe wird von einer Oberfläche reflektiert. Der Winkel zwischen dem einfallenden und dem ausfallenden Strahl beträgt 60°. Wie gross ist der Einfallswinkel?

Aufgabe 325

Zwei Spiegel stehen in einem Winkel von 90° zueinander. Konstruieren Sie den Verlauf einiger Lichtstrahlen einer punktförmigen Lichtquelle, die vor den beiden Spiegeln steht.

Aufgabe 326

Der Lichtstrahl einer Lampe trifft mit einem Einfallswinkel von 30° auf verschiedene Materialien. Berechnen Sie den Ausfallswinkel, falls das Licht auf folgende Stoffe trifft (die Brechzahl von Luft ist 1.0):

A] Wasser

B] Diamant

C] Glas

D] Welches Material bricht Licht am stärksten?

Aufgabe 327

Licht einer Lampe trifft mit einem Einfallswinkel von 47° auf ein durchsichtiges Material. Das gebrochene Licht hat einen Ausfallswinkel von 27°. Wie gross ist die Brechzahl des Materials?

Aufgabe 328

Ein in Wasser liegendes Stück Glas hat die Brechzahl 1.6.

A] Wann kommt es zu Totalreflexion?

B] Wie gross ist der kritische Winkel?

C] Ist der kritische Winkel grösser oder kleiner, wenn die Brechzahl des Glases grösser als 1.6 ist?

Aufgabe 329

Licht kann als Informationsträger durch lange Glasfasern geschickt werden.

Was muss für die Richtung der Lichtstrahlen in einem langen zylinderförmigen Glasstab gelten, damit sich das Licht nur innerhalb des Glasstabs ausbreitet?

Umfangreichere Aufgaben (I)

Aufgabe 330

Ein Fisch schwimmt in einem See. Über dem See fliegt eine Möwe.

A] Zeichnen Sie einen Aufriss dieser Situation, und zeichnen Sie einige Lichtstrahlen zwischen Möwe und Fisch ein.

B] Kann sich die Möwe an einem Ort aufhalten, wo sie infolge Totalreflexion vom Fisch nicht gesehen wird?

C] Wie gross ist der Sehbereich (Winkel) des Fischs, in dem er die Welt über Wasser wahrnimmt?

D] Hängt der Sehbereich des Fischs von der Tiefe ab, in der er sich befindet?

E] Kann es vorkommen, dass die Möwe den Fisch infolge Totalreflexion nicht sehen kann?

Aufgabe 331

Bei einem Hellraumprojektor strahlt die Lampe senkrecht von unten auf den Projektionsspiegel.

A] In welchem Winkel (zur Senkrechten) muss der Spiegel stehen, wenn die Leinwand senkrecht an der Wand steht?

B] In welchem Winkel (zur Senkrechten) muss der Spiegel stehen, wenn die Leinwand 20° gegen die Wand geneigt ist und das Licht möglichst rechtwinklig auftreffen soll, um eine Verzerrung der Projektion zu minimieren?

Aufgabe 332

Beim Durchgang durch ein dreieckiges Glasprisma wird ein Lichtstrahl zweimal gebrochen: einmal beim Eintritt ins Prisma und einmal beim Austritt aus dem Prisma. Die Form von Prismen wird meist durch Angabe des Winkels zwischen Einfalls- und Austrittsfläche beschrieben. Betrachten Sie ein Prisma, bei dem dieser Winkel 40° beträgt und das aus einem Material hergestellt ist, für das gilt: $n_{blau} = 1.645$, $n_{rot} = 1.603$. Dass die Brechzahl der Luft für blaues und rotes Licht leicht verschieden ist, kann vernachlässigt werden. Die Brechzahl der Luft beträgt für beide Farben etwa $n_L = 1$.

A] Berechnen Sie den Winkel, unter dem blaues Licht aus dem Prisma austritt, wenn es mit einem Einfallswinkel von 50° auf das Prisma trifft.

B] Berechnen Sie den Winkel, unter dem rotes Licht aus dem Prisma austritt, wenn es mit einem Einfallswinkel von 50° auf das Prisma trifft.

C] Wie gross ist die Differenz der Austrittswinkel zwischen blauem und rotem Licht?

Aufgabe 333

Bei einer totalen Mondfinsternis befindet sich der ganze Mond im Kernschatten der Erde, bei einer totalen Sonnenfinsternis befindet sich der Beobachter im Kernschatten des Monds.

A] Wie gross ist der Durchmesser des Kernschattens des Monds auf der Erde, wenn die Sonne als unendlich weit entfernt betrachtet werden kann?

B] Wie gross ist der Durchmesser des Kernschattens der Erde auf dem Mond, wenn die Sonne als unendlich weit entfernt betrachtet werden kann?

Umfangreichere Aufgaben (II)

Aufgabe 334

Wenn Sie von oben in ein Schwimmbecken schauen, so scheint es weniger tief, als es ist.

A] Erklären Sie diesen Sachverhalt anhand einer Skizze, in die Sie die wahre Tiefe h_w, die scheinbare Tiefe h_s sowie Einfalls- und Ausfallswinkel (α_1, α_2) einzeichnen.

B] Zeigen Sie, dass für das Verhältnis aus wahrer Tiefe h_w und scheinbarer Tiefe h_s gilt:

$h_s / h_w = \tan \alpha_1 / \tan \alpha_2$

C] Falls man fast senkrecht nach unten schaut, sind die Winkel α_1 und α_2 klein. Zeigen Sie, dass dann gilt: $h_s / h_w = n_2 / n_1$. Tipp: Für kleine Winkel gilt: $\sin \alpha \approx \tan \alpha$.

D] Wie gross scheint bei steilem Betrachten die Tiefe eines 2.0 m tiefen Beckens?

Aufgabe 335

Vervollständigen Sie den Verlauf der Lichtstrahlen durch die folgenden durchsichtigen Körper, indem Sie Einfallswinkel ausmessen und Ausfallswinkel mit dem Brechungsgesetz berechnen. $n_{Luft} = 1.0$, $n_{Glas} = 1.5$, $n_{Wasser} = 1.3$

[Abb. 15.1]   Glasprisma

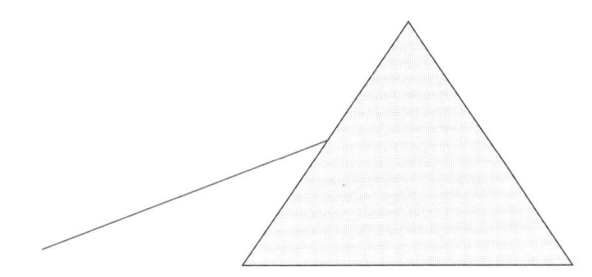

[Abb. 15.2]   Glaslinse

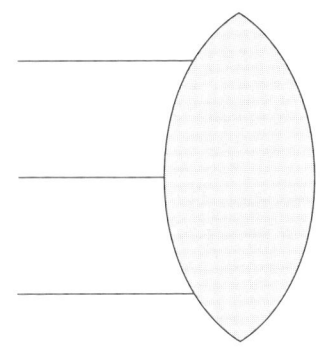

[Abb. 15.3]   Lampe am Teichboden

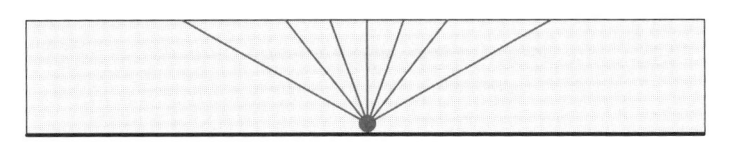

16 Optische Abbildungen

Kurztheorie

Bilder

Optische Geräte erzeugen ein *scharfes Bild* eines Gegenstands, indem sie dafür sorgen, dass das Licht eines Gegenstandspunkts auf dem Bildschirm in einem Punkt, dem Bildpunkt, auftrifft.

Lochblende

Eine *Lochblende* einer *Lochkamera* schirmt die Lichtstrahlen, die von einem Punkt des Gegenstands ausgehen, so ab, dass die hindurchtretenden Lichtstrahlen ungefähr an derselben Stelle auf einem Bildschirm auftreffen. Es entsteht kein Bildpunkt, sondern ein Bildfleck. Eine Lochblende erzeugt so ein *unscharfes*, um 180° gedrehtes Bild des Gegenstands. Je kleiner das Loch der Lochblende, umso schärfer, aber auch umso dunkler wird das Bild.

Die Grösse des Bilds, das eine Lochblende erzeugt, kann mit Lichtstrahlen konstruiert werden, die durch das Loch kommen. Die *Bildgrösse B* in der *Bildweite b* kann aus der *Gegenstandsgrösse G* und der *Gegenstandsweite g* berechnet werden:

$$\frac{B}{G} = \frac{b}{g}$$

Sammellinse

Die Lichtbrechung einer *Sammellinse* wird durch ihre *Brennweite f* beschrieben: Zur optischen Achse der Linse parallele Lichtstrahlen werden von der Linse beim Ein- und Austritt so gebrochen, dass sie durch den *Brennpunkt F* der Linse gehen.

Die *Linsengleichung* dünner Sammellinsen stellt eine Beziehung her zwischen der Brennweite f der Linse, der Gegenstandsweite g und der Bildweite b:

$$\frac{1}{f} = \frac{1}{g} + \frac{1}{b}$$

Für Bildgrösse B, Gegenstandsgrösse G, Gegenstandsweite g und Bildweite b gilt:

$$\frac{B}{G} = \frac{b}{g} = V \qquad V = \text{Abbildungsmassstab (Vergrösserung oder Verkleinerung)}$$

Wenn die Gegenstandsweite g grösser als die Brennweite f ist ($g > f$), erzeugt eine Sammellinse durch Brechung ein scharfes, um 180° gedrehtes Bild des Gegenstands, das mit speziellen Lichtstrahlen konstruiert werden kann (siehe Abbildungen):

- Zur optischen Achse der Linse parallele Lichtstrahlen werden von der Linse so gebrochen, dass sie durch den bildseitigen Brennpunkt der Linse gehen.
- Lichtstrahlen durch das Zentrum der Linse werden nicht gebrochen, solange es sich um eine dünne Linse handelt.
- Lichtstrahlen, die durch den gegenstandsseitigen Brennpunkt der Linse gehen, werden von der Linse so gebrochen, dass sie nachher parallel zur optischen Achse sind.

Eine Sammellinse kann neben reellen Bildern auch *virtuelle Bilder* erzeugen: Wenn die Gegenstandsweite g kleiner als die Brennweite f der Sammellinse ist ($g < f$), so entsteht auf der Seite der Linse, wo sich der Gegenstand befindet, der Eindruck eines aufrechten vergrösserten Bilds. Das virtuelle Bild kann im Gegensatz zu einem reellen Bild nicht auf einem Schirm abgebildet werden. Um es zu sehen, bedarf es einer weiteren optischen Einheit, z. B. des Auges mit seiner Linse. Bei virtuellen Bildern ist die Bildweite b negativ.

Anwendungsbeispiel virtueller Bilder ist die Lupe, mit der ein aufrechtes, vergrössertes, virtuelles Bild erzeugt werden kann.

> Lochblenden erzeugen in beliebigem Abstand ein unscharfes, um 180° gedrehtes, reelles Bild des Gegenstands.

> Ist $g > f$, so erzeugen Sammellinsen in der Bildebene ein scharfes, um 180° gedrehtes, reelles Bild des Gegenstands.

> Ist $g < f$, so erzeugen Sammellinsen in der Bildebene ein scharfes, aufrechtes, virtuelles Bild des Gegenstands.

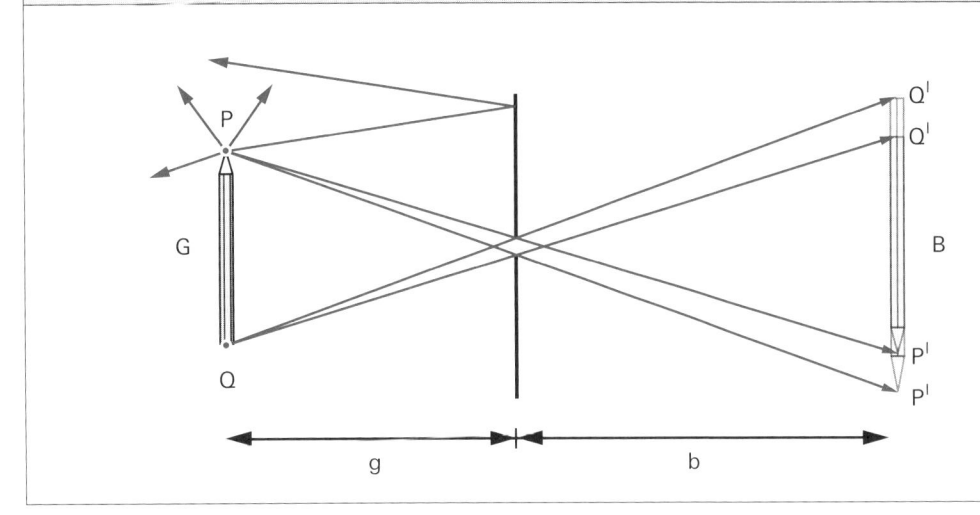

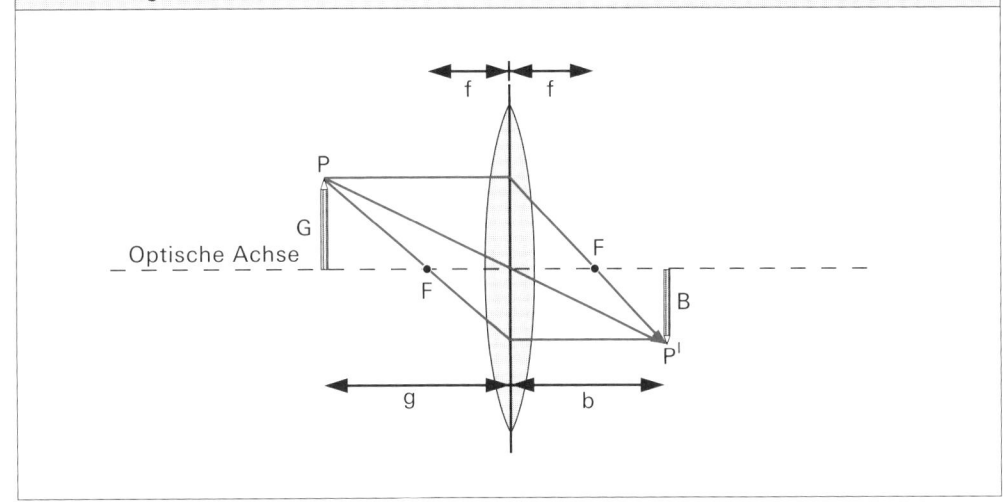

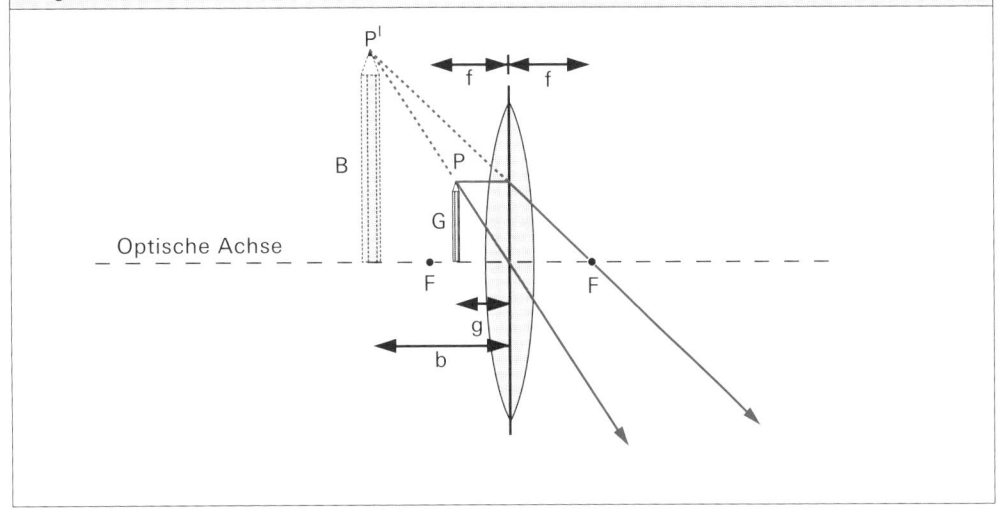

Hinweise

Das *Auge* hat die Wirkung einer Sammellinse. Die Bildweite ist im Auge immer gleich gross, im erwachsenen gesunden Auge etwa $b = 23$ mm. Das Auge muss durch Verformen der *Augenlinse* seine Brennweite f an die jeweilige Gegenstandsweite g anpassen.

Theoriefragen

Aufgabe 336 Mit einer Lochkamera kann ein Bild eines Gegenstands erzeugt werden.

A] Beschreiben Sie Grösse und Orientierung eines so erzeugten Bilds.

B] Welchen Einfluss hat die Gegenstandsweite auf ein so erzeugtes Bild?

C] Welchen Einfluss hat die Lochgrösse auf ein so erzeugtes Bild?

Aufgabe 337 Erklären Sie die Begriffe Brennpunkt, Brennweite, optische Achse, Bildebene im Zusammenhang mit einer Sammellinse.

Aufgabe 338 Das Bild, das eine dünne Sammellinse von einem Gegenstand erzeugt, kann mithilfe von speziellen Lichtstrahlen konstruiert werden. Wie verlaufen Lichtstrahlen, die

A] durch die Mitte der Linse gehen?

B] durch den gegenstandsseitigen Brennpunkt der Linse gehen?

C] parallel zur optischen Achse der Linse einfallen?

Aufgabe 339 Mithilfe einer Sammellinse kann ein scharfes Bild erzeugt werden. Überlegen Sie anhand einer selbst angefertigten Skizze, wo der Gegenstand platziert werden muss, damit

A] ein vergrössertes reelles Bild entsteht.

B] ein virtuelles Bild entsteht.

C] ein reelles Bild entsteht, das gleich gross wie der Gegenstand ist.

D] ein verkleinertes Bild entsteht.

E] ein auf dem Kopf stehendes Bild entsteht.

F] ein aufrechtes Bild entsteht.

Aufgabe 340 Erklären Sie die Formelzeichen f, g und b, die in der Linsengleichung auftreten.

Aufgabe 341 Wie können Sie mit einer punktförmigen Lichtquelle und einer Sammellinse paralleles Licht erzeugen?

Aufgabe 342 A] Wie ist der Abbildungsmassstab definiert?

B] Was bedeutet es, wenn der Abbildungsmassstab kleiner als 1 ist?

C] Wie vereinfacht sich die Linsengleichung, wenn die Gegenstandsweite sehr viel grösser als die Brennweite der Sammellinse ist?

D] Wie sieht das Bild eines Gegenstands aus, wenn die Gegenstandsweite sehr viel grösser als die Brennweite der Sammellinse ist? Überlegen Sie sich dazu, wie gross die Bildgrösse ist.

Kurze Aufgaben

Aufgabe 343 Eine 5.0 cm hohe Kerze steht 12 cm vor einer Sammellinse mit 5.0 cm Brennweite.

A] Berechnen Sie Bildweite und Bildgrösse.

B] Berechnen Sie die Vergrösserung.

C] Steht das Bild auf dem Kopf oder ist es aufrecht?

D] Entsteht ein reelles oder ein virtuelles Bild?

E] Konstruieren Sie das Bild.

Aufgabe 344 Das virtuelle Bild eines 2.0 cm langen Bleistifts ist 5.0 cm gross und 3.0 cm von der Lupe (Sammellinse) entfernt.

A] Berechnen Sie die Gegenstandsweite.

B] Berechnen Sie die Brennweite der Linse.

C] Konstruieren Sie in einer massstäblichen Skizze das Bild des Bleistifts.

Aufgabe 345 Eine 30 cm lange Schuhschachtel wird als Lochkamera verwendet. Wie gross ist das Bild eines Baums, wenn der Baum 20 m von der Lochblende entfernt und 10 m hoch ist?

Aufgabe 346 Eine Lupe hat eine Brennweite von 20 mm. Wo muss sich ein Gegenstand befinden, damit ein virtuelles Bild entsteht, das doppelt so gross ist wie der Gegenstand?

Aufgabe 347 Ein Gegenstand bewegt sich auf eine Linse zu. Er ist anfänglich weit von der Linse entfernt und nähert sich, bis sein Abstand von der Linse gleich deren Brennweite ist. Wie bewegt sich dabei das Bild des Gegenstands?

Aufgabe 348 Das Auge hat bei einem normalsichtigen Menschen in entspanntem Zustand eine Brennweite von 23 mm. In diesem Zustand werden weit entfernte Objekte scharf abgebildet.

A] Wie gross ist die Bildweite?

B] Wie gross muss die Brennweite des Auges sein, damit ein Gegenstand mit 25 cm Gegenstandsweite scharf abgebildet wird?

Aufgabe 349 Ein Linsenteleskop besteht im Wesentlichen aus zwei Linsen. Die erste Linse (das Objektiv), durch die das Licht ins Teleskop eintritt, hat eine Brennweite von 530 mm. Die zweite Linse (Okular), durch die das Licht aus dem Teleskop austritt, hat eine Brennweite von 20 mm. Der Abstand zwischen den beiden Linsen ist so, dass die aus der zweiten Linse austretenden Lichtstrahlen parallel sind.

A] Zeichnen Sie den Verlauf des Lichts eines Sterns durch ein Teleskop.

B] Wie weit müssen die beiden Linsen voneinander entfernt sein, wenn ein Stern abgebildet werden soll?

Umfangreichere Aufgaben (I)

Aufgabe 350

Sie haben vielleicht schon einmal versucht, mithilfe einer Sammellinse das Licht der Sonne auf ein Stück Papier zu konzentrieren und das Papier zum Brennen zu bringen.

A] Wo entsteht das Bild der Sonne?

B] Wie gross ist das Bild der Sonne?

C] Entzündet sich das Papier leichter mit einer grossen oder kleinen Linse?

Aufgabe 351

Das Objektiv einer Fotokamera wirkt wie eine Sammellinse. Die Bordkamera auf einem Satelliten fotografiert senkrecht nach unten. Eine quadratische Fläche von 400 km mal 400 km wird auf eine Grösse von 60 mm mal 60 mm abgebildet. Die Brennweite der Kamera beträgt 60 mm.

A] Wie gross ist die Bildweite?

B] Wie hoch fliegt der Satellit?

Aufgabe 352

In welcher Entfernung vom Gegenstand muss man eine Sammellinse mit 100 mm Brennweite aufbauen, damit ein 100-fach vergrössertes, virtuelles Bild entsteht?

Aufgabe 353

Ein Gegenstand wird 1.5 m vor einer Leinwand aufgestellt. Auf dieser soll mithilfe einer Sammellinse ein reelles Bild entstehen, das genau viermal so gross ist wie der Gegenstand.

A] Berechnen Sie die Bild- und Gegenstandsweite.

B] Wie gross muss die Brennweite der Linse sein?

Aufgabe 354

Ein 6.0 cm langer Massstab befindet sich schräg zur optischen Achse einer Linse. Die Mitte des Massstabs liegt im Abstand $2 \cdot f$ auf der optischen Achse der Linse.

A] Berechnen Sie die Lage des Bildpunkts der Massstabsmitte.

B] Konstruieren Sie das Bild der beiden Endpunkte des Massstabs.

C] Welcher Punkt des Massstabs erscheint scharf auf einem Bildschirm, der senkrecht zur optischen Achse steht und einen Abstand von $2 \cdot f$ von der Linse hat?

D] Überprüfen Sie, ob das Bild eines geraden Massstabs gerade ist.

Aufgabe 355

Das Objektiv eines Diaprojektors wirkt wie eine Sammellinse. In einem Vortragssaal befindet sich ein Diaprojektor, der Dias der Grösse 24 mm mal 36 mm auf eine Leinwand projiziert. Die Brennweite des Diaprojektors ist 120 mm. Die Distanz zur Leinwand ist 10 m, die Leinwand ist 2.0 m mal 3.0 m breit.

Zeigen Sie, dass die 2.0 m mal 3.0 m breite Leinwand gross genug ist.

Umfangreichere Aufgaben (II)

Aufgabe 356 [Abb. 16.1] CCD einer Digitalkamera

In Digitalkameras wird die Helligkeit durch die Pixel des CCD gemessen.
Bild: John Walsh / Science Photo Library

Der CCD einer 5-Megapixel-Digitalkamera besteht aus 2592 mal 1944 quadratischen lichtempfindlichen Bildelementen (Pixeln) mit Kantenlänge 0.01 mm. Die Brennweite des 35 mm bis 105 mm Dreifach-Zoom-Objektivs der Digitalkamera ist auf 50 mm eingestellt.

A] Wie hoch ist ein Gegenstand mit Gegenstandsweite 5.0 m, wenn sein Bild gerade ein Pixel hoch ist?

B] Wie gross muss die Brennweite sein, wenn das Bild einer 1.8 m grossen Person mit Gegenstandsweite 3.0 m den CCD hochformatig ausfüllen soll?

C] Ein Gegenstand ist 100 cm vom CCD entfernt. Welchen Abstand muss eine Sammellinse von 35 mm Brennweite vom CCD haben, damit der Gegenstand scharf auf dem CCD abgebildet wird?

Aufgabe 357 Beim weitsichtigen Auge liegt die Bildebene beim Betrachten naher Gegenstände hinter der Netzhaut. Diesen Sehfehler korrigiert man mit einer Sammellinse.

A] Zeigen Sie anhand einer Skizze, dass eine Sammellinse bei Weitsichtigkeit hilft.

B] Braucht es bei zunehmender Weitsichtigkeit eine Linse mit grösserer oder kürzerer Brennweite?

C] Betrachtet man die Augen eines weitsichtigen Brillentragers, so scheinen diese durch die Brille vergrössert. Erklären Sie, wie es zu diesem Effekt kommt.

D] Wird dieser Effekt mit zunehmender Weitsichtigkeit stärker oder schwächer?

Aufgabe 358 Die minimale Sehweite ist der Abstand, den ein Gegenstand mindestens vom Auge haben muss, damit er scharf auf die Netzhaut abgebildet werden kann. Die minimale Sehweite normalsichtiger Augen beträgt etwa 25 cm. Die Bildweite (Distanz von der Linse zur Netzhaut) beträgt 23 mm.

A] Wie gross ist die Brennweite des Auges, wenn ein Gegenstand in minimaler Sehweite betrachtet wird.

B] Wie gross muss die Brennweite des Auges sein, um einen Gegenstand in 100 cm Entfernung abzubilden?

17 Die Natur des Lichts

Kurztheorie

Beugung

Wenn man mit dem Laserpointer durch ein winziges Loch leuchtet, das man z. B. mit der Stecknadelspitze in ein Papier gebohrt hat, entsteht auf einem Bildschirm dahinter ein unscharfer Lichtfleck, der von Ringen umgeben ist. Licht des Laserpointers gelangt an Orte, wo gemäss Konstruktion mit Lichtstrahlen gar kein Licht hinkommen sollte. Es sieht aus, als würde das Licht im Loch abgelenkt. Man spricht von der *Beugung* des Lichts. Das Licht wird gebeugt.

Lichtwellen-Modell

Beugung ist ein für Wellen jeglicher Art (z. B. Schallwellen, Wasserwellen) typisches Phänomen. Um die Beugung von Licht zu erklären, verwendet man deshalb das *Lichtwellen-Modell:* Licht besteht aus Wellen, den *elektromagnetischen Wellen*. Die *Wellenlänge* λ der Lichtwellen, also der Abstand von Wellenberg zu Wellenberg, bestimmt die Farbe des Lichts. Eine Lichtwelle mit λ = 400 nm wird als blaues Licht wahrgenommen, eine mit λ = 700 nm als rotes Licht. Die *Frequenz f* einer Lichtwelle, also die Anzahl Wellenberge, die pro Sekunde an einem Ort vorbeiziehen, lässt sich aus ihrer Wellenlänge λ berechnen: $f = c / \lambda$. Beugung findet immer statt, wird aber erst offensichtlich, wenn das Hindernis, auf das die Lichtwellen treffen, etwa gleich gross ist wie die Wellenlängen der Lichtwellen.

Interferenz

Bei der Überlagerung von Lichtwellen kommt es zu *Interferenz*. Wenn sich zwei Lichtwellen gleicher Wellenlänge so überlagern, dass ihre Wellenberge zusammenfallen, kommt es zur Verstärkung der Wellen. Man spricht von *konstruktiver Interferenz*. Wenn sich zwei Lichtwellen gleicher Wellenlänge so überlagern, dass die Wellenberge der einen mit den Wellentälern der anderen zusammenfallen, kommt es zur Auslöschung der Wellen. Man spricht von *destruktiver Interferenz*.

Fotoeffekt

Wenn ultraviolettes Licht (UV-Licht) auf eine Kupferplatte trifft, treten Elektronen aus der Kupferplatte aus. UV-Licht befreit Elektronen aus der Kupferplatte. Man spricht vom *Fotoeffekt*. Wenn sichtbares Licht auf eine Kupferplatte trifft, treten keine Elektronen aus. Bei intensivem UV-Licht treten mehr Elektronen aus der Kupferplatte aus als bei schwachem, doch sie haben immer die gleiche kinetische Energie (Geschwindigkeit). Auch bei sehr intensivem sichtbarem Licht treten keine Elektronen aus der Kupferplatte aus.

Lichtteilchen-Modell

Der Fotoeffekt kann nicht mit dem Lichtwellen-Modell erklärt werden. Um den Fotoeffekt zu erklären, verwendet man das *Lichtteilchen-Modell:* Licht besteht aus einzelnen Teilchen, die jedes einzeln mit den Elektronen der Atome der Kupferplatte kollidieren können. Man spricht bei den Lichtteilchen auch von *Photonen* oder *Lichtquanten*. Die Energie E der Lichtteilchen bestimmt die Farbe des Lichts. Die Lichtteilchen des sichtbaren Lichts haben eine kleinere Energie als die des UV-Lichts. Zum Fotoeffekt kommt es nur, wenn die Energie E eines Lichtteilchens ausreicht, um ein Elektron aus der Metallplatte herauszuschlagen. Bei der Kupferplatte ist dies bei UV-Licht der Fall, bei sichtbarem Licht nicht.

Dualismus

Dualismus des Lichts: Licht ist weder Welle noch Teilchen, verhält sich aber je nach Situation wie Wellen oder Teilchen. Stellt man sich Licht als Teilchen vor, so haben diese Teilchen die Energie E. Stellt man sich Licht als Wellen vor, so haben sie die *Wellenlänge* λ und die *Frequenz* $f = c/\lambda$. Wechselt man zwischen beiden Vorstellungen, so gilt:

$$E = \frac{h \cdot c}{\lambda} = h \cdot f$$

h ist das *Planck'sche Wirkungsquantum*. Sein Wert beträgt: $h = 6.626 \cdot 10^{-34}$ J · s

Wenn Laserlicht durch ein kleines Loch tritt, entstehen auf einem Schirm dahinter Lichtringe. Man spricht von Beugung.	Die Beugung kann man erklären, wenn man annimmt, dass Licht aus Wellen besteht. Man spricht vom Lichtwellen-Modell.
Wenn ultraviolettes Licht auf eine **Kupferplatte** trifft, schlägt es Elektronen aus der Platte. Man spricht vom Fotoeffekt.	Den Fotoeffekt kann man erklären, wenn man annimmt, dass Licht aus Teilchen besteht. Man spricht vom Lichtteilchen-Modell.

Theoriefragen

Aufgabe 359

A] Erklären Sie die Ausbreitungseigenschaften des Lichts anhand des Wellen-Modells.

B] Erklären Sie die Wechselwirkung des Lichts mit Materie anhand des Teilchen-Modells.

Aufgabe 360

A] Erklären Sie mit eigenen Worten, wann die Beugung des Lichts offensichtlich wird.

B] Erklären Sie mit eigenen Worten, wann es zum Fotoeffekt kommt.

Aufgabe 361

Die Energie der Photonen hängt von der Farbe des Lichts ab. Welches Photon hat mehr Energie, dasjenige in rotem Licht oder dasjenige in blauem Licht?

Aufgabe 362

Der Welle-Teilchen-Dualismus von Licht bedeutet, dass sich Licht bei gewissen Experimenten wie Teilchen, bei anderen wie Wellen verhält.

A] Warum ist es nicht möglich, die Beugung von Licht mit dem Teilchen-Modell zu erklären?

B] Warum ist es nicht möglich, den Photoeffekt mithilfe des Wellen-Modells zu erklären?

Aufgabe 363

A] Skizzieren Sie, wie sich die Wasserwellen nach einem Loch in der Hafenmauer fortpflanzen, wenn das Loch so gross ist wie die Wellenlänge der eintreffenden Wellen.

B] Skizzieren Sie, wie sich die Wellen nach einem Loch in der Hafenmauer fortpflanzen, das viel grösser ist als die Wellenlänge der eintreffenden Wellen.

Aufgabe 364

Erklären Sie die folgenden Begriffe, die bei der Beschreibung von Wellen verwendet werden.

A] Wellenlänge λ

B] Frequenz f

C] Wellengeschwindigkeit c

Aufgabe 365

A] Wie lautet der Zusammenhang zwischen der Frequenz f und der Wellenlänge λ der Lichtwellen?

B] Wie gross ist die Frequenz von Lichtwellen mit Wellenlänge $\lambda = 600$ nm?

C] Wie gross ist die Wellenlänge von Lichtwellen mit Frequenz $f = 6.0 \cdot 10^{14}$ Hz?

Aufgabe 366

Zwei Wellen können sich überlagern. Man spricht von Interferenz.

A] Erklären Sie, wann es zu konstruktiver Interferenz kommt und wie sie sich äussert.

B] Erklären Sie, wann es zu destruktiver Interferenz kommt und wie sie sich äussert.

Kurze Aufgaben

Aufgabe 367

Das blaue Licht eines Lasers hat eine Wellenlänge von 400 nm. Der Laser hat eine Leistung von 2.5 W.

A] Berechnen Sie die Energie eines Photons.

B] Wie viele Photonen werden pro Sekunde ausgesendet?

C] Die Photonen des Lasers lösen mit einer Wahrscheinlichkeit von 4.0 % Elektronen aus der Metallplatte. Wie viele Elektronen treten pro Sekunde aus dem Material aus?

Aufgabe 368

Auch Radiowellen, Mikrowellen und Röntgenstrahlung pflanzen sich mit Lichtgeschwindigkeit fort. Berechnen Sie die Breite einer Öffnung, bei der diese Wellen besonders stark gebeugt werden.

A] Radiowelle mit der Frequenz 500 kHz (Mittelwellen)

B] Mikrowelle mit der Frequenz 18 GHz

C] Röntgenwelle mit der Frequenz $3.0 \cdot 10^{16}$ Hz

Aufgabe 369

Glühbirnen verwandeln etwa 5 % der elektrischen Energie in sichtbares Licht. Nehmen Sie an, dass das ausgesendete Licht eine mittlere Wellenlänge von 565 nm hat.

A] Berechnen Sie die mittlere Energie, die die Photonen der Lampe haben.

B] Berechnen Sie die Leistung, die eine 60-W-Glühbirne in Form von sichtbarem Licht aussendet.

C] Wie viele Photonen sendet eine 60-W-Glühbirne jede Sekunde aus, wenn jedes Photon die oben berechnete mittlere Energie hat?

Aufgabe 370

Sie stehen auf einem Steg und sehen vorbeiziehende Wasserwellen. Sie zählen 16 Wellenberge in 30 s.

A] Wie gross ist die Frequenz der Wellen?

B] Sie schätzen den Abstand zwischen den Wellenbergen auf etwa 5 m. Berechnen Sie die Geschwindigkeit, mit der sich die Wellen ausbreiten.

Aufgabe 371

Rotes Licht hat eine grössere Wellenlänge als blaues Licht.

A] Was lässt sich über die Frequenz von rotem und blauem Licht sagen?

B] Was lässt sich über die Energie von rotem und blauem Licht sagen?

Umfangreiche Aufgaben (I)

Aufgabe 372

Um ein Elektron aus der Oberfläche eines Stücks Kalium zu entfernen, braucht es eine Energie von $3.7 \cdot 10^{-19}$ J. Dieses Material wird von einer Lampe bestrahlt, die Lichtwellen mit drei verschiedenen Wellenlängen aussendet. Welche Lichtwellen können in Kalium einen Photoeffekt hervorrufen?

A] Lichtwellen mit Wellenlänge 680 nm (rotes Licht)

B] Lichtwellen mit Wellenlänge 546 nm (grünes Licht)

C] Lichtwellen mit Wellenlänge 436 nm (blaues Licht)

Aufgabe 373

Der Fotoeffekt wird schon bei sehr geringen Strahlungsintensitäten beobachtet. Bestrahlt man ein Stück Natrium mit einer Intensität von 10^{-6} W/m^2, so beobachtet man sofort austretende Elektronen. Sie erkennen mit dieser Aufgabe, dass man diese Tatsache nicht mit dem Lichtwellen-Modell erklären kann. Nehmen Sie dazu an, dass bei Wellen die Energie gleichmässig über die Wellen verteilt ist und dass das Licht nur in die obersten 10 Atomlagen des Natriumstücks eindringt und dort Elektronen herauslöst. Pro m^2 hat es somit etwa 10^{21} Elektronen, die gleichmässig vom Licht bestrahlt werden.

A] Wie gross ist die auf jedes Elektron übertragene Leistung?

B] Wie lange dauert es, bis auf ein Elektron des Natriums genügend Energie übertragen wurde, dass es das Natrium verlassen kann, wenn dazu auf ein Elektron $3.3 \cdot 10^{-19}$ J übertragen werden müssen.

C] Vergleichen Sie dieses Resultat mit der Beobachtung, dass Elektronen praktisch sofort nach dem Einschalten der Lampe aus dem Natriumstück austreten.

Aufgabe 374

Beugung tritt bei jeder Art von Wellen auf, also auch bei Schallwellen. Die Geschwindigkeit, mit der sich der Schall in Luft ausbreitet, ist 340 m/s. Der Hörbereich des menschlichen Ohrs erstreckt sich von 20 Hz bis zu 20 kHz.

A] Berechnen Sie den Wellenlängenbereich von hörbaren Schallwellen.

B] Erklären Sie mit Beugung, warum Sie Menschen, die in einem benachbarten Zimmer miteinander sprechen, bei offener Türe hören können, selbst wenn Sie sie nicht sehen.

Aufgabe 375

Sie haben zwei Steine ins Wasser geworfen, und nun breiten sich zwei kreisförmige Wellensysteme aus.

A] Machen Sie eine Zeichnung dieser Situation, indem Sie mit ausgezogenen Kreisen die Wellenberge und mit gestrichelten Linien die Wellentäler der beiden Wellensysteme einzeichnen.

B] Zeichnen Sie Punkte in Ihrer Abbildung ein, bei denen es zu konstruktiver Interferenz kommt.

C] Zeichnen Sie Punkte in Ihrer Abbildung ein, bei denen es zu destruktiver Interferenz kommt.

Umfangreichere Aufgaben (II)

Aufgabe 376

Ein Laser sendet rotes Licht mit einer Wellenlänge von 632 nm aus. Die Photonen dieses Lasers haben gerade genügend Energie, um Elektronen aus einer Metallplatte herauszuschlagen, also einen Fotoeffekt zu bewirken. Das Licht des Lasers löst pro Sekunde N_1 Elektronen aus der Metallplatte.

A] Was passiert, wenn man die Metallplatte mit einem solchen Laser bestrahlt, wenn er nur halb so viele Photonen pro Sekunde aussendet?

B] Was passiert, wenn man die Metallplatte mit einem solchen Laser bestrahlt, wenn er doppelt so viele Photonen pro Sekunde aussendet?

C] Was passiert, wenn man die Metallplatte mit einem Laser bestrahlt, der gleich viele Photonen pro Sekunde aussendet, dessen Photonen aber mehr Energie haben?

D] Was passiert, wenn man die Metallplatte mit einem Laser bestrahlt, der gleich viele Photonen pro Sekunde aussendet, dessen Photonen aber weniger Energie haben?

Aufgabe 377

[Abb. 17.1] Schillernder Öl-Film

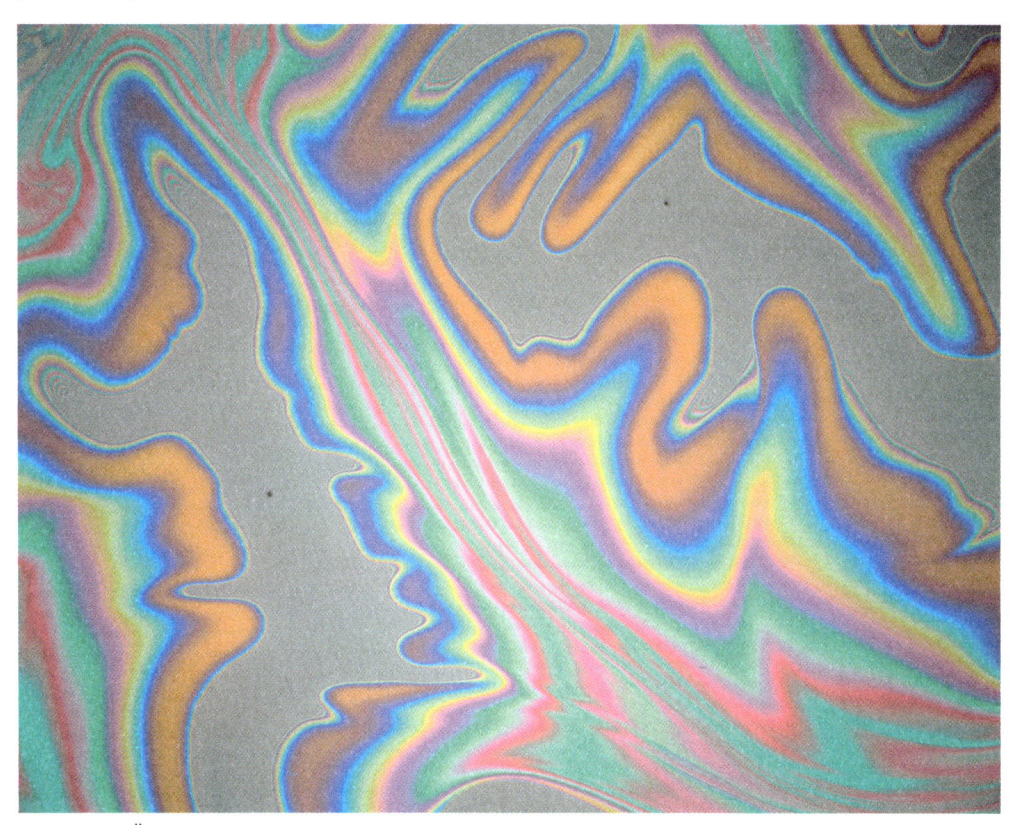

Der dünne Öl-Film auf einer Wasserpfütze schillert in vielen Farben.
Bild: Peter Aprahamian / Science Photo Library

Begründen Sie, weshalb die folgenden Aussagen richtig oder falsch sind.

A] Die schillernden Farben entstehen durch Brechung.

B] Die schillernden Farben entstehen durch Interferenz.

C] Die schillernden Farben entstehen durch Beugung.

18 Aufbau der Atome

Kurztheorie

Atome

Atom-Modell: Atome bestehen aus *Atomkern* und *Atomhülle*. Der winzige elektrisch positiv geladene Atomkern enthält fast die ganze Masse des Atoms. Der Atomkern wird von den sehr leichten, elektrisch negativ geladenen *Elektronen* der Atomhülle umkreist. Die elektrische Anziehungskraft zwischen Elektron und Atomkern hält das Atom zusammen.

Atomhülle

Bohr'sches *Atomhüllen-Modell:* Die Elektronen der Atomhülle können den Atomkern nur in bestimmten Abständen umkreisen. Auf jeder möglichen Kreisbahn hat das Elektron eine bestimmte Energie. Ist das Elektron auf der kleinstmöglichen Kreisbahn, so hat es die kleinstmögliche Energie. Man sagt: Das Elektron befindet sich im *Grundzustand*. Befindet sich das Elektron auf einer Kreisbahn mit grösserem Bahnradius, so hat es mehr Energie. Man sagt: Das Elektron befindet sich in einem *angeregten Zustand*.

Ein Elektron der Atomhülle geht von einem Zustand mit weniger Energie in einen Zustand mit mehr Energie über, wenn ihm die nötige Energie zum Beispiel durch einen Stoss zugeführt wird *(Stossanregung)*. Ein Elektron in einem angeregten Zustand kann Energie durch Aussenden von Licht abgeben und dabei von einem Zustand mit mehr Energie in einen Zustand mit weniger Energie übergehen (spontane *Strahlungsabregung*).

Alle Atome des gleichen *chemischen Elements* haben die gleichen möglichen Elektronenbahnen und die gleichen möglichen Energiezustände. Atome verschiedener chemischer Elemente unterscheiden sich durch ihre Energiezustände. Die bei Strahlungsabregung ausgesendete Strahlung ist deshalb charakteristisch für das chemische Element. Diese Tatsache wird in der *Spektralanalyse* verwendet, um die chemische Zusammensetzung zu bestimmen.

Atomkern

Atomkern-Modell: Atomkerne bestehen aus elektrisch positiv geladenen *Protonen* und elektrisch neutralen *Neutronen*. Protonen und Neutronen fasst man unter dem Begriff *Nukleonen* zusammen. Um die Zusammensetzung eines Atomkerns anzugeben, verwendet man die *Nuklid-Schreibweise:*

$$^A_Z X \qquad \text{z. B.} \quad ^4_2 He$$

Z = Protonenzahl, A = Nukleonenzahl, X = Elementsymbol

Alle Atome eines bestimmten chemischen Elements besitzen gleich viele Protonen, können aber unterschiedlich viele Neutronen besitzen. *Isotope Nuklide* haben die gleiche Protonenzahl, gehören also zum gleichen chemischen Element, haben aber unterschiedliche Neutronenzahl und somit auch unterschiedliche Nukleonenzahl.

Kernkraft

Zwischen benachbarten Nukleonen des Kerns wirkt die kurzreichweitige aber stark anziehende *Kernkraft*. Die Reichweite der Kernkraft beträgt etwa $2.5 \cdot 10^{-15}$ m. Sie hält den Kern trotz der elektrischen Abstossung zwischen Protonen zusammen.

Infolge der anziehenden Kernkraft zwischen den Nukleonen eines Atomkerns haben Atomkerne potenzielle Energie. Infolge der Bewegung der Nukleonen des Atomkerns haben Atomkerne auch kinetische Energie. Die Energie eines Atomkerns *(Kernenergie)* setzt sich somit aus potenzieller und kinetischer Energie der Nukleonen zusammen.

Durch Stösse kann einem Atomkern im Grundzustand Energie zugeführt werden *(Stossanregung)*. Der Kern befindet sich dann in einem *angeregten Zustand*. Durch Aussenden von energiereicher γ-*Strahlung* kann ein angeregter Kern Energie abgeben und in den *Grundzustand* zurückkehren *(Strahlungsabregung)*.

Ein Atom besteht aus einem positiven Atomkern, der von einer Atomhülle aus negativen Elektronen umgeben ist. Die Atomhülle ist durch die elektrische Kraft an den Kern gebunden.

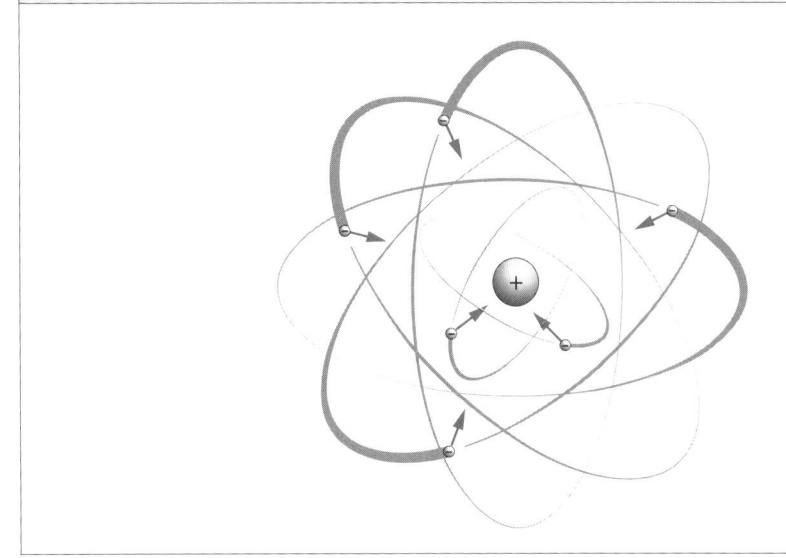

Die Elektronen der Atomhülle können nur auf Bahnen mit ganz bestimmten Bahnradien (Zuständen) den Atomkern umreisen. Die Energie E eines Elektrons der Atomhülle kann somit nur ganz bestimmte Werte annehmen. E_1 = Grundzustand, E_2, E_3 sind angeregte Zustände.

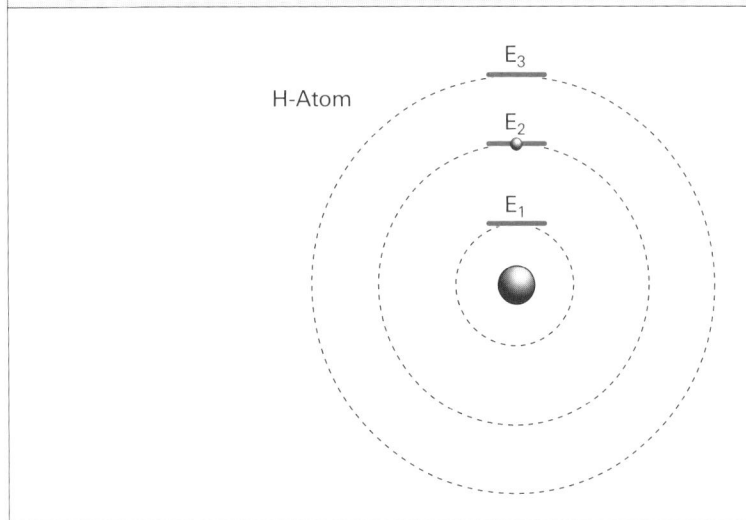

H-Atom

Der Atomkern besteht aus elektrisch positiv geladenen Protonen (p) und elektrisch ungeladenen Neutronen (n). Die Nukleonen werden durch die Kernkraft zusammengehalten.

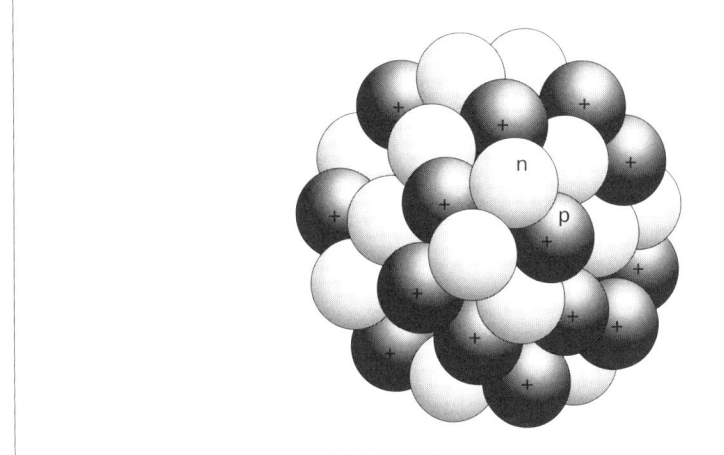

1 eV = 1 Elektronenvolt = 1.602^{-19} J

Theoriefragen

Aufgabe 378 Elektronen, Neutronen und Protonen sind die Bausteine der Atome.

A] Welche dieser Teilchen kommen in der Atomhülle vor, welche im Atomkern?

B] Welche dieser Teilchen tragen eine positive, welche eine negative und welche keine elektrische Ladung?

C] Welche zwei Teilchenarten sind ähnlich schwer, welche Teilchenart ist sehr viel leichter?

Aufgabe 379 Damit ein Atom nicht auseinander fällt, müssen zwischen den Bausteinen anziehende Kräfte wirken.

A] Welche Kraft bindet die Elektronen der Atomhülle an ihren Atomkern?

B] Welche Kraft hält die Nukleonen im Atomkern zusammen?

Aufgabe 380 Ein Kohlenstoff-Atom enthält einen $^{14}_{6}C$-Kern. Wie gross ist die

A] Protonenzahl?

B] Nukleonenzahl?

C] Neutronenzahl?

D] Elektronenzahl?

Aufgabe 381 Welche der folgenden Grössen bestimmt, um welches chemische Element es sich bei einem Atom handelt?

A] Protonenzahl

B] Neutronenzahl

C] Nukleonenzahl

Aufgabe 382 Nennen Sie Eigenschaften der Kernkraft.

Aufgabe 383 Was versteht man unter isotopen Nukliden?

Aufgabe 384 1919 präsentierte Niels Bohr sein Modell der Atomhülle. Darin können Elektronen nur in ganz bestimmten Zuständen existieren.

A] Wodurch kann man diese Zustände charakterisieren?

B] Was ist ein Grundzustand, was ein angeregter Zustand?

C] Wie kann ein Elektron von einem angeregten Zustand in den Grundzustand übergehen?

D] Wie kann ein Elektron vom Grundzustand in einen angeregten Zustand übergehen?

Kurze Aufgaben

Aufgabe 385

Die Protonenzahl eines Kerns sei Z, die Nukleonenzahl sei A.

A] Wie viele Neutronen hat es in diesem Kern?

B] Wie viele Neutronen hat ein $^{56}_{26}$Fe-Kern?

Aufgabe 386

Der Wasserstoffkern hat die Protonenzahl 1 und kommt als isotopes Nuklid mit 0, 1 oder 2 Neutronen vor.

A] Beschreiben Sie die 3 Wasserstoffnuklide mit der Nuklidschreibweise.

B] In welcher Eigenschaft unterscheiden sich die 3 Wasserstoffnuklide?

Aufgabe 387

Ein Elektron in der Atomhülle eines Sauerstoffatoms befindet sich im 2. angeregten Zustand. Ein Elektron im 2. angeregten Zustand hat eine Energie von $6.684 \cdot 10^{-19}$ J, ein Elektron im Grundzustand hat 0 J.

A] Wie gross ist die Wellenlänge der ausgesendeten Strahlung, wenn das Elektron vom 2. angeregten Zustand in den Grundzustand übergeht? Welche Farbe hat das Licht?

B] Anstatt in den Grundzustand kann das Elektron vom 2. angeregten Zustand auch in den 1. angeregten Zustand übergehen. Es sendet dabei Strahlung der Wellenlänge 558 nm aus. Wie viel Energie hat das Elektron im ersten angeregten Zustand? Welche Farbe hat das Licht?

C] Wie gross ist die Wellenlänge des ausgesendeten Lichts, wenn das Elektron vom 1. angeregten Zustand in den Grundzustand übergeht? Welche Farbe hat das Licht?

D] Machen Sie eine Skizze des Sauerstoffatoms mit Kreisbahnen der drei Zustände. Zeichnen Sie die beschriebenen Strahlungsübergänge ein und beschriften Sie diese mit den entsprechenden Wellenlängen.

Aufgabe 388

In den Atomen ist die Masse sehr ungleichmässig verteilt. Schätzen Sie das Verhältnis der Masse der Atomhülle zu der des Atomkerns für einen $^{56}_{26}$Fe-Kern ab.

Aufgabe 389

In Atomuhren wird eine bestimmte Strahlungsabregung in Cäsium-Atomen für die Zeitmessung verwendet. Die Energiedifferenz zwischen dem oberen und unteren Zustand der Strahlungsabregung beträgt $6.1 \cdot 10^{-24}$ J.

A] Welcher Wellenlänge entspricht dieser Übergang?

B] Berechnen Sie die Frequenz dieser Strahlung.

Umfangreichere Aufgaben (I)

Aufgabe 390

Die von Rutherford (1911) und Bohr (1913) entwickelten Atom-Modelle sind auch heute noch von fundamentaler Bedeutung für das Verständnis der Atome.

A] Beschreiben Sie den Aufbau des Streuversuchs von Rutherford.

B] Was beobachtete Rutherford in seinem Experiment?

C] Welche Schlussfolgerungen über den Aufbau der Atome konnte er daraus ziehen?

D] Bohrs Atommodell ist eine Weiterentwicklung des Rutherford'schen Modells. Worin unterscheidet sich Bohrs Modell von demjenigen von Rutherford?

Aufgabe 391

In einem durchsichtigen Behälter wird Wasserstoffgas erhitzt, sodass die Elektronen einiger Wasserstoffatome durch Stösse zwischen den Atomen in ihren 1. angeregten Zustand gelangen. Man lässt nun Licht durch den Behälter scheinen und zerlegt es danach mit einem Prisma. Im entstehenden Spektrum tritt unter anderem eine Lücke bei der Wellenlänge 486 nm auf.

A] Erklären Sie, wie es zu dieser Lücke kommt.

B] Zu welchem Strahlungsübergang gehört diese Lücke? Die Energien der ersten fünf Zustände in Wasserstoffatomen sind: $E_1 = 0$ J, $E_2 = 1.634 \cdot 10^{-18}$ J, $E_3 = 1.937 \cdot 10^{-18}$ J, $E_4 = 2.043 \cdot 10^{-18}$ J, $E_5 = 2.091 \cdot 10^{-18}$ J.

C] Was passiert mit diesen Lücken im Spektrum, wenn sich der Wasserstoff abkühlt?

Aufgabe 392

Sie befassen sich in dieser Aufgabe mit der Dichte in Atomkernen. Für den Radius r von Atomkernen gilt in guter Näherung die Gleichung:

$$r = r_0 \cdot A^{1/3} \qquad \text{mit } r_0 = 1.4 \cdot 10^{-15} \text{ m und } A = \text{Nukleonenzahl}$$

A] Berechnen Sie mit der Näherung den Radius und das Volumen eines $^{64}_{30}$Zn-Kerns.

B] Berechnen Sie die Masse und die Dichte eines $^{64}_{30}$Zn-Kerns.

C] Die Erde hat eine Masse von $6.0 \cdot 10^{24}$ kg. Welchen Radius hätte die Erde, wenn ihre Dichte gleich gross wäre wie diejenige von Atomkernen?

D] Neutronensterne bestehen aus Neutronen, die so eng zusammengepresst sind, dass man von einem gigantischen Atomkern sprechen kann. Aus wie vielen Neutronen besteht ein Neutronenstern mit der Masse der Sonne ($2.0 \cdot 10^{30}$ kg)?

E] Schätzen Sie den Radius, den ein $2.0 \cdot 10^{30}$ kg schwerer Neutronenstern hat, und vergleichen Sie ihn mit dem Sonnenradius.

Aufgabe 393

Angeregte Atomkerne haben viel mehr Energie als angeregte Elektronen in Atomhüllen.

A] Ein Argonkern $^{40}_{18}$Ar kann mithilfe von Strahlung mit der Wellenlänge $8.5 \cdot 10^{-13}$ m vom Grundzustand in einen angeregten Zustand gebracht werden. Wie viel Energie hat die bei einem solchen Übergang ausgesendete Strahlung? Vergleichen Sie den Wert mit der Energie von sichtbarem Licht.

B] Erklären Sie mithilfe der Stärke der wirkenden Kräfte, warum es viel mehr Energie braucht, um die Nukleonen im Atomkern anzuregen als ein Elektron in der Atomhülle?

Umfangreichere Aufgaben (II)

Aufgabe 394   [Abb. 18.1]   Sonnenspektrum

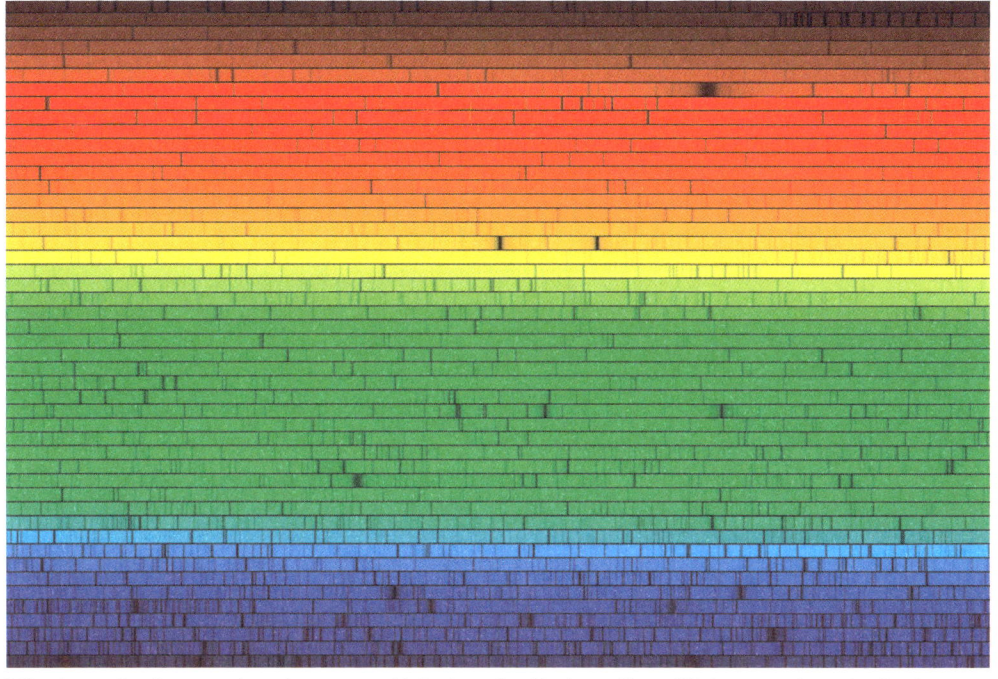

Mit einem Spektrographen kann man Licht in seine Farbanteile auffächern und so ein Spektrum erzeugen. Diese Abbildung zeigt das Spektrum der Sonne in etwa 45 übereinander angeordneten Abschnitten. Das blaue Ende des Spektrums ist unten links, das rote Ende oben rechts. Man erkennt, dass das Spektrum der Sonne bei unzähligen Wellenlängen dunkle Stellen hat. Bei diesen Wellenlängen wird also Licht verschluckt (absorbiert). Bild: N.A.Sharp, NOAO/NSO/Kitt Peak FTS/AURA/NSF

A] Erklären Sie, wie ein Gas, das sich über der leuchtenden Sonnenoberfläche befindet, die Lücken im Sonnenspektrum erzeugen kann.

B] Erklären Sie, wieso man anhand der Lücken im Sonnenspektrum die chemische Zusammensetzung dieses Gases bestimmen kann.

Aufgabe 395   Die Energie, die dem Elektron eines Wasserstoff-Atoms im Grundzustand durch Stossanregung zugeführt werden muss, um es vollständig vom Atomkern (Proton) zu befreien, beträgt 13.6 eV. Ein Proton kann umgekehrt auch ein vorbeifliegendes freies Elektron einfangen und so zu einem Wasserstoff-Atom werden.

Ein freies Elektron wird von einem Proton eingefangen. Es befindet sich nach dem Einfangen im Grundzustand. Beim Einfangen wird ein Photon mit λ = 80 nm ausgesendet.

A] Was lässt sich über die Wellenlänge eines so ausgesendeten Photons sagen?

B] Was lässt sich über die Energie dieses Photons sagen?

C] Berechnen Sie die kinetische Energie, die das freie Elektron hatte.

D] Berechnen Sie die Geschwindigkeit des freien Elektrons.

19 Radioaktivität

Kurztheorie

Kernzerfälle und radioaktive Strahlung

Ist das Neutronen-zu-Protonen-Verhältnis eines Nuklids ungünstig, so ist das Nuklid instabil und zerfällt irgendwann durch *radioaktiven Zerfall*. Es gibt zwei Arten von radioaktivem Zerfall. Beim α-*Zerfall* wird ein *Helium-Kern* mit grosser Geschwindigkeit aus dem Kern geschleudert *(α-Strahlung)*. Beim β-*Zerfall* wird ein schnelles *Elektron* ausgesendet, nachdem sich ein Neutron in ein Proton und ein Elektron umgewandelt hat (β-*Strahlung*). Nach einem α- oder β-Zerfall bleibt ein *Tochterkern* zurück, der oft in einem angeregten Zustand ist. Ein angeregter Tochterkern geht durch Aussenden hochenergetischer elektromagnetischer Wellen (γ-*Strahlung*) in den Grundzustand über. α- und β-Zerfälle haben deshalb oft γ-Strahlung zur Folge. Die bei Kernzerfällen entstehende α-, β- und γ-Strahlung fasst man als *radioaktive Strahlung* zusammen.

Ist der Tochterkern eines radioaktiven Zerfalls ebenfalls instabil, folgen weitere radioaktive Zerfälle. Es kommt dann zu einer *Zerfallskette*.

Energiedosis

Radioaktive Strahlung hat Energie. Die *Energiedosis D* gibt an, wie viel Energie auf ein Kilogramm des radioaktiv bestrahlten Körpers übertragen wurde. Die SI-Einheit der Energiedosis hat den Namen *Gray*: $[D] = J/kg = Gy$

Aktivität

Die *Aktivität A* gibt die Anzahl pro Zeiteinheit zerfallender Kerne an. Die SI-Einheit der Aktivität hat den Namen *Becquerel*: $[A] = s^{-1} = Bq$

Zerfallsgesetz

Zerfallsgesetz: Nach der *Halbwertszeit* $t_{1/2}$ ist die Hälfte der Atomkerne eines instabilen Nuklids zerfallen. Dadurch nehmen die Anzahl nicht zerfallener Atomkerne N und somit auch die Aktivität A exponentiell mit der Zeit t ab:

$$N = N_0 \cdot e^{-\lambda \cdot t} \qquad N_0 = \text{Anzahl Atomkerne zur Zeit } t = 0 \text{ s}$$

$$A = \lambda \cdot N = A_0 \cdot e^{-\lambda \cdot t} \qquad A_0 = \lambda \cdot N_0 = \text{Aktivität zur Zeit } t = 0 \text{ s}$$

$$\lambda = \frac{\ln 2}{t_{1/2}} \qquad \lambda = \text{Zerfallskonstante}, t_{1/2} = \text{Halbwertszeit}$$

Kernenergie, Bindungsenergie

Die *Kernenergie* eines Atomkerns setzt sich aus der potenziellen und kinetischen Energie der Nukleonen zusammen. Wenn ein Nukleon durch die anziehende Kernkraft an einen Atomkern gebunden ist, hat es weniger potenzielle Energie, als wenn es frei ist. Die *Bindungsenergie* E_B gibt an, wie viel weniger Energie Nukleonen haben, wenn sie einen Kern bilden, als wenn sie frei sind. Der Zusammenhang zwischen Kernenergie und Bindungsenergie: Ein Kern mit wenig Kernenergie hat eine grosse Bindungsenergie E_B.

Massendefekt

Wegen $E = m \cdot c^2$ nimmt die Masse m eines Körpers ab, wenn seine Gesamtenergie E abnimmt. Da Atomkerne weniger Energie haben als die einzelnen Nukleonen, haben sie einen *Massendefekt* $\Delta m = m_{\text{Nukleonen}} - m_{\text{Atomkern}}$. Aufgrund von $E = m \cdot c^2$ kann man aus dem Massendefekt Δm die Bindungsenergie E_B des Atomkerns berechnen:

$$E_B = \Delta m \cdot c^2$$

Der Massendefekt pro Nukleon ist ein Mass für die *Bindungsenergie pro Nukleon* E_B / A, was wiederum ein Mass für die Stabilität der Bindungen des Atomkerns ist. ^{56}Fe hat von allen Nukliden den grössten Massendefekt pro Nukleon und ist folglich das stabilste.

19 RADIOAKTIVITÄT

Das Verhältnis von Protonenzahl Z zu Neutronenzahl N bestimmt, ob ein Atomkern stabil ist oder irgendwann zerfällt.	α- und β-Zerfall und γ-Strahlungsabregung des Tochterkerns sind Ursache für die 3 Arten radioaktiver Strahlung.

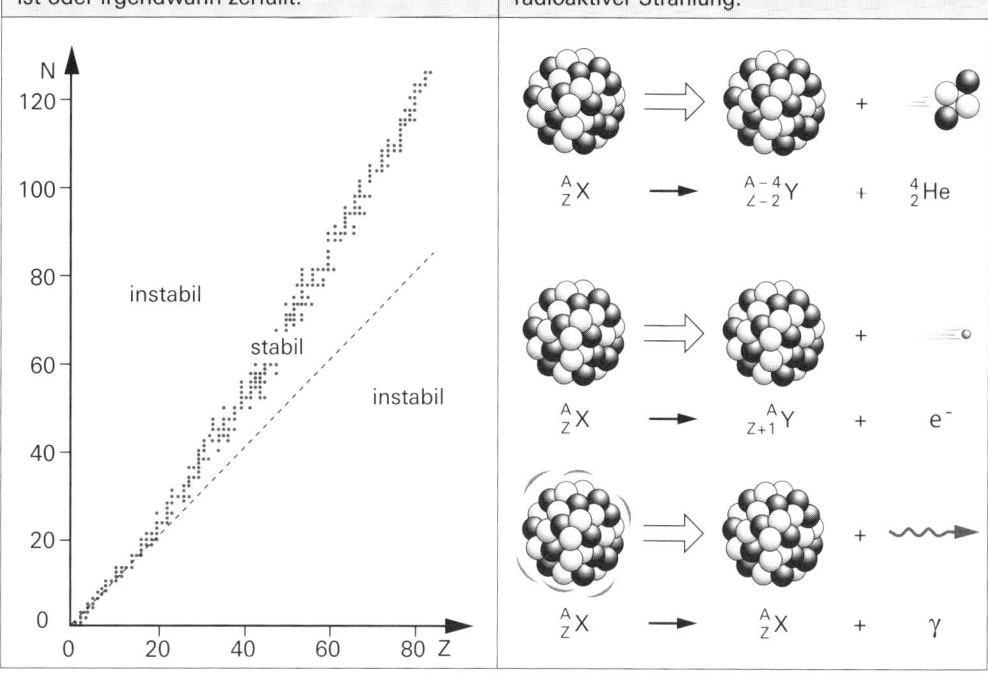

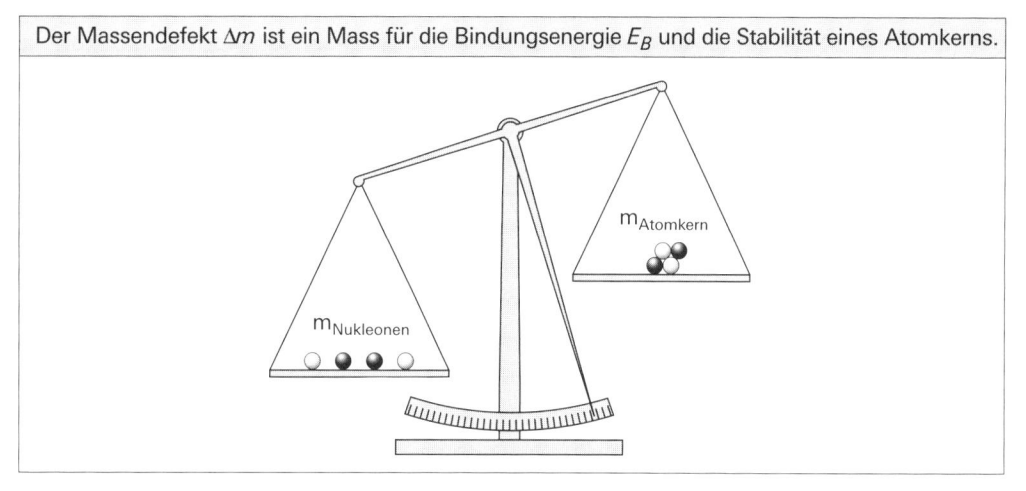

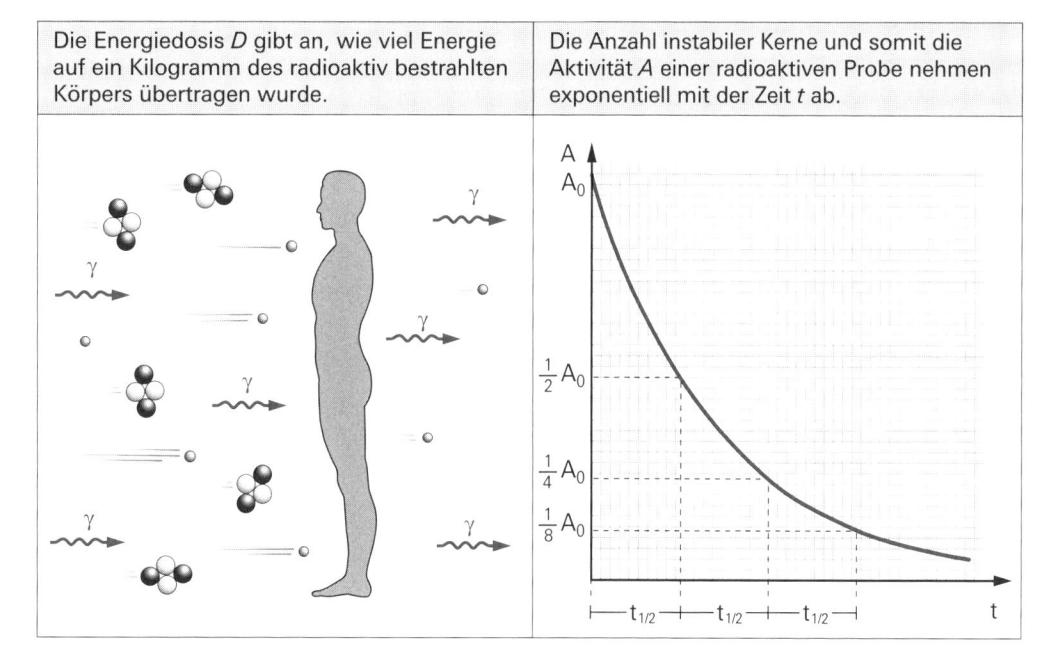

$${}^{A}_{Z}X \longrightarrow {}^{A-4}_{Z-2}Y + {}^{4}_{2}He$$

$${}^{A}_{Z}X \longrightarrow {}^{A}_{Z+1}Y + e^{-}$$

$${}^{A}_{Z}X \longrightarrow {}^{A}_{Z}X + \gamma$$

Der Massendefekt Δm ist ein Mass für die Bindungsenergie E_B und die Stabilität eines Atomkerns.

Die Energiedosis D gibt an, wie viel Energie auf ein Kilogramm des radioaktiv bestrahlten Körpers übertragen wurde.	Die Anzahl instabiler Kerne und somit die Aktivität A einer radioaktiven Probe nehmen exponentiell mit der Zeit t ab.

Theoriefragen

Aufgabe 396

A] Aus was besteht α-Strahlung?

B] Aus was besteht β-Strahlung?

C] Aus was besteht γ-Strahlung?

Aufgabe 397

α-, β- und γ-Strahlung nennt man zusammenfassend radioaktive Strahlung. Welche der folgenden Aussagen sind richtig?

A] Radioaktive Strahlung hat eine Masse.

B] Radioaktive Strahlung hat Energie.

C] Radioaktive Strahlung hat eine elektrische Ladung.

Aufgabe 398

Die Anzahl der pro Sekunde zerfallenden Kerne bezeichnet man als

A] Radioaktivität.

B] Aktivität.

C] Zerfallskonstante.

Aufgabe 399

Eine radioaktives Nuklid zerfällt so, dass nach 100 Tagen noch 25 % der Ausgangskerne vorhanden sind.

A] Wie gross ist die Halbwertszeit?

B] Ist nach einem Jahr noch mehr als 1 % der Ausgangskerne vorhanden?

Aufgabe 400

Bestimmen Sie, durch welchen Zerfall die unten angegebenen Ausgangskerne in die entsprechenden Tochterkerne übergehen.

A] Platin zerfällt zu Osmium: $^{186}_{78}Pt = {}^{182}_{76}Os + ?$

B] Superschwerer Wasserstoff (Tritium) zerfällt zu Helium: $^{3}_{1}H = {}^{3}_{2}He + ?$

C] Silizium zerfällt zu Phosphor: $^{31}_{14}Si = {}^{31}_{15}P + ?$

Aufgabe 401

Sie kennen den Ausgangskern und das Endprodukt einer radioaktiven Zerfallskette. An was erkennen Sie, ob in der Zerfallskette ein α-Zerfall stattgefunden hat?

Aufgabe 402

Erklären Sie die folgenden Begriffe:

A] Bindungsenergie des Atomkerns

B] Massendefekt des Atomkerns

Aufgabe 403

Welcher Zusammenhang besteht zwischen dem Massendefekt und der Bindungsenergie eines Atomkerns?

Kurze Aufgaben

Aufgabe 404

Das Eisennuklid $^{52}_{26}$Fe zerfällt durch β-Zerfall mit einer Halbwertszeit von 8.3 Stunden.

A] Welches Element entsteht durch den β-Zerfall?

B] Wie gross ist die Zerfallskonstante?

C] Auf wie viel Prozent ist die Aktivität nach einem Tag (24 Stunden) gesunken?

D] Wie lange dauert es, bis die Aktivität auf 1 % gesunken ist?

Aufgabe 405

Die Bindungsenergie des Stickstoff-Kerns $^{14}_{7}$N beträgt 104.7 MeV.

A] Wie gross ist die Bindungsenergie pro Nukleon in diesem Kern?

B] Wie gross ist der Massendefekt dieses Kerns?

C] Berechnen Sie die Masse dieses Kerns aus seiner Bindungsenergie und der Masse von Proton und Neutron.

Aufgabe 406

Zu einer Zerfallsreihe kommt es, wenn das Tochternuklid auch radioaktiv ist. Eine bekannte Zerfallsreihe aus α- und β-Zerfällen beginnt mit dem instabilen $^{214}_{84}$Po und endet mit dem stabilen $^{206}_{82}$Pb.

A] Wie viele α-Zerfälle gibt es in dieser Zerfallsreihe?

B] Wie viele β-Zerfälle gibt es in dieser Zerfallsreihe?

Aufgabe 407

Radioaktive Strahlung kann mithilfe eines Geigerzählers gemessen werden. Beschreiben Sie die Funktionsweise eines Geigerzählers.

Aufgabe 408

Vervollständigen Sie die folgenden Reaktionsgleichungen.

A] $^{45}_{20}$Ca = ? + β-Strahlung

B] $^{211}_{82}$Pb = $^{207}_{80}$Hg + ?

C] $^{14}_{6}$C = $^{14}_{7}$N + ?

Aufgabe 409

Bei einem Strahlenunfall erhält eine 80 kg schwere Person eine Energiedosis von 0.5 Gy. Wie gross ist die Gesamtenergie, die die radioaktive Strahlung im Körper deponiert hat?

Aufgabe 410

Eine Strahlungsquelle enthält ursprünglich $5.0 \cdot 10^{18}$ radioaktive Kerne eines Nuklids. Die Zerfallskonstante des Nuklids beträgt $2.5 \cdot 10^{-4}$ s^{-1}.

A] Wie gross ist die ursprüngliche Aktivität der Quelle?

B] Wie gross ist die Aktivität nach einer Stunde?

C] Nach welcher Zeit ist die Aktivität noch halb so gross wie die ursprüngliche Aktivität?

Umfangreichere Aufgaben (I)

Aufgabe 411 Die beiden häufigsten in der Natur vorkommenden Uran-Isotope sind $^{238}_{92}$U und $^{235}_{92}$U. Sie haben Halbwertszeiten von $4.6 \cdot 10^9$ Jahren bzw. $7.1 \cdot 10^8$ Jahren.

A] Sie haben je einen Kern dieser beiden Uranisotope. Für welchen der beiden Kerne ist es wahrscheinlicher, dass er in der nächsten Sekunde zerfällt?

B] In heutigen Uran-Vorkommen findet man $^{238}_{92}$U mit einer relativen Häufigkeit von 99.3 % und $^{235}_{92}$U mit einer relativen Häufigkeit von 0.7 %. Wie gross war die relative Häufigkeit der beiden Isotope, als die Erde entstand, also vor rund $4.6 \cdot 10^9$ Jahren?

C] Zeichnen Sie eine Grafik, die zeigt, wie sich die Anzahl $^{238}_{92}$U-Kerne seit der Entstehung der Erde verändert hat.

Aufgabe 412 Das Uran-Nuklid $^{238}_{92}$U wandelt sich durch α-Zerfall in das Thorium-Nuklid $^{234}_{90}$Th. Dabei wird Energie frei.

A] Woher kommt die frei werdende Energie?

B] In welcher Form liegt die frei werdende Energie vor?

C] Berechnen Sie die frei werdende Energie. Die Masse des Uran-Nuklids beträgt 238.05078 u, diejenige des Thorium-Nuklids 234.04360 u, die Masse eines α-Teilchens 4.00260 u.

D] Berechnen Sie die Geschwindigkeit der α-Strahlung unter der Annahme, dass der Thorium-Kern ruht.

E] Was lässt sich über die Bindungsenergien des Ausgangskerns und über die Summe der Bindungsenergien der Zerfallsprodukte sagen?

F] Was lässt sich über die Kernenergien des Ausgangskerns und über die Summe der Kernenergien der Zerfallsprodukte sagen?

Aufgabe 413 Im Mittelalter versuchten die Alchemisten durch chemische Reaktionen Gold aus billigen Materialien herzustellen. Dieses Unterfangen war zum Scheitern verurteilt. Da es bei radioaktiven Zerfällen zu Elementumwandlungen kommt, kann man sich fragen, ob es vielleicht so möglich ist, leicht zu grossen Mengen Gold zu kommen. Das einzige stabile Goldisotop ist $^{197}_{79}$Au. Seine Masse beträgt 196.96655 u. Das Goldisotop soll durch β-Zerfall entstehen.

A] Welches Nuklid muss man als Ausgangsmaterial verwenden?

B] Kann ein solcher β-Zerfall gemäss Energieerhaltungssatz stattfinden?

Aufgabe 414 In dieser Aufgabe schätzen Sie ab, mit welcher Kraft sich zwei Nukleonen im Deuterium-Kern anziehen. Der Deuterium-Kern besteht aus einem Proton und einem Neutron. Seine Bindungsenergie ist $3.6 \cdot 10^{-13}$ J. Diese Energie ist gleich der Arbeit, die man aufwenden muss, um die beiden Nukleonen voneinander zu trennen und so weit auseinander zu bewegen, bis keine Wechselwirkung mehr besteht.

Die Kernkraft hat eine kurze Reichweite von 10^{-15} m. Berechnen Sie die Stärke der Kernkraft mithilfe der Gleichung Arbeit gleich Kraft mal Weg unter der Annahme, dass die Kernkraft im Bereich ihrer Reichweite konstant und ausserhalb ihrer Reichweite gleich null ist.

Umfangreichere Aufgaben (II)

Aufgabe 415

Nach einem α- oder β-Zerfall befindet sich der Tochterkern oft in einem angeregten Zustand. Unter Emission von γ-Strahlung gibt der Kern meistens schnell die überschüssige Energie ab und geht in den Grundzustand über. Nach dem β-Zerfall des Ytterbiumnuklids $^{175}_{70}$Yb ist der Lutetium-Kern $^{175}_{71}$Lu in einem angeregten Zustand. Je nachdem in welchem angeregten Zustand sich der Kern befunden hat, sendet er beim Übergang in den Grundzustand γ-Strahlung mit der Energie 396.3 keV, 251.5 keV oder 113.8 keV aus.

A] Zeichnen Sie ein Energieschema des Lutetium-Kerns unter der Annahme, dass sich der Atomkern nach den drei Strahlungsabregungen im Grundzustand befindet.

B] Neben der obigen γ-Strahlung beobachtet man auch solche mit der Energie 137.7 keV und 144.8 keV. Zu welchen Strahlungsabregungen gehört diese γ-Strahlung?

Aufgabe 416

[Abb. 19.1]   Radioaktivität lässt Plutonium leuchten

Oft besitzen Satelliten grosse Solarpanels, die die Sonnenenergie in Strom umwandeln. Fliegt ein Satellit jedoch ins äussere Sonnensystem, so ist die Strahlung der Sonne dort zu schwach und man verwendet so genannte Isotopenbatterien. In Isotopenbatterien wird die bei radioaktiven Zerfällen von Plutonium-Kernen frei werdende Energie genutzt, um elektrischen Strom zu erzeugen.
Bild: U.S. Dept. of Energy / Science Photo Library

Die Zerfallsprodukte werden in einem Material absorbiert und führen dabei zu dessen Aufheizung. Die im Jahre 1977 gestarteten Raumsonden Voyager 1 und 2 benutzen als Energiequelle Plutonium, das durch α-Zerfall mit einer Halbwertszeit von 87.7 Jahren in Uran zerfällt:

$$^{238}_{94}\text{Pu} = {}^{234}_{92}\text{U} + {}^{4}_{2}\text{He}$$

A] Wie viel Energie wird bei jedem α-Zerfall frei? Die Bindungsenergie von $^{238}_{94}$Pu beträgt 1801.3 MeV, diejenige von $^{234}_{92}$U 1778.6 MeV und die von $^{4}_{2}$He 28.3 MeV.

B] Wie viele Zerfälle müssen jede Sekunde stattfinden, wenn eine Heizleistung von 1800 W benötigt wird?

C] Wie viele Plutonium-Kerne braucht es für eine Heizleistung von 1800 W?

D] Berechnen Sie die Masse des für die 1800-W-Heizleistung benötigten Plutoniums. m_p = 234.0409 u

E] Auf welchen Bruchteil ist die Heizleistung nach 28 Jahren gesunken?

F] Wann werden die Sonden verstummen, wenn zum Betrieb eine minimale Heizleistung von 1280 W zugeführt werden muss und die ursprüngliche Heizleistung 1800 W betrug?

20 Gefahren und Nutzen der Radioaktivität

Kurztheorie

Biologische Gefahren

Radioaktive Strahlung kann Atome ionisieren und chemische Verbindungen aufbrechen. Radioaktive Strahlung ist für Organismen gefährlich, denn sie kann vererbbare *Genschäden* oder den sofortigen *Zelltod* bewirken.

Äquivalentdosis

Wie stark ein Organismus durch radioaktive Strahlung belastet wird, hängt nicht nur davon ab, wie viel Energie mit der radioaktiven Strahlung auf den Körper übertragen wurde (Energiedosis D), sondern auch von der Art, wie die radioaktive Strahlung ihre Energie auf den Organismus überträgt. Hier gibt es Unterschiede zwischen den drei verschiedenen Arten der radioaktiven Strahlung. Die Strahlenbelastung eines Organismus wird deshalb mit der *Äquivalentdosis H* beschrieben. Die Äquivalentdosis H ist das Produkt aus einem *Bewertungsfaktor q*, der von der Art der radioaktive Strahlung abhängt, und der Energiedosis D:

$$H = q \cdot D$$

Die SI-Einheit der Äquivalentdosis H hat den Namen *Sievert,* um sie von der Energiedosis D klar unterscheiden zu können:

$$[H] = J/kg = Sv$$

Für α-Strahlung ist $q = 20$, für β- und γ-Strahlung ist $q = 1$.

Die schädliche Wirkung der radioaktiven Strahlung hängt auch vom Zeitraum Δt ab, während dem sie im Organismus deponiert wird.

Eindringtiefe

Die *Eindringtiefe* radioaktiver Strahlung hängt von der Art der Strahlung und vom bestrahlten Material ab. Wird z. B. ein Mensch von aussen radioaktiv bestrahlt, so sind bei α-Strahlung die äussersten 0.05 mm und bei β-Strahlung die äussersten 5 mm betroffen. Bei γ-Strahlung wird der ganze Organismus betroffen.

Medizinischer Nutzen

Radioaktive Strahlung wird in der Medizin genutzt, um im Körper Tumore abzutöten, z. B. durch gezielte Bestrahlung von aussen mit einem γ-*Knife*. Radioaktive Strahlung wird in der Medizin auch genutzt, um Tumore sichtbar zu machen, z. B. durch Verabreichen von radioaktiven Stoffen *(Radiopharmaka),* die sich besonders in Tumoren ablagern.

Abschirmung

Radioaktive Strahlung muss wegen ihrer Gefährlichkeit abgeschirmt werden. Um α-Strahlung vollständig abzuschirmen, reicht ein Blatt Papier, um β-Strahlung vollständig abzuschirmen, reicht eine wenige Millimeter dicke Plexiglasscheibe. Um γ-Strahlung auf 50 % zu reduzieren, braucht es je nach Energie der γ-Strahlung eine mehrere Zentimeter dicke Bleiplatte. Eine vollständige Abschirmung von γ-Strahlung ist nicht möglich, aber die Reststrahlung nimmt exponentiell mit der Abschirmdicke ab. Die Halbwertsdicke gibt an, wie dick eine Abschirmung sein muss, damit die Strahlung auf die Hälfte reduziert wird. Sie hängt von der Art der Strahlung, der Energie der Strahlung und vom Material ab.

C-14-Methode

C-14-Methode: In allen lebenden Organismen ist das Verhältnis der seltenen instabilen ^{14}C-Atome zu den häufigen stabilen ^{12}C-Atomen durch Atmung und Nahrungsaufnahme gleich wie dasjenige in der Luft nämlich: $N_{C14} / N_{C12} = 1.3 \cdot 10^{-12}$. Nach dem Tod eines Organismus nimmt dieses Verhältnis mit der Zeit exponentiell ab, da die ^{14}C-Atome mit einer Halbwertszeit von $t_{1/2} = 5730$ Jahren radioaktiv zerfallen. Aus dem Verhältnis der Anzahl ^{14}C-Atomen zu ^{12}C-Atomen in einer Probe eines toten Organismus lässt sich deshalb berechnen, wie lange der Organismus schon tot ist.

Die Eindringtiefe hängt von der Art der radioaktiven Strahlung ab.

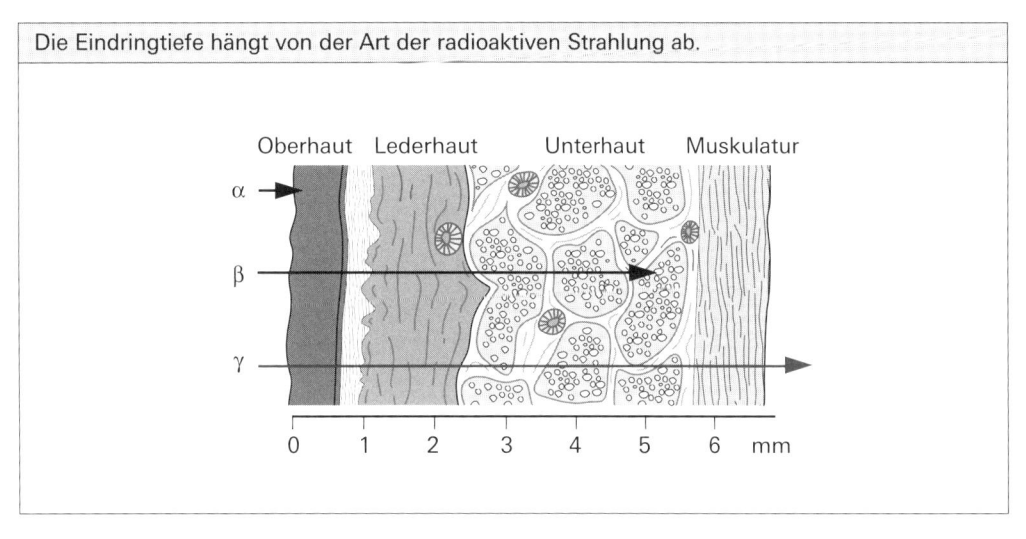

Radioaktive Strahlung wird in der Medizin zum Abtöten von Tumoren verwendet.

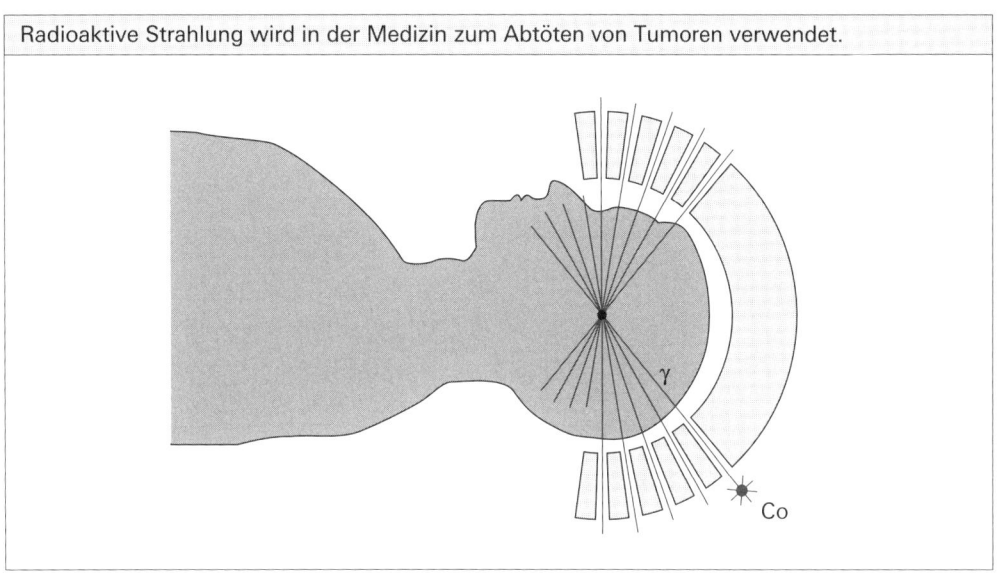

Grundlage der ^{14}C-Methode: Das zu Lebzeiten immer gleich grosse Verhältnis von instabilem ^{14}C zu stabilem ^{12}C nimmt nach dem Tod mit der Zeit exponentiell ab.

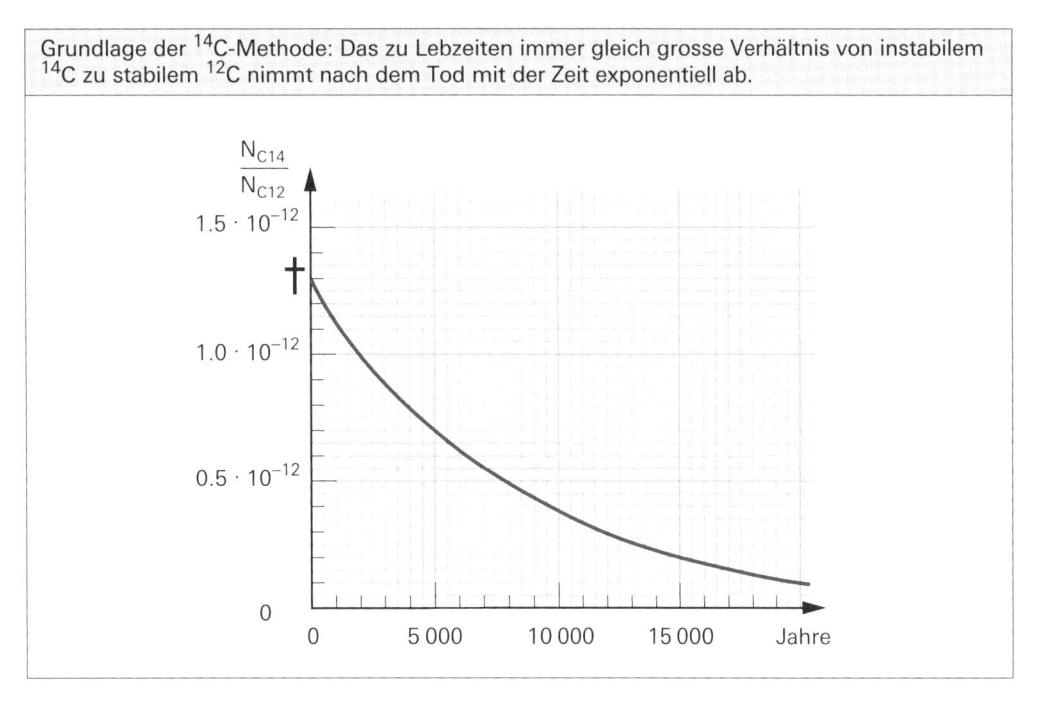

Hinweise

Die Halbwertsdicke von Luft beträgt bei α-Strahlung je nach Energie der Strahlung 3 cm bis 8 cm und bei β-Strahlung 2 m bis 9 m. Bei γ-Strahlung beträgt sie über 100 m.

Theoriefragen

Aufgabe 417 Radioaktive Strahlung besitzt viel Energie und kann deshalb für Lebewesen gefährlich sein.

A] Durch welchen physikalischen Prozess deponiert radioaktive Strahlung ihre Energie im Körper?

B] Welche schädliche Wirkung hat radioaktive Strahlung auf lebende Organismen?

C] Mit welcher physikalischen Grösse wird die biologische Strahlenbelastung beschrieben?

Aufgabe 418 Radioaktive Strahlung dringt unterschiedlich tief in Körper ein. Welche der 3 Arten radioaktiver Strahlung dringt am tiefsten ein, welche am wenigsten tief?

Aufgabe 419 Um die Wirkung radioaktiver Strahlung auf Materie zu beschreiben, gibt es die Grössen «Energiedosis» und «Äquivalentdosis».

A] Worin unterscheiden sich die beiden Grössen?

B] Welche Einheiten haben sie?

Aufgabe 420 Da radioaktive Strahlung gefährlich ist, muss man sie abschirmen:

A] Welche Strahlenarten kann man vollständig abschirmen, welche nicht?

B] Geben Sie ein Beispiel, wie Sie α-Strahlung abschirmen können.

C] Geben Sie ein Beispiel, wie Sie β-Strahlung abschirmen können.

D] Geben Sie ein Beispiel, wie Sie γ-Strahlung abschirmen können.

Aufgabe 421 Radioaktive Strahlung kann Zellen abtöten. Dies birgt Gefahren. Man kann diese Eigenschaft aber auch nutzen.

A] Nennen Sie eine medizinische Anwendung, bei der man sich die abtötende Wirkung der radioaktiven Strahlung zunutze macht.

B] Welche Eigenschaft von γ-Strahlung nutzt man, wenn man mithilfe von Radiopharmaka innere Organe abbildet?

C] Welche Eigenschaft von β-Strahlung nutzt man, wenn man mithilfe von Radiopharmaka Tumore im Körper abtöten will?

Aufgabe 422 Mithilfe der C-14-Methode kann das Alter von archäologischen Funden bestimmt werden.

A] Erklären Sie, warum diese Methode nur bei Funden angewandt werden kann, die weniger als etwa 50 000 Jahren alt sind.

B] Erklären Sie, warum die Methode nur auf Funde angewandt werden kann, die Teil eines lebenden Organismus gewesen sind.

Kurze Aufgaben

Aufgabe 423

Radioaktive Quellen befinden sich normalerweise ausserhalb unseres Körpers. Durch Nahrung oder durch die Atemluft können radioaktive Substanzen jedoch in unseren Körper gelangen.

A] Erklären Sie, warum eine γ-Strahlungsquelle ausserhalb des Körpers meist viel gefährlicher ist als eine α-Strahlungsquelle.

B] Erklären Sie, weshalb eine α-Strahlungsquelle innerhalb des Körpers meist viel gefährlicher ist als eine γ-Strahlungsquelle.

Aufgabe 424

Sie stellen mit einem Geigerzähler fest, dass ein Körper radioaktive Strahlung aussendet. Sie wissen jedoch nicht, ob es sich dabei um α-, β- oder γ-Strahlung handelt.

A] Wie können Sie einfach feststellen, ob die Strahlungsquelle γ-Strahlung aussendet?

B] Wieso sind α-Strahler mit einem Geigerzähler schwierig wiederzufinden, wenn sie irgendwo auf den Boden fallen?

Aufgabe 425

Ein Mensch wird mit einer Energiedosis von 0.1 Gy bestrahlt. Die biologische Wirkung dieser Energiedosis hängt von der Strahlungsart ab.

A] Wie gross ist die Äquivalentdosis, wenn es sich um γ-Strahlung handelt?

B] Wie gross ist die Äquivalentdosis, wenn es sich um α-Strahlung handelt?

C] Wie gross ist die Äquivalentdosis, wenn es sich um β-Strahlung handelt?

D] Welche der drei Strahlungsarten ist am wirksamsten?

Aufgabe 426

Sie sind Medizinphysiker in einem Spital. Der Arzt möchte einem Patienten zur Untersuchung der Schilddrüse ein radioaktives Präparat mit dem Iodnuklid $^{123}_{53}\text{I}$ spritzen. Die eigentliche Untersuchung kann erst 5 Stunden später stattfinden, da sich das Präparat erst in der Schilddrüse ansammeln muss. Zur Untersuchung ist eine Aktivität von 110 MBq nötig. Die Halbwertszeit von $^{123}_{53}\text{I}$ ist 13.2 Stunden.

A] Mit welcher Aktivität müssen Sie das Präparat bereitstellen?

B] Welche Äquivalentdosis erhält der Patient, wenn pro MBq eine Äquivalentdosis von 0.13 mSv deponiert wird?

C] Durch die Injektion wird der Patient selber zu einer Strahlungsquelle. Wie lange nach der Untersuchung muss man die Umgebung vom Patienten abschirmen, bis die Aktivität auf 40 MBq abgefallen ist?

Aufgabe 427

Im Südosten Frankreichs gibt es einige Felshöhlen, deren Wände mit prähistorischen Zeichnungen verziert sind. Diese Zeichnungen gelten als die ältesten Kunstwerke der Menschheit. Einige der Zeichnungen wurden mit Holzkohle erstellt, was ermöglicht, die C-14-Methode anzuwenden. Es wurde ein Verhältnis von $^{12}_{6}\text{C}$ zu $^{14}_{6}\text{C}$ von $2.1 \cdot 10^{13}$ gemessen. Wie alt sind diese Felszeichnungen?

Umfangreichere Aufgaben (I)

Aufgabe 428

Das γ-Knife (siehe Abbildungen in der Kurztheorie) ist ein Gerät, mit dessen Hilfe Tumore radioaktiv bestrahlt werden können. Meistens wird es mit $^{60}_{27}$Co bestückt. Dieses Nuklid macht einen β-Zerfall mit einer Halbwertszeit von 5.27 Jahren. Das Tochternuklid $^{60}_{28}$Ni ist zuerst in einem angeregten Zustand und sendet kurz darauf die überschüssige Energie in Form von γ-Strahlung aus.

A] Beim Zerfall des Cobalt-Nuklids wird sowohl β- als auch γ-Strahlung ausgesendet. Welcher Strahlungstyp wird zur Tumorbehandlung verwendet?

B] Begründen Sie, warum es sinnvoll ist, für das γ-Knife ein Radionuklid mit einer langen Halbwertszeit zu nehmen.

C] Berechnen Sie die Energie, die bei diesem Zerfall frei wird. Die Massen sind 59.91870 u für $^{60}_{27}$Co und 59.91511 u für $^{60}_{28}$Ni. Das wegfliegende Elektron hat eine Masse von 0.00056 u. Die frei werdende Energie liegt zu 89 % in Form von γ-Strahlung vor. Wo steckt der Rest der Energie?

D] Ein 0.15 kg schwerer Hirntumor soll während einer Bestrahlungsdauer von 10 min eine Äquivalentdosis von 5.0 Sv erhalten. Welche Energie muss dazu pro Sekunde im Tumor deponiert werden?

E] Die γ-Strahlung einer radioaktiven Quelle geht in alle Richtungen. Um nicht die ganze Umgebung, sondern nur den Tumor zu bestrahlen, lässt man die γ-Strahlung nur durch dünne Bohrungen in einer Bleiabschirmung ungehindert austreten. Nicht jedes γ-Photon wird vom Tumor absorbiert. Zur Dosis im Tumor tragen nur etwa 0.5 % der Strahlung der Quelle bei. Wie viele Zerfälle pro Sekunde braucht es in der $^{60}_{27}$Co-Quelle, um die 5 Sv in 10 min in einem 0.15 kg schweren Hirntumor zu deponieren?

F] Wie viele Cobaltkerne $^{60}_{27}$Co braucht es?

G] Wie schwer ist diese Menge Cobalt?

Aufgabe 429

Beim Reaktorunfall in Tschernobyl im Jahre 1986 wurde unter anderem das radioaktive Cäsium-Isotop $^{137}_{55}$Cs freigesetzt. Es wurde durch den Wind über grosse Teile Europas verteilt und kam durch Niederschläge zurück auf den Erdboden. Besonders starke Regenfälle im Tessin führten zu einer Aktivität von 45 kBq pro m². Das Cäsiumisotop macht einen β-Zerfall mit einer Halbwertszeit von 30 Jahren.

A] Wie viele Cäsiumatome gab es pro m² im Boden, die diese Aktivität erzeugt haben?

B] Nach wie vielen Jahren wird die Aktivität wieder auf ein normales Niveau von 3.0 kBq pro m² gefallen sein?

C] In einem Kilogramm Salat findet man eine Aktivität von 450 Bq. Welche Äquivalentdosis nimmt jemand auf, der 200 g davon isst, wenn pro Bq eine Äquivalentdosis von $1.4 \cdot 10^{-8}$ Sv deponiert wird?

D] Wie viel Energie wird durch diese Dosis in einer Person von 80 kg Gewicht deponiert?

E] Wie viele körpereigene Moleküle können durch diese Energie ionisiert werden, wenn die Ionisationsenergie der Moleküle im Mittel $1.0 \cdot 10^{-18}$ J beträgt?

Umfangreichere Aufgaben (II)

Aufgabe 430

In dieser Aufgabe untersuchen Sie formal und grafisch, wie sich beim radioaktiven Zerfall die Anzahl der Ausgangskerne relativ zur Zahl der Tochterkerne verändert. Sie haben eine radioaktive Quelle, die anfänglich N_A Ausgangskerne des Nuklids A besitzt. Diese zerfallen mit der Zerfallswahrscheinlichkeit λ_A in ein Tochternuklid B. Die Zahl der Ausgangskerne nimmt nun kontinuierlich ab, während diejenige der Tochterkerne kontinuierlich zunimmt.

A] Stellen Sie den zeitlichen Verlauf dieses Verhältnisses grafisch dar.

$$\frac{N_A}{N_B} = \frac{1}{e^{\lambda_A \cdot t} - 1}$$

B] Machen Sie eine grafische Darstellung des zeitlichen Verlaufs dieses Verhältnisses. Nehmen Sie für λ_A einen Wert von 5.0 s^{-1} an, und zeichnen Sie das Verhältnis bei 1, 2, 4, 6, 8 und 10 s ein.

Aufgabe 431

Die C-14-Methode ist nicht die einzige Möglichkeit, um mithilfe von radioaktiven Kernen Altersbestimmungen durchzuführen. Das Alter von Gestein kann zum Beispiel mit der Uran-Blei-Methode bestimmt werden. Das Uran-Nuklid $^{238}_{92}$U zerfällt via eine Zerfallskette ins stabile Blei-Nuklid $^{206}_{82}$Pb.

A] Der erste Zerfall in der Kette vom $^{238}_{92}$U führt zum Thorium-Nuklid $^{234}_{90}$Th und hat eine Halbwertszeit von 4.47 · 10^9 Jahren. Alle Zwischenprodukte der Kette haben sehr viel kürzere Halbwertszeiten. Begründen Sie, weshalb man die Zerfallskette daher in guter Näherung als einen direkten Zerfall vom Urannuklid ins Bleinuklid mit der Halbwertszeit von 4.47 · 10^9 Jahren darstellen kann.

B] Das Verhältnis der Anzahl $^{206}_{82}$Pb-Kerne zur Anzahl $^{238}_{92}$U-Kerne hängt von der Zeit ab, die vergangen ist, seit das Uran in den Stein eingeschlossen wurde. Am Anfang, das heisst beim Erstarren des Gesteins, enthielt es keine $^{206}_{82}$Pb-Atome. Im Stein eingeschlossen, zerfallen die $^{238}_{92}$U-Kerne, und es werden $^{206}_{82}$Pb-Kerne gebildet. Leiten Sie eine Gleichung her, mit der das Alter des Steins aus dem Verhältnis N_{Pb}/N_U berechnet werden kann.

C] In den ältesten Gesteinen der Erde findet man für $^{206}_{82}$Pb und $^{238}_{92}$U ein Verhältnis $N_{Pb}/N_U = 0.89$. Vor wie vielen Jahren wurde das Uran in den Stein eingeschlossen?

21 Kernspaltung und Kernfusion

Kurztheorie

Kernspaltung

Bei der *Kernspaltung* wird ein Atomkern durch *Neutronenbeschuss* in zwei kleinere Atomkerne aufgespalten. Dabei werden meist auch 2 oder 3 Neutronen frei.

Bei der Spaltung eines an Nukleonen reichen Atomkerns haben die *Spaltprodukte* weniger Kernenergie als der Ausgangskern. Die Spaltprodukte sind stärker gebunden. Ein Teil der Kernenergie des Ausgangskerns wird dann in kinetische Energie der Spaltprodukte umgewandelt.

Da der Massendefekt ΔM bei der Kernspaltung ein Mass für die Abnahme der Kernenergie ist, lässt sich daraus die kinetische Energie E_k der Spaltprodukte berechnen:

$$E_k = \Delta M \cdot c^2 \qquad c = \text{Lichtgeschwindigkeit}$$

Falls die bei einer Spaltung frei werdenden Neutronen jeweils mindestens einen weiteren Kern spalten, kommt es zu einer *Kettenreaktion* aus Kernspaltungen.

Kernkraftwerke

In *Kernkraftwerken* wird durch eine kontrollierte Kettenreaktion aus Kernspaltungen ein Teil der Kernenergie der Ausgangskerne (meist ^{235}U-Kerne) in kinetische Energie der Spaltprodukte umgewandelt. Man sagt auch: Bei der Spaltung schwerer Kerne wird Energie frei. Anschliessend wird die kinetische Energie der Spaltprodukte durch Stösse untereinander und mit der Umgebung in Wärme verwandelt. Aus der Wärme wird über Turbine und Generator elektrische Energie erzeugt.

Die *Lagerung* der in Kernkraftwerken anfallenden radioaktiven Spalt- und Zerfallsprodukte sowie die Gefahr, dass durch einen *katastrophalen Reaktorunfall* radioaktives Material aus dem Kernkraftwerk austritt, sind schwer wiegende Risiken von Kernkraftwerken.

Kernfusion

Bei der *Kernfusion* werden zwei Atomkerne zu einem Atomkern verschmolzen. Da sich die positiv geladenen Atomkerne durch die elektrische Kraft gegenseitig abstossen, müssen sie enorm schnell aufeinander zufliegen, um bei der Kollision zu verschmelzen. Wasserstoff-Kerne sind erst bei Temperaturen von etwa 10 Millionen Grad aufgrund der thermischen Bewegung so schnell, dass sie bei Kollisionen zu Helium verschmelzen können.

Bei der Fusion von an Nukleonen armen Atomkernen hat das *Fusionsprodukt* weniger Kernenergie als die Ausgangskerne. Kernenergie der Ausgangskerne wird dann in kinetische Energie der Fusionsprodukte oder in γ-Strahlung umgewandelt. Man sagt auch: Bei der Kernfusion leichter Kerne wird Energie frei.

Kernfusionen in der Sonne

Im Zentrum der *Sonne* ist die Temperatur so hoch, dass *Wasserstoff-Fusionen* ablaufen. Die dabei freigesetzte Energie bringt die Sonne zum Leuchten. In der Sonne werden Wasserstoff-Atome (^{1}H) in 3 Schritten zu Helium-Atomen (^{4}He) verschmolzen:

$$4 \cdot {}^{1}_{1}\text{H} \rightarrow {}^{4}_{2}\text{He} + 2 \cdot e^+ + 2 \cdot \nu \qquad e^+ = \text{Positron}, \nu = \text{Neutrino}$$

Frei werdende Energie

Da der Massendefekt ein Mass für die Abnahme der Kernenergie ist, lässt sich aus der Abnahme der Gesamtmasse ΔM bei der Kernfusion die kinetische Energie E_k der Fusionsprodukte und die Energie E_γ der entstehenden γ-Strahlung berechnen:

$$E_k + E_\gamma = \Delta M \cdot c^2 \qquad c = \text{Lichtgeschwindigkeit}$$

Bei der Fusion leichter Kerne und der Spaltung schwerer Kerne nimmt die totale Kernenergie ab. Dies erkennt man daran, dass dann die Bindungsenergie pro Nukleon zunimmt.

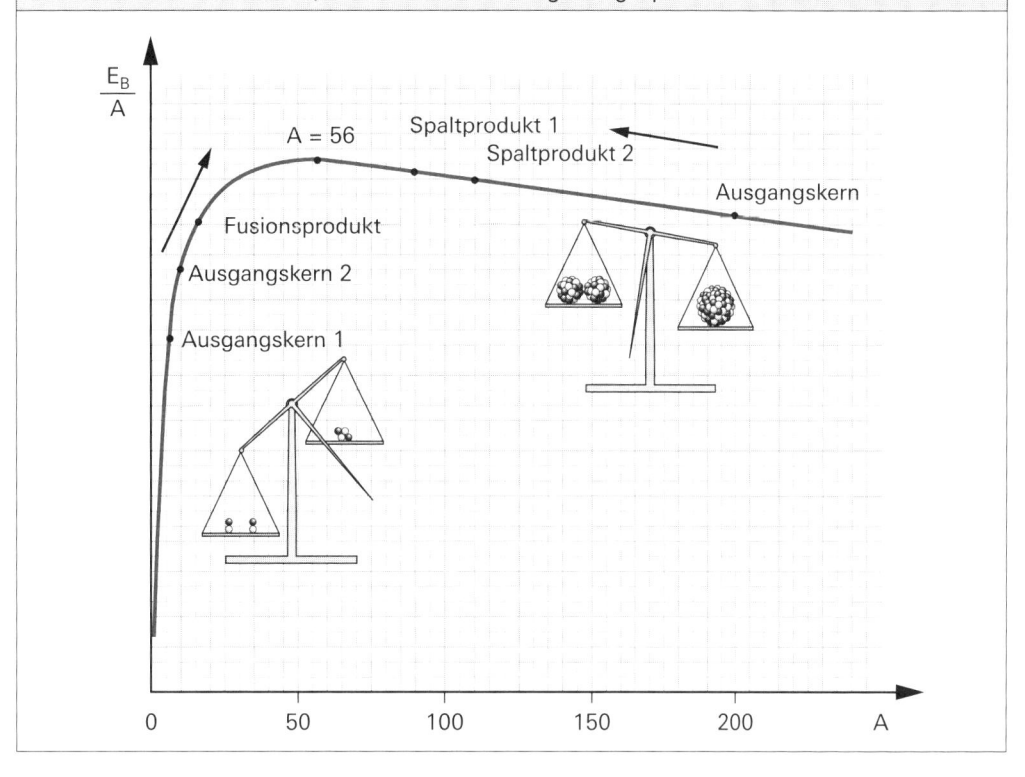

Bei der Kernspaltung wird ein schwerer Kern durch Neutronenbeschuss in zwei leichtere Kerne und zwei bis drei Neutronen aufgespalten.

In den meisten Kernkraftwerken werden durch eine Kettenreaktion von Kernspaltungen ^{235}U-Kerne gespalten.

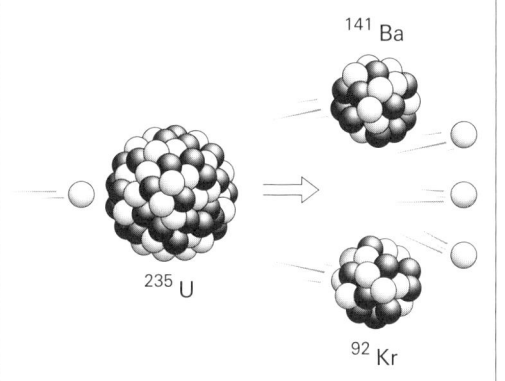

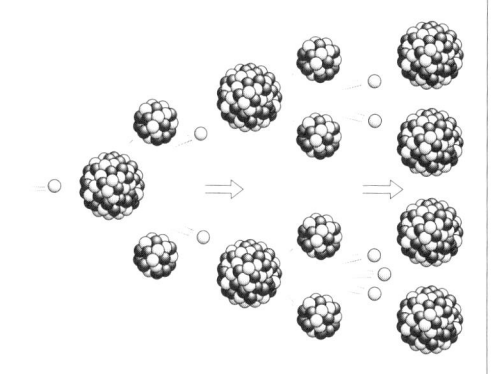

Zur Kernfusion kommt es, wenn zwei leichte Kerne sehr schnell kollidieren.

In der Sonne werden vier ^{1}H-Kerne jeweils zu einem ^{4}He-Kern fusioniert.

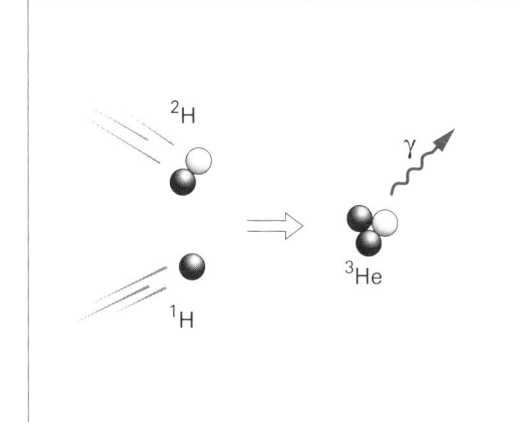

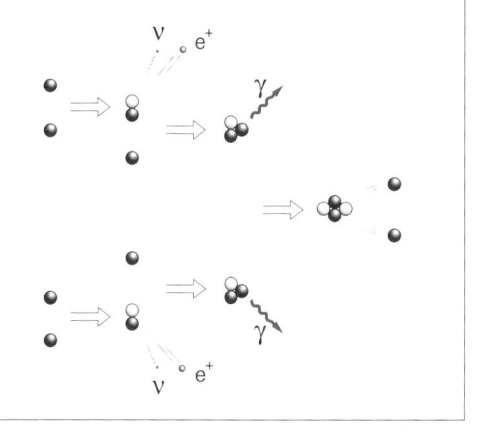

21 KERNSPALTUNG UND KERNFUSION

Theoriefragen

Aufgabe 432 Bei allen Kernreaktionen (Kernfusionen und Kernspaltungen) sind gewisse Grössen konstant. Welche der folgenden Grössen sind konstant: Protonenzahl, Masse, Bindungsenergie, Energie, Nukleonenzahl?

Aufgabe 433 In Kernkraftwerken wird durch eine Kettenreaktion Energie freigesetzt.

A] Was versteht man unter dem Begriff Kettenreaktion?

B] Welche Bedingung muss erfüllt sein, damit es zu einer Kettenreaktion kommt?

C] Welches ist der Unterschied zwischen einer Kettenreaktion und einer Zerfallskette?

Aufgabe 434 Werden zwei leichte Kerne mit hoher Geschwindigkeit aufeinander geschossen, so können sie miteinander verschmelzen. Dabei wird Energie frei.

A] Woher kommt diese Energie?

B] In welcher Form liegt die frei werdende Energie vor?

C] Warum ist es nötig, die Kerne mit hoher Geschwindigkeit aufeinander zu schiessen?

Aufgabe 435 Es ist möglich, sowohl aus der Spaltung von Kernen wie auch aus der Verschmelzung von Kernen Energie zu gewinnen.

A] Was muss gelten, damit durch die Spaltung eines Kerns Energie frei wird?

B] Was muss gelten, damit durch die Fusion zweier Kerne Energie frei wird?

Aufgabe 436 Welcher der folgenden Prozesse kann am meisten Energie pro Kilogramm Materie abgeben? Welcher folgt an zweiter Stelle? Verwenden Sie die Diagramme in der Kurztheorie.

A] Radioaktiver Zerfall

B] Kernfusion

C] Kernspaltung

Aufgabe 437 A] Aus welchem Kernprozess beziehen die Sonne und die anderen Sterne ihre Energie zum Leuchten?

B] Aus welchem Kernprozess gewinnt man in Kernkraftwerken die Energie zur Stromerzeugung?

C] Wieso kommt es beim Verbrennen von Steinkohle nur zu einem winzigen Massendefekt?

Kurze Aufgaben

Aufgabe 438

Die folgende Fusionsreaktion ist wichtig im Zusammenhang mit Fusionsreaktoren:

$$^{2}_{1}H + ^{3}_{1}H = ^{4}_{2}He + ^{1}_{0}n$$

Die Massen: $^{2}_{1}H$: 2.013553 u; $^{3}_{1}H$: 3.015501 u; $^{4}_{2}He$: 4.001505 u; $^{1}_{0}n$: 1.008665 u.

A] Wie gross ist der Massendefekt bei dieser Kernverschmelzung?

B] Ist die gesamte Bindungsenergie der Ausgangskerne grösser oder kleiner als diejenige des verschmolzenen Kerns?

C] Wie viel Kernenergie wird bei der Kernverschmelzung frei?

D] In welche Energieform wird die Kernenergie umgewandelt?

Aufgabe 439

Bei einer Kernspaltung wird ein schwerer Kern durch Neutronenbeschuss in zwei Spaltprodukte zerlegt, und es werden mehrere Neutronen frei.

A] Überprüfen Sie anhand der Protonen- und Nukleonenzahl, ob die folgende Spaltreaktion möglich ist:

$$^{235}_{92}U + ^{1}_{0}n = ^{148}_{57}La + ^{85}_{35}Br + 3 \cdot ^{1}_{0}n$$

B] Wie viele Neutronen werden in der folgenden Spaltreaktion frei?

$$^{239}_{94}Pu + ^{1}_{0}n = ^{147}_{58}Ce + ^{92}_{36}Kr + ? \cdot ^{1}_{0}n$$

C] Welches Xenonisotop entsteht in der folgenden Spaltreaktion?

$$^{235}_{92}U + ^{1}_{0}n = ^{93}_{38}Sr + ^{?}_{54}Sr + 3 \cdot ^{1}_{0}n$$

Aufgabe 440

Die Bindungsenergie pro Nukleon eines Kerns beschreibt, wie stark ein Kern gebunden ist. Verwenden Sie bei dieser Aufgabe die Abbildungen in der Kurztheorie.

A] Ordnen Sie die folgenden Nuklide entsprechend ihrer Bindungsenergie pro Nukleon, beginnend mit dem am stärksten gebundenen: $^{243}_{95}Am$, $^{12}_{6}C$, $^{195}_{78}Pt$, $^{56}_{26}Fe$, $^{7}_{3}Li$.

B] Welche dieser Nuklide können Energie freisetzen, wenn sie gespalten werden?

C] Welche dieser Nuklide können Energie freisetzen, wenn sie mit einem anderen Kern verschmolzen werden?

Aufgabe 441

In Kernkraftwerken wird Energie mehrfach umgewandelt. Ordnen Sie die folgenden Energieformen in der Reihenfolge ihres Auftretens.

- Wärmeenergie
- Kinetische Energie
- Elektrische Energie
- Kernenergie

Umfangreichere Aufgaben (I)

Aufgabe 442

Das Plutonium-Nuklid $^{239}_{94}$Pu ist sowohl leicht spaltbar als auch radioaktiv. Wie bei der Spaltung von Uran ist auch bei der Plutoniumspaltung eine ganze Reihe von Spaltreaktionen möglich. Als typischen Vertreter betrachten Sie die Spaltung in Barium und Strontium.

A] Wie viel Energie wird bei der Spaltung gemäss folgender Reaktionsgleichung frei?

$$^{239}_{94}Pu + ^{1}_{0}n = ^{145}_{56}Ba + ^{93}_{38}Sr + 2 \cdot ^{1}_{0}n$$

Kernmassen: m_{Pu} = 239.05216 u, m_{Ba} = 144.92692 u, m_{Sr} = 92.91402 u

B] Das Plutonium-Nuklid $^{239}_{94}$Pu ist radioaktiv. Es zerfällt mit einer Halbwertszeit von 24 000 Jahren unter Aussenden eines α-Teilchens:

$$^{239}_{94}Pu = ^{235}_{92}U + ^{4}_{2}He$$

Kernmassen: m_{Pu} = 239.05216 u, m_U = 235.04392 u

Wie gross ist beim radioaktiven Zerfall eines $^{239}_{94}$Pu-Kerns die freigesetzte Energie?

C] Wie gross ist das Verhältnis der freigesetzten Energien?

D] Begründen Sie den Unterschied in der freigesetzten Energie mithilfe der Kurztheorie.

Aufgabe 443

Die erste Atombombe setzte durch die Spaltung von $^{235}_{92}$U eine Energie von 8.4 · 10^{13} J frei. Nehmen Sie bei dieser Aufgabe an, dass bei jeder Spaltung 2 Neutronen frei werden, die beide je einen weiteren Kern spalten.

A] Wie viele $^{235}_{92}$U-Spaltungen fanden bei der Explosion der ersten Atombombe statt, wenn jede Kernspaltung 200 MeV freisetzt?

B] Zeichnen Sie eine schematische Darstellung der Kettenreaktion bis zur 4. Spaltgeneration. Kontrollieren Sie anhand Ihrer Darstellung, ob die Anzahl Spaltungen in der n-ten Spaltgeneration 2^n beträgt, wobei n = 0 der Spaltung des ersten Kerns entspricht.

C] Berechnen Sie, wie viele Spaltgenerationen es brauchte, um die Energie der ersten Atombombe freizusetzen, wenn für die n-te Teilsumme der geometrischen Reihe gilt:

$$s_n = 2^0 + 2^1 + 2^3 + ... 2^n = 2^{n+1} - 1$$

D] Zeigen Sie, dass fast die ganze Energie der ersten Atombombe in den letzten fünf Generationen freigesetzt wurde, indem Sie die Energie, die bis zur 76-ten Spaltgeneration freigesetzt wurde, mit der insgesamt frei gewordenen Energie vergleichen.

Aufgabe 444

U-Boote werden teilweise von kleinen Kernreaktoren mit Energie versorgt. Ein typischer Reaktor in einem Unterseeboot erzeugt eine Leistung von 100 MW durch Spaltung von $^{235}_{92}$U. Eine einzelne Spaltung eines $^{235}_{92}$U-Kerns setzt eine Energie von 200 MeV frei.

A] Wie viele Spaltungen sind pro Sekunde nötig, um die Leistung aufrechtzuerhalten?

B] Wie viele $^{235}_{92}$U-Kerne müssen während einer 6-monatigen Reise gespalten werden, wenn der Reaktor ununterbrochen läuft und immer diese Leistung erbringen muss?

C] Wie viel wiegen die während einer 6-monatigen Reise gespaltenen $^{235}_{92}$U-Kerne?

Umfangreichere Aufgaben (II)

Aufgabe 445

[Abb. 21.1]   Eta Carinae mit Nebel

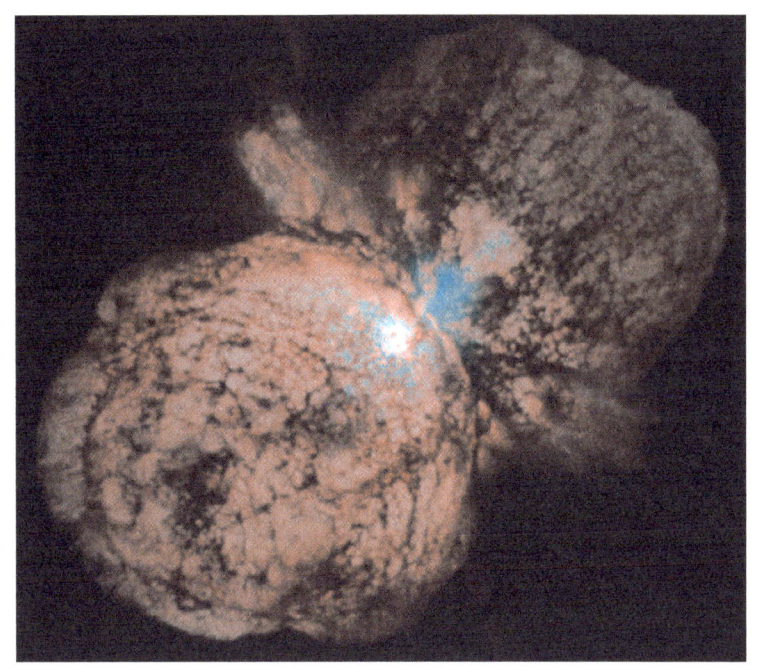

Im Zentrum dieses hantelförmigen Nebels befindet sich mindestens ein schwerer Stern. Gewisse Fusionsreaktionen laufen nur im Zentrum von sehr heissen Sternen ab. Bild: NASA/ESA/HST

Damit Atomkerne bei der Kollision trotz der gegenseitigen elektrischen Abstossung verschmelzen, müssen sie eine grosse Geschwindigkeit und somit eine hohe Temperatur haben. Deshalb können im Inneren eines sehr heissen Sterns Kernverschmelzungen ablaufen, die im Inneren eines kühleren Sterns nicht stattfinden können. Ordnen Sie die folgenden Kernverschmelzungen gemäss der Temperatur, bei der sie auftreten, und überlegen Sie sich, welche dieser 3 Reaktionen nur im heissesten Sternzentrum ablaufen kann.

A] Verschmelzung von zwei Sauerstoff-Kernen.

B] Verschmelzung von zwei Kohlenstoff-Kernen.

C] Verschmelzung von zwei Helium-Kernen.

Aufgabe 446

In dieser Aufgabe vergleichen Sie die Energie, die aus einer Tonne Steinkohle durch Verbrennung, aus einer Tonne Uran durch Kernspaltung und aus einer Tonne Deuterium durch Kernverschmelzung freigesetzt werden kann.

A] Berechnen Sie die Energie, die bei der Fusion von 2 Deuterium-Kernen zu einem Helium-Kern frei wird. Die Masse eines Deuterium-Kerns beträgt 2.014102 u, die eines Helium-Kerns 4.002604 u.

B] Berechnen Sie die Energie, die beim Verschmelzen von einer Tonne Deuterium frei wird.

C] Bei jeder Spaltung eines $^{235}_{92}$U-Kerns werden etwa 200 MeV frei. Berechnen Sie die Energie, die bei der Spaltung einer 1 Tonne $^{235}_{92}$U frei wird. Die Masse eines $^{235}_{92}$U-Kerns beträgt 234.040950 u.

D] Der Heizwert von Kohle beträgt etwa 30 MJ/kg. Berechnen Sie die Energie, die beim Verbrennen von einer Tonne Steinkohle frei wird.

E] Vergleichen Sie die 3 berechneten Energien.

22 Nutzen und Natur elektrischer Ströme

Kurztheorie

Nutzen

Elektrische Ströme besitzen Energie, mit der Wärme, Licht, oder Magnetfelder erzeugt werden können.

Natur

Metalle besitzen *freie Elektronen:* Bei den freien Elektronen handelt es sich um Elektronen der Atome des Metalls, die sich frei darin bewegen können. Wenn man Plus- und Minus-Pol einer Batterie mit den beiden Enden eines Metalldrahts verbindet, so bewegen sich die freien Elektronen des Metalldrahts zwischen den *Atomrümpfen* des Metalldrahts in Richtung Plus-Pol der Batterie: Es fliesst ein elektrischer Strom aus elektrisch negativ geladenen Elektronen. Allgemein gilt: Ein elektrischer Strom tritt auf, wenn sich elektrisch positiv oder negativ geladene Körper bewegen. Kurz: Strom bedeutet bewegte Ladung.

Stromkreis

Elektrische Ströme können nur fliessen, wenn ein geschlossener Pfad vorliegt (siehe Abbildungen). Man spricht von *elektrischen Stromkreisen*.

Wenn in einem Metalldraht ein Strom fliesst, so wird dies mit Pfeilen dargestellt, die ausserhalb der Batterie vom Plus- zum Minus-Pol der Batterie zeigen. Innerhalb der Batterie zeigen die Pfeile vom Minus- zum Plus-Pol.

Elektrischer Widerstand

Wenn in einem Metalldraht ein Strom fliesst, kollidieren die freien Elektronen des Stroms immer wieder mit den Atomrümpfen, wobei sie abgelenkt und gebremst werden: Der Metalldraht stellt für den Strom einen *elektrischen Widerstand* dar. Die Aufgabe der Batterie ist es, den Strom zu erzeugen und trotz des Widerstands aufrechtzuerhalten. Die freien Elektronen kommen durch die Kollisionen mit den Atomrümpfen mit einer *Driftgeschwindigkeit* von typischerweise 0.1 mm/s vorwärts. Die *thermische Zitterbewegung* der Atomrümpfe nimmt bei den Kollisionen zu, was eine Erwärmung des Metalldrahts bedeutet.

Ladung und Stromstärke

Die *Stromstärke* I gibt an, wie gross die *elektrische Ladung* Q ist, die in der Zeit Δt an einer Stelle vorbeifliesst (siehe Abb.):

$$I = \frac{Q}{\Delta t}$$

Die SI-Einheit der Ladung Q hat den Namen *Coulomb*, abgekürzt C:

$$[Q] = C$$

Die SI-Einheit der Stromstärke I hat den Namen *Ampere*, abgekürzt A:

$$[I] = C/s = A$$

Die Stromstärke I ist eine SI-Grundgrösse und kann mit einem *Amperemeter* gemessen werden. Die Stromstärke I in einem Metalldraht hängt von der Elektronenladung $e = 1.602 \cdot 10^{-19}$ C, der Driftgeschwindigkeit v_D und der Teilchendichte n_e der freien Elektronen (Anzahl freier Elektronen pro Volumeneinheit) sowie der Querschnittsfläche A des Metalldrahts ab:

$$I = e \cdot v_D \cdot n_e \cdot A$$

Leiter und Isolatoren

Bei einem *Leiter* wie Kupfer beträgt die Dichte der freien Elektronen etwa $n_e = 10^{29}$ m^{-3} und die Driftgeschwindigkeit typischerweise $v_D = 0.1$ mm/s. Bei *Isolatoren* wie Kunststoff ist die Dichte der freien Elektronen so klein, dass nur winzige Ströme fliessen können.

Elektrische Energie kann zum Heizen verwendet werden. Die Erwärmung kann so stark sein, dass es zum Glühen kommt. Elektrische Energie kann so auch zur Lichterzeugung verwendet werden. In Elektromotoren wird elektrische Energie dazu verwendet, Antriebsarbeit zu verrichten.

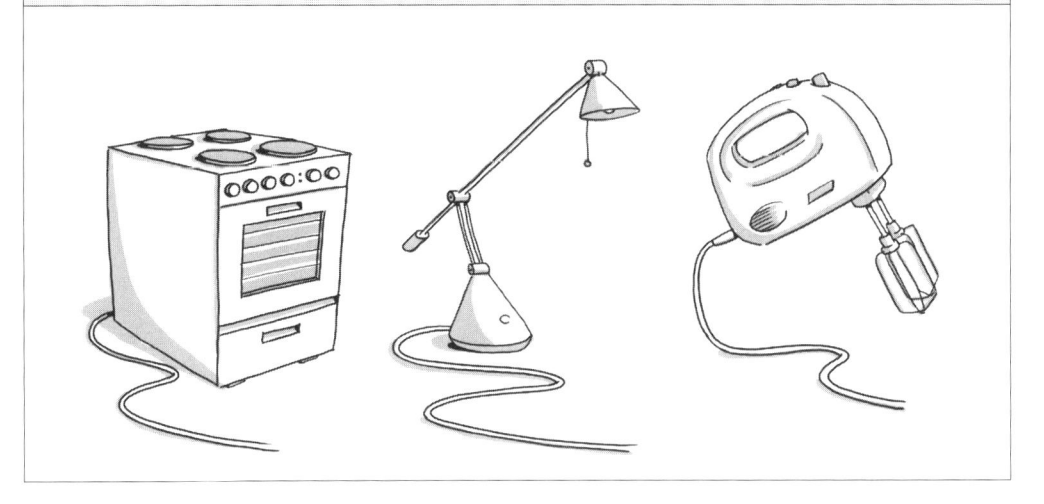

Der elektrische Strom fliesst durch den Wolframdraht der Glühbirne, weil ein geschlossener Stromkreis mit Batterie vorliegt.

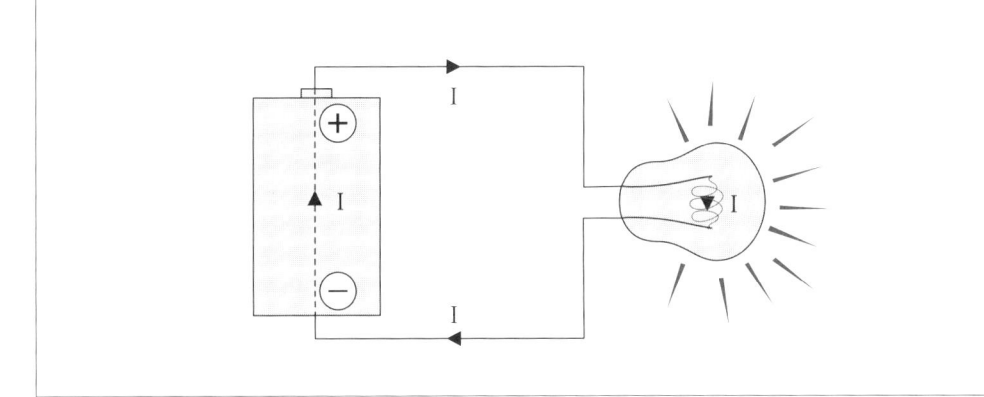

Der elektrische Strom in einem Metalldraht auf mikroskopischer Ebene: Die negativ geladenen freien Elektronen des Stroms kollidieren immer wieder mit den Atomrümpfen des Drahts, was eine Erwärmung des Drahts bewirkt. Wegen ihrer Zick-Zack-Bewegung kommen die freien Elektronen des Stroms nur langsam mit der Driftgeschwindigkeit v_D im Draht vorwärts.

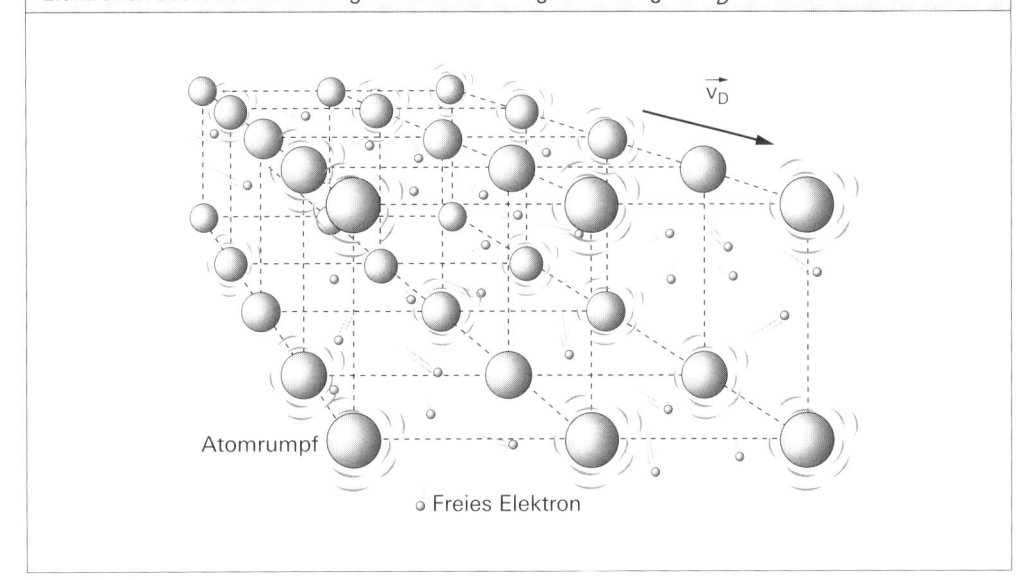

Atomrumpf

Freies Elektron

Theoriefragen

Aufgabe 447 Erklären Sie, die folgenden Begriffe:

A] Elektrischer Strom

B] Elektrischer Leiter

C] Isolator

D] Stromkreis

Aufgabe 448 A] Welche physikalische Grösse hat die Einheit Ampere?

B] Welche physikalische Grösse hat die Einheit Coulomb?

C] Welche Beziehung besteht zwischen 1 Ampere und 1 Coulomb?

Aufgabe 449 A] Erklären Sie den Begriff «freie Elektronen».

B] Wie gross ist die elektrische Ladung eines freien Elektrons?

Aufgabe 450 Gewisse Materialien leiten den elektrischen Strom gut, andere Materialien leiten ihn weniger gut oder gar nicht.

A] Nennen Sie Materialien, die den elektrischen Strom gut leiten.

B] Nennen Sie Materialien, die den elektrischen Strom nicht leiten.

C] Weshalb leiten gewisse Materialien den Strom und andere nicht?

Aufgabe 451 Ein elektrischer Strom fliesst durch einen Draht.

A] Was bedeutet dies auf mikroskopischer Ebene?

B] Wie kommt der elektrische Widerstand in einem Draht zustande?

C] Warum erwärmt sich der Draht, wenn ein Strom fliesst?

Aufgabe 452 Wenn ein elektrischer Strom durch einen Draht fliesst, so bewegen sich geladene Teilchen langsam durch das Metall.

A] Wie nennt man die Geschwindigkeit, mit der die geladenen Teilchen im Draht vorwärts kommen?

B] Wie gross ist diese Geschwindigkeit etwa?

C] Es dauert sehr lange, bis ein geladenes Teilchen von der Batterie in die Lampe gelangt. Wie kommt es, dass die Lampe trotzdem sofort brennt, wenn sie eingeschaltet wird?

Aufgabe 453 Welche Bedingungen müssen erfüllt sein, damit ein elektrischer Strom fliesst?

Kurze Aufgaben

Aufgabe 454 Eine Glühbirne ist an eine Batterie angeschlossen. Es fliesst ein Strom von 0.35 A.

A] Wie gross ist die Ladung, die jede Sekunde von der Batterie geliefert wird?

B] Wie lange dauert es, bis eine Ladung von 10 C vom Pol der Batterie in den Draht gelangt?

Aufgabe 455 Ein Stromkreis bestehe aus einer Batterie, einem Schalter und einer Lampe.

A] Zeichnen Sie den Stromkreis mit korrekten Symbolen und markieren Sie den Minus- und den Pluspol der Batterie.

B] Zeichnen Sie die Bewegungsrichtung der Ladungsträger ein.

C] Zeichnen Sie die Stromrichtung ein.

Aufgabe 456 Ein Stromkreis bestehe aus einer Batterie, einer Lampe und einem Amperemeter.

A] Welche Grösse wird mit dem Amperemeter gemessen?

B] Wie muss das Amperemeter angeschlossen werden?

C] Wie muss das Voltmeter angeschlossen werden, um die Batteriespannung zu messen?

Aufgabe 457

A] Wie viele Elektronen ergeben eine Ladung von –1.0 C?

B] In einem Draht fliesst ein Strom von 0.35 A. Wie viele Elektronen bewegen sich jede Sekunde an einer Stelle des Drahts vorbei?

Aufgabe 458 Elektrische Energie ist vielseitig verwendbar und wird deshalb von uns tagtäglich genutzt.

A] Wozu kann elektrische Energie genutzt werden?

B] Nennen Sie Geräte, die mit elektrischem Strom arbeiten, und geben Sie an, wozu dort die elektrische Energie genutzt wird.

Aufgabe 459 Durch einen Kupferdraht fliesst während drei Stunden ein Strom von 1.0 A. $n_{Cu} = 11.6 \cdot 10^{28}$ m^{-3}, $v_D = 0.1$ mm/s.

A] Wie gross ist die Querschnittsfläche des Kupferdrahts?

B] Wie weit bewegt sich ein Elektron während dieser Zeit im Kupferdraht vorwärts?

Aufgabe 460 In einem Kupferdraht fliessen $4.0 \cdot 10^{18}$ Elektronen in einer Zeit von 0.70 s an einer Stelle vorbei.

A] Wie gross ist die Ladung, die vorbeifliesst?

B] Wie gross ist die Stromstärke im Metalldraht?

Umfangreichere Aufgaben (I)

Aufgabe 461

Im Kupfer trägt jedes Atom ein Elektron zu den freien Elektronen bei.

A] Berechnen Sie die Dichte der freien Elektronen in Kupfer.

B] Wie gross ist die Driftgeschwindigkeit in einem Kupferdraht, der einen Durchmesser von 0.4 mm hat und von einem Strom von 0.5 A durchflossen wird? $\rho_{Cu} = 11.6 \cdot 10^{28}$ m^{-3}.

Aufgabe 462

A] Ein Strom fliesst zuerst durch einen dünnen und dann durch einen dicken Kupferdraht. Durch beide fliesst der gleiche Strom. Der eine Kupferdraht hat einen Durchmesser von 1 mm und der andere einen Durchmesser von 2 mm. Wie gross ist das Verhältnis der Driftgeschwindigkeiten in den beiden Drähten?

B] Ein Strom fliesst zuerst durch einen Kupferdraht und dann durch einen Silberdraht. Beide Drähte sind 1 mm dick. Durch beide fliesst der gleiche Strom. Wie gross ist das Verhältnis der Driftgeschwindigkeiten in den beiden Drähten? $n_{Cu} = 11.6 \cdot 10^{28}$ m^{-3}, $n_{Ag} = 6.9 \cdot 10^{28}$ m^{-3}.

Aufgabe 463

In dieser Aufgabe untersuchen Sie mithilfe eines einfachen Modells, wie sich die freien Elektronen in einem Metalldraht fortbewegen.

Die freien Elektronen im Draht bewegen sich im Durchschnitt mit der Driftgeschwindigkeit vorwärts. Dabei ist ein typischer Wert für die Driftgeschwindigkeit $v_D = 0.10$ mm/s. In Wirklichkeit werden die freien Elektronen beschleunigt, bis sie mit einem Atomrumpf zusammenstossen.

Nehmen Sie vereinfachend an, dass die freien Elektronen eine konstante Beschleunigung erfahren, bis sie durch einen Zusammenstoss mit einem Atomrumpf gestoppt werden. Nehmen Sie auch an, dass die freien Elektronen während ihrer Vorwärtsbewegung im Schnitt nur mit jedem 200-sten Atomrumpf kollidieren und dadurch etwa 50 nm weit beschleunigt werden, bevor sie gestoppt werden.

A] Wie gross ist die Geschwindigkeit eines freien Elektrons kurz vor einer Kollision?

B] Wie gross ist die Beschleunigung der freien Elektronen?

C] Wie lange fliegt ein freies Elektron, bis es durch einen Stoss gestoppt wird?

D] Wie gross ist die Kraft, die die Elektronen beschleunigt?

E] Wie viel kinetische Energie verliert das Elektron bei der Kollision?

F] Woher hat ein freies Elektron seine kinetische Energie?

G] Wohin geht die kinetische Energie eines freien Elektrons beim Stoss?

H] Neben der Geschwindigkeit, die die freien Elektronen auf Grund der Beschleunigung erhalten, haben sie eine Geschwindigkeit auf Grund der Temperatur $T = 293$ K des Metalldrahts. Für die mittlere kinetische Energie E_k der thermischen Bewegung gilt:

$$E_k = \frac{3}{2} \cdot k \cdot T$$

Vergleichen Sie die mittlere kinetische Energie, die ein Elektron infolge der thermischen Bewegung besitzt, mit der kinetischen Energie, die ein Elektron infolge der Driftgeschwindigkeit besitzt.

Umfangreichere Aufgaben (II)

Aufgabe 464 Die Batterie einer Taschenlampe kann insgesamt eine Ladung von 1700 mAh abgeben, bevor sie leer ist. Wenn die Lampe eingeschaltet ist, fliesst ein Strom von 300 mA.

A] Wie lange brennt die Taschenlampe, bis ihre Batterie leer ist?

B] Wie lange dauert es, bis ein freies Elektron durch einen Kupferdraht von der Batterie zur Glühlampe gelangt ist, wenn die Wegstrecke 12 cm beträgt und die Driftgeschwindigkeit der Elektronen 0.080 mm/s beträgt?

C] Wenn das Elektron die Glühlampe erreicht, so driftet es durch einen sehr dünnen Wolframdraht, der eine Querschnittsfläche von nur 0.03 mm² hat. Wie gross ist die Driftgeschwindigkeit im Wolframdraht, wenn die Teilchendichte der freien Elektronen im Wolfram $n_{Cu} = 13 \cdot 10^{28}$ m^{-3} beträgt?

D] Der dünne Glühfaden aus Wolfram ist auf engem Raum spiralförmig gewunden und hat abgewickelt eine Länge von 0.6 m. Wie lange braucht das Elektron, um durch diesen Glühdraht zu wandern?

E] Wie lange dauert der gesamte Rundkurs eines freien Elektrons vom Minuspol der Batterie zurück zu ihrem Pluspol, wenn der Rückweg von der Glühlampe auch 12 cm beträgt?

F] Wie oft durchläuft ein freies Elektron den Stromkreis der Taschenlampe während der Lebensdauer der Batterie, wenn die Zeit, die die freien Elektronen brauchen, um die Batterie zu durchqueren, vernachlässigbar klein ist?

Aufgabe 465 [Abb. 22.1]   Glühfaden einer Glühbirne

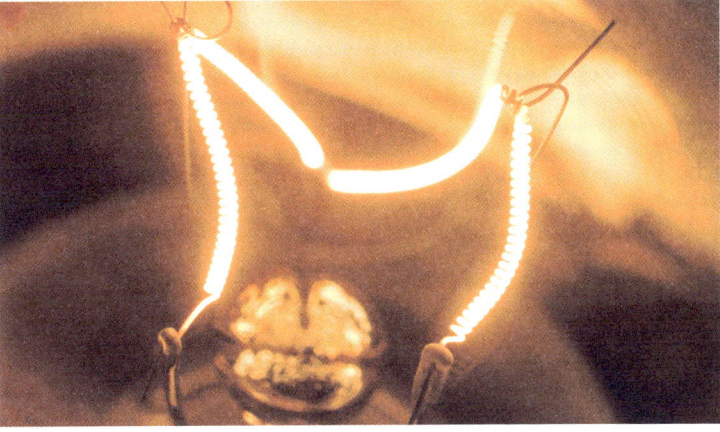

Wenn zu viel Strom durch einen dünnen Metalldraht fliesst, so erhitzt er sich stark und kann schmelzen. Bei grossen Stromstärken braucht es deshalb dicke Metalldrähte.
Bild: Daniel Sambraus / Science Photo Library

Damit sich ein Kupferdraht nicht zu stark erwärmt, sollte die Stromdichte von 5.0 A pro mm² Querschnittsfläche nicht überschritten werden.

A] Wie gross muss die Querschnittsfläche eines Kupferdrahts sein, wenn der Kupferdraht einen Strom von 16 A leiten soll?

B] Zeigen Sie, dass die Stromdichte (Stromstärke / Querschnittsfläche) in einem Metalldraht nur von der Dichte der freien Elektronen und der Driftgeschwindigkeit abhängt.

C] Wie gross ist die maximale Driftgeschwindigkeit der freien Elektronen im Kupferdraht, die nicht überschritten werden sollte, weil er sonst überhitzt wird? Die Teilchendichte der freien Elektronen in Kupfer beträgt $n_{Cu} = 11.6 \cdot 10^{28}$ m^{-3}.

23 Einfache Stromkreise

Kurztheorie

Elektrische Spannung

Um die elektrische Ladung Q vom Punkt A zum Punkt B eines Stromkreises zu befördern, muss Arbeit an ihr verrichtet werden. Die elektrische *Spannung U* beschreibt die Arbeit W die pro transportierte Ladung Q verrichtet werden muss:

$$U = \frac{W}{Q}$$

Die SI-Einheit der elektrischen Spannung hat den Namen *Volt*:

$$[U] = \frac{J}{C} = V$$

Die elektrische Spannung U einer Batterie beschreibt, die Arbeit W, die die Batterie pro transportierte Ladung Q verrichten muss.

Die Spannung kann mit einem *Voltmeter* gemessen werden.

Elektrische Leistung

Die elektrische *Leistung P* eines Geräts ist das Produkt aus der am Gerät angeschlossenen Spannung U und dem Strom I, der als Folge der Spannung durch das Gerät fliesst:

$$P = U \cdot I$$

Elektrischer Widerstand

Der *elektrische Widerstand* eines Geräts, ist definiert als das Verhältnis aus angeschlossener Spannung U und Stromstärke I des Stroms:

$$R = \frac{U}{I}$$

Die SI-Einheit des elektrischen Widerstands hat den Namen *Ohm*:

$$[R] = \frac{V}{A} = \Omega$$

Der Widerstand R eines Metalldrahts ist bestimmt durch die Länge l, die Querschnittsfläche A und durch den meist temperaturabhängigen *spezifischen elektrischen Widerstand* ρ des Materials, aus dem der Draht besteht:

$$R = \frac{\rho \cdot l}{A}$$

Ohm'scher Widerstand

Wenn der elektrische Widerstand R konstant ist, so spricht man von einem *Ohm'schen Widerstand*. Elektrische Leiter sind Ohm'sche Widerstände, solange ihre Temperatur konstant ist. Bei bekanntem Ohm'schem Widerstand R, können Stromstärke I und Spannung U in einander umgerechnet werden (*Ohm'sches Gesetz*):

$$U = R \cdot I$$

Elektrische Heizleistung

Für die *Heizleistung P* eines elektrischen Widerstands R beträgt:

$$P = U \cdot I = R \cdot I^2 = U^2/R$$

Schaltplan eines Stromkreises aus einer Batterie mit Spannung U und einer Glühbirne. Ist der Schalter geschlossen, fliesst ein Strom I, sodass die Glühbirne die Heizleistung P erbringt.

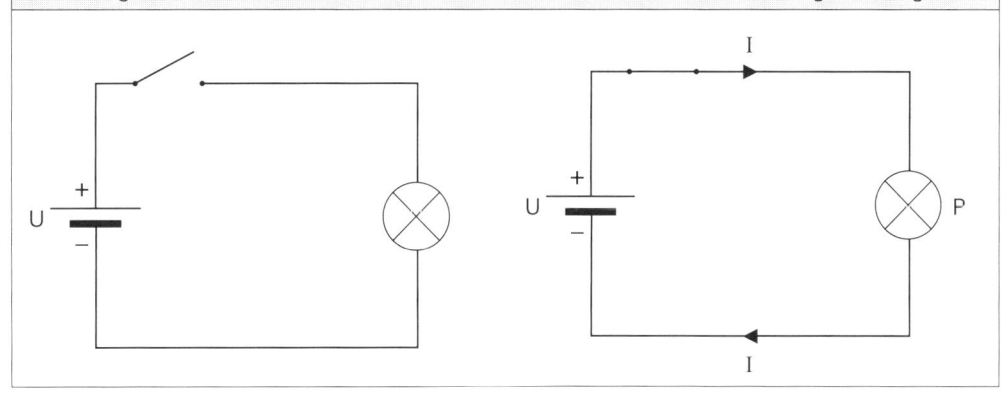

Die Pumpe hält den Wasserkreislauf in Gang, sodass das fliessende Wasser Energie hat, mit der es Antriebsarbeit z. B. an einem Wasserrad verrichten kann. Dies ist eine Analogie für eine Batterie, die dafür sorgt, dass ein elektrischer Strom fliesst, der mit seiner Energie ein elektrisches Gerät wie z. B. einen Ofen, eine Lampe oder einen Elektromotor antreiben kann. Die Pumpe steht in dieser Analogie für die Batterie, das Wasserrad für ein elektrisches Gerät, das Wasser für den elektrischen Strom.

Eine Batterie mit Spannung U verrichtet an der Ladung Q die Arbeit $W = Q \cdot U$, während sie sie durch den Stromkreis befördert.	Ein an eine Spannung U angeschlossener Ohm'scher Widerstand R wird vom Strom $I = U / R$ durchflossen.	Ein von einem Strom I durchflossener Ohm'scher Widerstand R erbringt die Heizleistung $P = U^2 / R$.

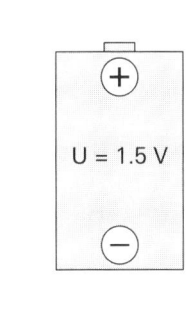

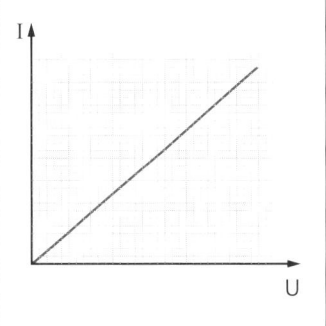

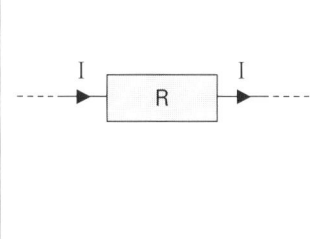

Hinweise

Der spezifische Widerstand ρ verschiedener Materialien ist in den meisten Formelsammlungen aufgelistet.

Die Spannung zwischen zwei Punkten eines sehr guten Leiters ist praktisch null, da fast keine Arbeit verrichtet werden muss, um die Ladung vom einen zum anderen Punkt zu bewegen. Ist ein Stromkreis unterbrochen, so ist der Widerstand beim Unterbruch unendlich gross.

Theoriefragen

Aufgabe 466 Man sagt, dass an einem elektrischen Gerät eine elektrische Spannung liegt.

A] Erklären Sie, was damit gemeint ist.

B] In welcher Einheit wird die elektrische Spannung angegeben?

C] Drücken Sie die Spannungseinheit in SI-Grundeinheiten aus.

Aufgabe 467 Der elektrische Widerstand eines Geräts gibt an, wie die Stromstärke und die angeschlossene Spannung zusammenhängen.

A] Wie ist der elektrische Widerstand definiert?

B] Wie heisst die Einheit des elektrischen Widerstands und aus welchen SI-Einheiten ist sie zusammengesetzt?

C] Was ist ein Ohm'scher Widerstand?

D] Wie sieht das U-I-Diagramm eines Ohm'schen Widerstands aus?

Aufgabe 468 A] Welchen Einfluss hat die Länge eines Metalldrahts auf seinen elektrischen Widerstand?

B] Welchen Einfluss hat die Querschnittsfläche eines Metalldrahts auf seinen elektrischen Widerstand?

C] Verschiedene Materialien haben verschiedene elektrische Widerstände. Welche Grösse beschreibt den materialabhängigen Einfluss? Welches ist ihre Einheit?

Aufgabe 469 An ein Gerät wird eine Spannung von 12 V angeschlossen, wodurch ein Strom von 0.5 A durch das Gerät fliesst. Der elektrische Widerstand des Geräts beträgt dann:

$$R = U / I = 12\,\text{V} / 0.5\,\text{A} = 24\,\Omega.$$

Nun wird das Gerät an eine andere Spannung angeschlossen. Was muss gelten, damit man die Stärke des nun fliessenden Stroms mit der Gleichung berechnen kann?

Aufgabe 470 Betrachten Sie einen Stromkreis aus Batterie, Glühlampe und Verbindungsdrähten.

A] Wieso muss die Batterie eine Arbeit verrichten?

B] Was lässt sich über die Arbeit sagen, die die Batterie verrichten muss, um die Ladung 1.0 C durch die Verbindungsdrähte zu bewegen?

C] Was lässt sich über die Spannung zwischen zwei Punkten eines Stromkreises sagen, wenn der elektrische Widerstand zwischen den beiden Punkten praktisch null ist?

D] Die Spannung der Batterie beträgt 3.0 V. Wie gross ist die Arbeit, die die Batterie an der Ladung 1.0 C verrichtet, während sie diese durch den Stromkreis transportiert?

E] Wie gross ist die Spannung an der Lampe?

F] Wie gross ist die Arbeit, die die Batterie verrichten muss, um die Ladung 1.0 C durch die Glühlampe zu bewegen?

Kurze Aufgaben

Aufgabe 471

Ein Elektromotor ist an 230 V angeschlossen und wird von 10 A durchflossen. Der Wirkungsgrad des Elektromotors beträgt η = 0.95.

A] Wie gross ist die mechanische Leistung des Elektromotors?

B] Wie viel elektrische Energie nimmt der Motor auf, wenn er eine Stunde lang läuft?

C] Wie gross ist die Antriebsarbeit, die der Motor in einer Stunde verrichtet?

D] Was passiert mit den restlichen 5 % der zugeführten Energie?

Aufgabe 472

Eine Ladung von 100 C verliert 1200 J Energie, während sie vom einem Pol einer Batterie durch einen Stromkreis zum anderen Pol gelangt. Wie gross ist die Spannung der Batterie?

Aufgabe 473

Eine Glühbirne, die an 1.5 V angeschlossen ist, setzt eine Leistung von 1.0 W um.

A] Wie gross ist der Strom, der durch die Lampe fliesst?

B] Wie gross ist der elektrische Widerstand der Glühbirne?

C] Die Lampe leuchtet 3 Stunden. Wie gross ist die Ladung, die durch die Glühbirne fliesst?

D] Wie gross ist die Arbeit in Wh, die von der Batterie während der 3 Stunden verrichtet wird?

Aufgabe 474

Auf einer Glühbirne stehen die Angaben: 6 V, 3 W.

A] Was bedeuten diese Angaben?

B] Wie stark ist der Strom, wenn die Glühbirne an 6 V angeschlossen wird?

C] Wie gross ist der elektrische Widerstand der Glühbirne, wenn sie an 6 V angeschlossen wird? Kann man aus den Angaben berechnen, wie stark der Strom bei 3 V ist?

Aufgabe 475

A] Ein Metalldraht wird durch einen gleich langen, jedoch doppelt so dicken Metalldraht ersetzt. Wie verändert sich der Widerstand?

B] Ein 1.00 m langer Metalldraht wird auf 1.05 m gestreckt. Wie verändert sich dadurch sein Widerstand? Bei der Streckung bleibt das Drahtvolumen konstant.

Aufgabe 476

Die folgenden Haushaltsgeräte sind für 230-V-Spannung vorgesehen. Berechnen Sie ihre elektrischen Widerstände und die Stromstärken, die bei dieser Nennspannung fliessen.

A] Haarföhn mit 750 W

B] Elektrischer Ofen mit 2.0 kW

C] Glühbirne mit 75 W

Aufgabe 477

Die Spannung an einem 10 km langen Draht aus Aluminium soll bei einem Strom von 15 A höchstens 30 V betragen.

A] Wie gross darf der Widerstand des Drahts höchstens sein?

B] Wie dick muss der Draht mindestens sein?

Umfangreichere Aufgaben (I)

Aufgabe 478

Auf einem Tauchsieder stehen die Angaben 2000 W, 230 V.

A] Wie stark ist der Strom, der im Betrieb durch den Tauchsieder fliesst?

B] Wie gross ist der elektrische Widerstand des Tauchsieders?

C] Wie lange dauert es, bis der Tauchsieder 1.0 kg 10 °C warmes Wasser zum Sieden gebracht hat? Vernachlässigen Sie Wärmeverluste.

D] Der Tauchsieder wird in den USA an eine 115-V-Steckdose angeschlossen. Was muss in Bezug auf den Widerstand gelten, damit sich die Leistung des Tauchsieders berechnen lässt? Wie gross wäre die neue Leistung, wenn diese Bedingung erfüllt wäre?

Aufgabe 479

Leiten Sie die Gleichung $P = U \cdot I$ aus den Definitionen von Leistung, Spannung und Stromstärke her.

Aufgabe 480

Die Elektromotoren von Elektroautos werden oft mit 120-V-Batterien betrieben. Elektroautos benötigen im Stadtverkehr eine mittlere Leistung von 30 kW.

A] Berechnen Sie die Stromstärke, die notwendig ist, um diese Leistung zu erbringen.

B] Der Strom wird durch ein Verbindungskabel mit einem Widerstand von 10 mΩ von der Batterie zum Motor und zurück zum Motor geführt. Berechnen Sie die Leistung, die im Kabel durch Wärmeentwicklung verloren geht. War es sinnvoll, in der letzten Teilaufgabe anzunehmen, dass die Spannung der Batterie am Elektromotor wirkt?

C] Wie gross ist die Spannung über dem Verbindungskabel?

D] Wieso werden Elektroautos mit 120 V und nicht mit einer kleineren Spannung betrieben?

Aufgabe 481

In dieser Aufgabe vergleichen Sie elektrische Leitungen aus Kupfer und Aluminium. Der Widerstand eines langen Kupfer- und eines Aluminiumdrahts der Länge l soll der gleiche sein.

A] Bestimmen Sie das Verhältnis der notwendigen Leitungsquerschnittsflächen.

B] Bestimmen Sie das Verhältnis der erforderlichen Materialmengen.

C] Weshalb werden elektrische Hochspannungsleitungen meist aus Aluminium hergestellt?

Aufgabe 482

A] Wie gross ist der Strom, der durch einen 50 cm langen Kupferdraht von 0.50 mm Durchmesser fliesst, wenn seine beiden Enden an eine 12-V-Batterie angeschlossen werden?

B] Wie gross ist die Heizleistung im Draht?

C] Was passiert wohl, sobald der Strom fliesst?

Aufgabe 483

Unter welcher Bedingung ist die Spannung zwischen zwei Punkten eines Stromkreises, in dem ein Strom mit Stromstärke I fliesst, praktisch null?

Umfangreichere Aufgaben (II)

Aufgabe 484   [Abb. 23.1]   *I-U*-Diagramm

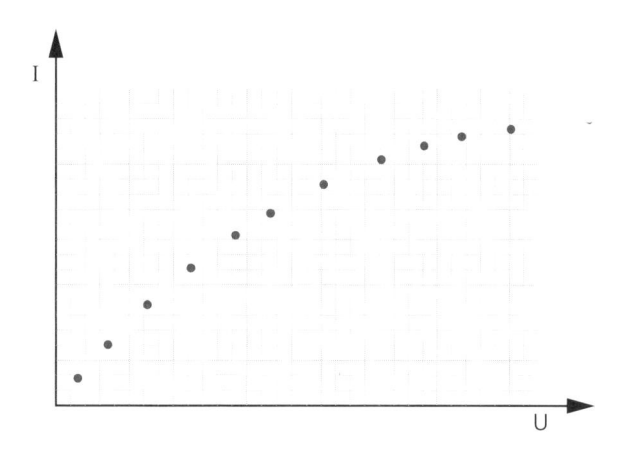

Bei einem Leiter aus unbekanntem Material wurde bei verschiedenen angelegten Spannungen der Strom gemessen. Das Resultat ist im *I-U*-Diagramm dargestellt.

A] Woran erkennen Sie, dass es sich beim Material nicht um einen Ohm'schen Widerstand handelt?

B] Was passiert mit dem elektrischen Widerstand, wenn die Spannung zunimmt?

Aufgabe 485   Die elektrische Leistung eines Geräts lässt sich mit $P = U \cdot I$ berechnen.

A] Zeigen Sie, dass die bei konstanter Leistung transportierte Energie $E = U \cdot Q$ beträgt, wobei Q die transportierte Ladung ist und U die Spannung, die für den Transport der Ladung verantwortlich ist.

B] Berechnen Sie mit $E = U \cdot Q$ die Energie, die in einem Blitz steckt, wenn die Ladung 50 C überspringt und die Spannung 50 MV beträgt.

C] Wie gross ist die Leistung des Blitzes, wenn die Stromstärke im Blitz 10 kA beträgt?

D] Vergleichen Sie die Leistung des Blitzes mit derjenigen eines Kernkraftwerks, das eine Leistung von 1.5 GW erbringt.

E] Wie lange dauert der beschriebene Blitz?

Aufgabe 486   In einem Telefonkabel befinden sich zwei gleiche Kupferdrähte als Hin- und Rückleitung. Der eine bringt das Signal von der Telefonsteckdose zum Telefon, während der andere das Signal vom Telefon zur Telefonsteckdose führt. Die beiden Kupferdrähte liegen eng aneinander und sind durch Isolatormaterial voneinander getrennt. Die Isolation ist aber an einer Stelle beschädigt, sodass sich die beiden Kupferdrähte berühren. Das Telefon funktioniert infolge des Kurzschlusses nicht mehr.

Erklären Sie, weshalb bei einem solchen Kurzschluss das Telefon nicht funktioniert.

24 Stromkreise mit mehreren Geräten

Kurztheorie

Mehrere elektrische Geräte können miteinander an eine Spannungsquelle angeschlossen werden. Man unterscheidet dabei *Parallelschaltung* (z. B. mehrere Geräte an einer Mehrfachsteckdose) und *Serienschaltung* (z. B. Lichterkette):

- Alle Geräte einer Parallelschaltung sind an die gleiche Spannung U angeschlossen.
- Alle Geräte einer Serienschaltung werden vom gleichen Strom I durchflossen.

Parallelschaltung

1. Kirchhoff'sches Gesetz: Die Stromstärke I teilt sich an N parallel miteinander verbundenen Geräten auf N *Teilstromstärken* auf:

$$I = I_1 + I_2 \ldots + I_N$$

Serienschaltung

2. Kirchhoff'sches Gesetz: Die Spannung U teilt sich an N seriell miteinander verbundenen Geräten auf N *Teilspannungen* auf:

$$U = U_1 + U_2 \ldots + U_N$$

Mithilfe der beiden Kirchhoff'schen Gesetzen lassen sich Spannungen, Ströme und Leistungen in komplizierten Stromkreisen berechnen.

Ersatzwiderstand

Oft ist es nützlich, die Widerstände der einzelnen parallel oder seriell verbundenen Geräte durch einen einzigen Widerstand *(Ersatzwiderstand)* zu ersetzen.

Der Ersatzwiderstand R_p für N parallel verbundene Widerstände beträgt:

$$\frac{1}{R_p} = \frac{1}{R_1} + \frac{1}{R_2} + \ldots + \frac{1}{R_N}$$

Beispiel: Der Ersatzwiderstand für 2 parallel verbundene Widerstände R_1, R_2 beträgt:

$$\frac{1}{R_p} = \frac{1}{R_1} + \frac{1}{R_2} = \frac{R_1 + R_2}{R_1 \cdot R_2} \quad \text{also} \quad R_p = \frac{R_1 \cdot R_2}{R_1 + R_2}$$

Der Ersatzwiderstand R_s für N parallel verbundene Widerstände beträgt:

$$R_s = R_1 + R_2 + \ldots + R_N$$

Beispiel: Der Ersatzwiderstand für 2 parallel verbundene Widerstände R_1, R_2 beträgt:

$$R_s = R_1 + R_2$$

Bei einer Parallelschaltung sind alle Geräte an dieselbe Spannung U angeschlossen. Mehrere an eine Stromleiste angeschlossene Geräte sind ein Beispiel für eine Parallelschaltung. Bei einer Serienschaltung werden alle Geräte vom selben Strom I durchflossen. Eine Lichterkette ist ein Beispiel für eine Serienschaltung.

Schaltplan parallel miteinander verbundener Widerstände	Schaltplan seriell miteinander verbundener Widerstände
$I = I_1 + I_2 + I_3$	$U = U_1 + U_2 + U_3$
$I_n = \dfrac{U}{R_n}$	$U_n = R_n \cdot I$
$\dfrac{1}{R_p} = \dfrac{1}{R_1} + \dfrac{1}{R_2} + \dfrac{1}{R_3}$	$R_s = R_1 + R_2 + R_3$
$I = \dfrac{U}{R_p}$	$I = \dfrac{U}{R_s}$

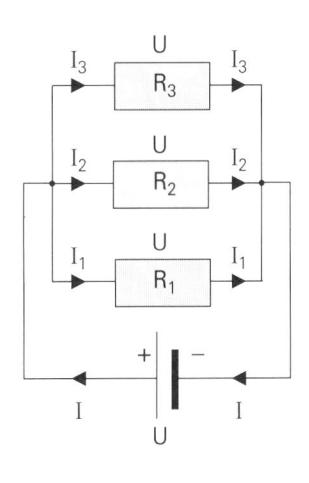

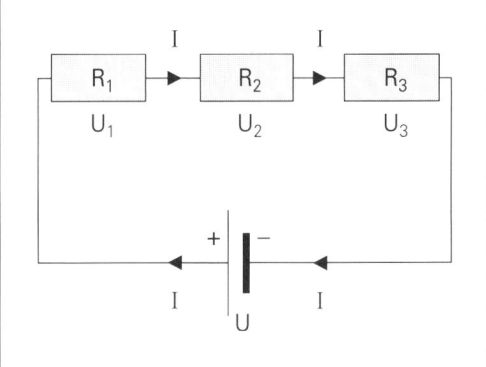

Hinweise

Der *Ersatzwiderstand* R_s einer Serienschaltung ist immer grösser als der grösste Einzelwiderstand. Der *Ersatzwiderstand* R_p einer Parallelschaltung ist immer kleiner als der kleinste der Einzelwiderstände.

Theoriefragen

Aufgabe 487 Zwei Widerstände können entweder seriell oder parallel an eine Spannungsquelle angeschlossen werden.

A] Zeichnen Sie einen Stromkreis, in dem zwei Widerstände seriell verbunden sind, und nennen Sie Beispiele für solche Serienschaltungen. Was ist das Charakteristische bezüglich Spannung und Stromstärke an Serienschaltungen?

B] Zeichnen Sie einen Stromkreis, in dem zwei Widerstände parallel verbunden sind, und nennen Sie Beispiele für solche Parallelschaltungen. Was ist das Charakteristische bezüglich Spannung und Stromstärke an Parallelschaltungen?

Aufgabe 488 Zwei Ohm'sche Widerstände R_1 und R_2 sind seriell mit einer Batterie mit der Spannung U verbunden.

A] Wie gross ist der Ersatzwiderstand für die beiden Widerstände?

B] Wie gross sind die Stromstärken in den beiden Widerständen?

C] Wie gross sind die Spannungen an den beiden Widerständen?

D] Wie gross ist das Verhältnis der beiden Spannungen?

Aufgabe 489 Zwei Ohm'sche Widerstände R_1 und R_2 sind parallel mit einer Batterie mit Spannung U verbunden.

A] Wie gross ist der Ersatzwiderstand für die beiden Widerstände?

B] Wie gross sind die Stromstärken in den beiden Widerständen?

C] Wie gross sind die Spannungen an den beiden Widerständen?

Aufgabe 490 Jede der folgenden Aussagen ist entweder für eine Serienschaltung oder eine Parallelschaltung aus zwei Widerständen und einer Spannungsquelle richtig. Entscheiden Sie, für welche Schaltung sie stimmt.

A] Der Ersatzwiderstand ist kleiner als der kleinste Einzelwiderstand.

B] Die Stromstärke ist an jeder Stelle des Stromkreises gleich gross.

C] Wenn ein Widerstand in der Schaltung entfernt wird, so ist der Stromkreis unterbrochen.

D] Der Ersatzwiderstand ist gleich der Summe der Widerstände.

E] Die Spannung an jedem Widerstand ist gleich gross.

F] Wenn ein Widerstand in der Schaltung entfernt wird, so arbeitet der andere weiter.

G] Die Spannungen an den beiden Widerständen ergeben addiert die Spannung der Spannungsquelle.

H] Die Summe der Stromstärken durch die beiden Widerstände ist gleich der Stromstärke, die die Spannungsquelle liefert.

Kurze Aufgaben

Aufgabe 491

A] Ein Strom von 5 A teilt sich in zwei Teilströme auf. Der eine beträgt 3 A. Wie gross ist der andere?

B] Zwei Ströme von 2 A und 1 A vereinigen sich in einem Punkt, von dem nur eine einzige Leitung wegführt. Wie gross ist der Strom, der durch diese Leitung fliesst?

C] Zwei Ströme von 5.0 A und 3 A vereinigen sich in einem Punkt, von dem drei weitere Leitungen wegführen. In den ersten beiden wegführenden Leitungen fliesst ein Strom von je 2.0 A. Wie gross ist der Strom in der dritten wegführenden Leitung?

Aufgabe 492

Zwei Ohm'sche Widerstände von 40 Ω und 20 Ω sind seriell mit einer 24-V-Spannungsquelle verbunden.

A] Wie gross ist der Ersatzwiderstand?

B] Wie gross ist die Stromstärke?

C] Wie gross ist die Spannung über jedem der beiden Widerstände?

Aufgabe 493

Zwei Ohm'sche Widerstände von 30 Ω und 20 Ω sind parallel mit einer 24-V-Spannungsquelle verbunden.

A] Wie gross ist der Ersatzwiderstand?

B] Wie gross sind die Ströme durch die Widerstände?

C] Wie gross ist der Strom, den die Spannungsquelle liefert?

Aufgabe 494

Sie haben zwei gleiche Glühbirnen, die an eine Batterie angeschlossen sind.

A] Was passiert bei einer Serienschaltung der beiden Glühbirnen mit der zweiten Glühbirne, wenn Sie die erste herausschrauben?

B] Was passiert bei einer Serienschaltung der beiden Glühbirnen, wenn Sie die erste Glühbirne mit einem Draht überbrücken?

C] Was passiert bei einer Parallelschaltung der beiden Glühbirnen mit der einen Glühbirne, wenn Sie die andere herausschrauben?

D] Was passiert bei einer Parallelschaltung der beiden Glühbirnen mit der einen Glühbirne, wenn Sie die andere mit einem Stück Draht überbrücken?

Aufgabe 495

Zwei Ohm'sche Widerstände sind seriell miteinander verbunden und an eine Batterie angeschlossen. Die Spannung am ersten Widerstand von 15 Ω beträgt 6.0 V. Der zweite Widerstand hat einen Wert von 7.5 Ω.

A] Wie gross ist der Strom, der durch den Stromkreis fliesst?

B] Wie gross ist die Spannung über dem zweiten Widerstand?

C] Wie gross ist die Spannung der Batterie?

Umfangreichere Aufgaben (I)

Aufgabe 496 Gegeben sind drei Ohm'sche Widerstände von 20 Ω, 50 Ω und 100 Ω.

A] Wie müssen Sie diese Widerstände kombinieren, damit der grösstmögliche Ersatzwiderstand entsteht?

B] Wie gross ist der grösstmögliche Ersatzwiderstand?

C] Wie müssen Sie diese Widerstände kombinieren, damit der kleinstmögliche Ersatzwiderstand entsteht?

D] Wie gross ist der kleinstmögliche Ersatzwiderstand?

Aufgabe 497 Eine kleine Glühbirne hat den Aufdruck 6.0 V, 0.30 A. Die Lampe soll an eine Batterie von 9.0 V angeschlossen werden. Diese Spannung ist zu gross für die Glühbirne, doch die Spannung an der Glühbirne kann durch einen seriell mit der Glühbirne verbundenen Widerstand reduziert werden.

A] Wie gross muss der Vorwiderstand sein, damit die Glühbirne korrekt betrieben wird?

B] Wie gross ist die Verlustleistung im Vorwiderstand?

C] Wie gross ist die Leistung der Glühbirne?

Aufgabe 498 Sie haben zwei Ohm'sche 10-Ω-Widerstände und eine 6.0-V-Batterie.

A] Wie gross ist der Ersatzwiderstand bei Serienschaltung, und wie gross sind die Ströme, die durch die Widerstände fliessen?

B] Wie gross sind bei Serienschaltung die Spannungen an den beiden Widerständen, und wie gross sind die Leistungen, die in den beiden Widerständen umgesetzt werden?

C] Wie gross sind bei Parallelschaltung die Spannungen an den beiden Widerständen, und wie gross sind die Ströme, die durch die Widerstände fliessen?

D] Wie gross sind bei Parallelschaltung die Leistungen in den beiden Widerständen?

E] Vergleichen Sie die Spannungen, Ströme und Leistungen der beiden Widerstände für die beiden Schaltungstypen.

Aufgabe 499 Haushaltsgeräte werden immer parallel zueinander ans Stromnetz angeschlossen. Nehmen Sie als Beispiel einen Elektroofen mit der Aufschrift 1150 W, 230 V und ein Bügeleisen mit der Aufschrift 450 W, 230 V.

A] Unter welchen Umständen erbringen die beiden Geräte die angegebene Leistung?

B] Berechnen Sie die elektrischen Widerstände der beiden Geräte.

C] Wie gross wäre die Leistung der beiden Geräte, wenn man sie seriell ans Stromnetz anschliessen würde? Beide Geräte sind Ohm'sche Widerstände.

D] Warum schliesst man Haushaltsgeräte parallel ans Stromnetz?

Umfangreichere Aufgaben (II)

Aufgabe 500

Ein elektrischer Rasenmäher erbringt mit 230 V eine Leistung von 920 W. Um mit dem Rasenmäher eine grosse Wiese zu mähen, braucht es ein 50 m langes Verlängerungskabel (Kabelrolle). Der Widerstand eines 50 m langen Kupferdrahts beträgt 1.2 Ω. Obwohl der Widerstand des Kabels sehr klein ist, führt er doch zu einem kleinen Leistungsverlust. Diesen Leistungsverlust berechnen Sie in dieser Aufgabe.

A] Berechnen Sie den Strom, der durch den Rasenmäher fliessen muss, damit er die angegebene Leistung erbringt.

B] Wie gross ist der elektrische Widerstand des Rasenmähers?

C] Welche Schaltung liegt vor, wenn der Rasenmäher mit Verlängerungskabel betrieben wird?

D] Wie gross ist der Ersatzwiderstand für Rasenmäher mit Verlängerungskabel?

E] Wie gross ist der Strom, der durch Rasenmäher und Verlängerungskabel fliesst?

F] Wie gross ist die Spannung am Rasenmäher, wenn er mit Verlängerungskabel betrieben wird? Vergleichen Sie diese Spannung mit der vorgesehenen Nennspannung des Rasenmähers.

G] Berechnen Sie die Leistung des Rasenmähers, wenn er mit dem Verlängerungskabel betrieben wird. Wie gross ist die Verlustleistung im Verlängerungskabel?

Aufgabe 501

Gegeben ist ein Ohm'scher Widerstand von 120 Ω. Durch Verbinden mit einem zweiten Ohm'schen Widerstand soll ein Gesamtwiderstand von 100 Ω entstehen.

A] Wie muss der zweite Widerstand mit dem 120-Ω-Widerstand verbunden werden?

B] Wie gross muss der Widerstandswert sein?

Aufgabe 502

Untermauern Sie folgende Aussage mit einer Gleichung: Bei einer Parallelschaltung von zwei Widerständen, von denen der eine sehr viel grösser ist als der andere, ist der Ersatzwiderstand ungefähr gleich dem kleineren der beiden Widerstände.

Aufgabe 503

In elektrischen Geräten sind oft Parallelschaltungen und Serienschaltungen von Widerständen kombiniert. Berechnen Sie die Ersatzwiderstände für die folgenden Schaltungen.

A] Der Widerstand R_1 ist seriell verbunden mit den beiden parallel miteinander verbundenen Widerständen R_2 und R_3. Hinweis: Fassen Sie erst die beiden parallel verbundenen Widerstände zu einem Ersatzwiderstand zusammen.

B] Der Widerstand R_1 ist parallel verbunden mit den beiden seriell miteinander verbundenen Widerständen R_2 und R_3. Hinweis: Fassen Sie erst die beiden seriell verbundenen Widerstände zu einem Ersatzwiderstand zusammen.

C] Die beiden seriell miteinander verbundenen Widerstände R_1 und R_2 sind seriell verbunden mit den beiden parallel miteinander verbundenen Widerständen R_3 und R_4.

Aufgabe 504

Wie müssen drei 100-Ω-Widerstände miteinander verbunden werden, damit der Ersatzwiderstand der 3 Widerstände 150 Ω beträgt?

25 Gleichspannung und Wechselspannung

Kurztheorie

Gleichspannung

Eine Batterie hat aufgrund in ihr ablaufender chemischer Reaktionen (*Oxidationen* und *Reduktionen*) zwei elektrisch entgegengesetzt aufgeladene Pole und dadurch eine konstante elektrische Spannung zwischen den beiden Polen. Batterien sind *Gleichspannungsquellen*. Die verschiedenen *Batterietypen* (Alkali-Mangan-Batterie, Blei-Batterie, Lithium-Batterie usw.) unterscheiden sich durch die in ihnen ablaufenden chemischen Reaktionen. Der Betrag der Spannung zwischen dem Plus- und Minus-Pol der Batterie hängt von der Art der chemischen Reaktionen ab. Bei einer Alkali-Mangan-Batterie beträgt sie etwa 1.5 V. Durch serielles Verbinden mehrerer gleicher Batterien erhält man eine Gleichspannungsquelle, die ein ganzzahliges Vielfaches der Spannung der einzelnen Batterie hat, z. B. $U = 6 \cdot 1.5\,V = 9\,V$.

Wechselspannung

Haushaltssteckdosen sind mit *Wechselspannungsquellen* (Elektrizitätswerken) verbunden und haben dadurch eine sinusförmig variierende Spannung mit wechselnder Polarität:

$$U = U_{max} \cdot \sin(2 \cdot \pi \cdot f \cdot t)$$

Die Frequenz f der zeitlichen Variation der Wechselspannung an Haushaltssteckdosen beträgt in Europa $f = 50$ Hz. Die *Maximalspannung* der gewöhnlichen Haushaltssteckdose beträgt in Europa $U_{max} = 325$ V. Die *Effektivspannung* (Mittelwert von U^2) beträgt $U_{eff} = U_{max}/\sqrt{2}$ und ist an gewöhnlichen Haushaltssteckdosen somit $U_{eff} = 230$ V.

Ist ein Stromkreis an eine Wechselspannung angeschlossen, so werden die freien Elektronen des Stromkreises abwechselnd vorwärts und rückwärts bewegt, wodurch der Strom abwechselnd vor- und rückwärts fliesst. Die Wechselspannung bewirkt einen *Wechselstrom*. Ist ein elektrischer Widerstand R an eine Wechselspannung angeschlossen, so gilt für die Wechselstromstärke I:

$$I = I_{max} \cdot \sin(2 \cdot \pi \cdot f \cdot t), \text{ mit } I_{max} = U_{max}/R$$

Für die Effektivstromstärke (Mittelwert von I^2) gilt: $I_{eff} = I_{max}/\sqrt{2}$

Bei Wechselspannung beträgt die Leistung P eines elektrischen Widerstands:

$$P = U \cdot I = P_{max} \cdot [\sin(2 \cdot \pi \cdot f \cdot t)]^2, \text{ mit } P_{max} = U_{max} \cdot I_{max}$$

Für die Effektivleistung (Mittelwert von P^2) gilt: $P_{eff} = P_{max}/2$

Variieren Wechselspannung und Wechselstrom sinusförmig mit 50 Hz, so variiert die Leistung sinusförmig mit doppelter Frequenz, also mit 100 Hz. Bei 50 Hz Wechselspannung flackern Glühlampen so schnell, dass wir es von Auge nicht mehr wahrnehmen.

Vorteile von Wechselspannung

Nur mit hohen Spannungen und kleinen Stromstärken können grosse Mengen elektrischer Energie über weite Distanzen übertragen werden, ohne dass es in den Übertragungsleitungen zu grossen Ohm'schen Heizverlusten kommt. Dadurch hat Wechsel- gegenüber Gleichspannung einen Vorteil: Nur mit Wechselspannung können die grossen Spannungen in der Nähe des Verbrauchers mit *Transformatoren* leicht in weniger gefährliche und praktische niedrige Spannungen umgewandelt werden.

Die Spannung von zwei identischen, seriell miteinander verbundenen Batterien addiert sich.

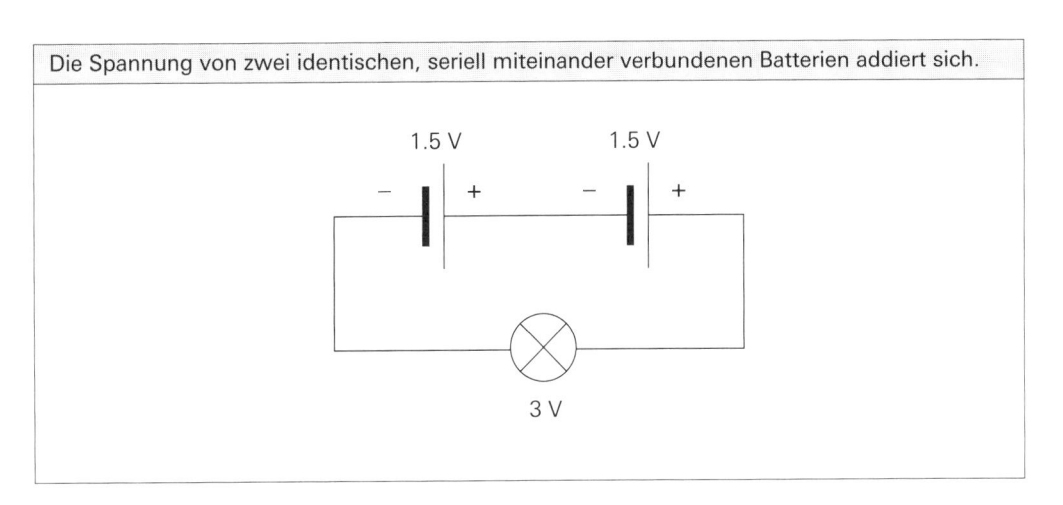

Bei Wechselspannung variiert die Spannung sinusförmig zwischen $+U_{max}$ und $-U_{max}$.

Eine sinusförmig variierende Spannung U bewirkt in einem Ohm'schen Widerstand R eine sinusförmig variierende Leistung P.

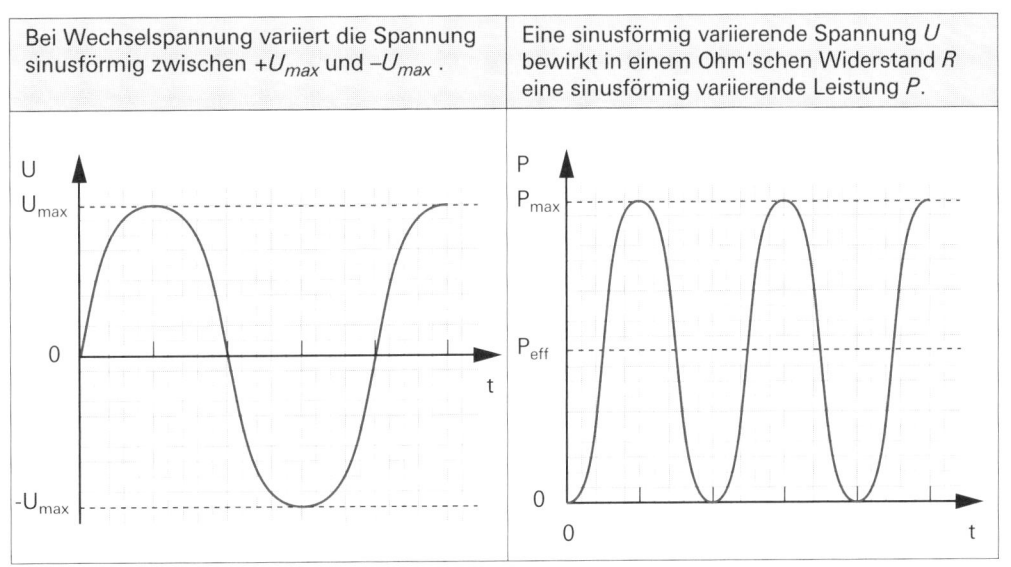

Der Strom I, den das Kraftwerk mit der Spannung U_K erzeugt, bewirkt in den Übertragungsleitungen die Heizleistung $P_Ü = U_Ü \cdot I$ und beim Verbraucher die Leistung $P_V = U_V \cdot I$. Gemäss 1. Kirchhoff'schem Gesetz, gilt für die Spannungen: $U_K = 2\,U_Ü + U_V$.

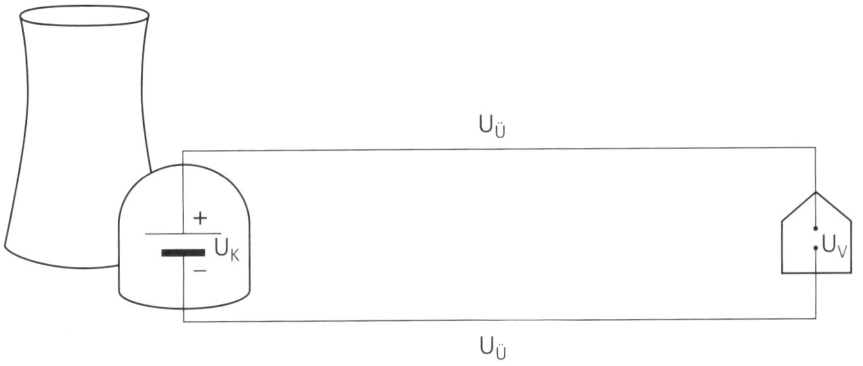

Hinweise: Der Taschenrechner muss bei der Berechnung von $\sin(2 \cdot \pi \cdot f \cdot t)$ auf Radiant (RAD) gestellt werden.

Theoriefragen

Aufgabe 505 Es gibt Spannungsquellen, die Gleichspannung erzeugen, und solche, die Wechselspannung erzeugen.

A] Erklären Sie den Unterschied zwischen Gleichspannung und Wechselspannung.

B] Nennen Sie Spannungsquellen, die Gleichspannung liefern.

C] Nennen Sie Spannungsquellen, die Wechselspannung liefern.

D] Welchen Vorteil hat Wechselspannung gegenüber Gleichspannung?

E] Welchen Nachteil hat Wechselspannung gegenüber Gleichspannung?

Aufgabe 506 Wird eine Wechselspannung an eine Glühbirne angeschlossen, so fliesst ein Wechselstrom. Die Wechselspannung ist gegeben durch $U = U_0 \cdot \sin(2 \cdot \pi \cdot f \cdot t)$.

A] Wie lautet die Gleichung für die Wechselstromstärke?

B] Wie lautet die Gleichung für die zeitliche Variation der elektrischen Leistung des Wechselstroms?

C] Ein Ohm'scher Widerstand ist an eine Wechselspannungsquelle angeschlossen. Was lässt sich über das Verhältnis von Wechselspannung und Wechselstromstärke aussagen?

Aufgabe 507 Beantworten Sie folgende Fragen für die gewöhnliche Haushaltssteckdose.

A] Wie gross ist die maximale Spannung an der Steckdose?

B] Wie gross ist die minimale Leistung der Steckdose?

C] Was meint man, wenn man sagt, dass die Netzspannung 230 V beträgt?

D] Mit welcher Frequenz variiert die Spannung der Steckdose?

E] Wie lange dauert es von Spannungsmaximum zu Spannungsmaximum?

F] Wie lange dauert es von Stromminimum zu Stromminimum?

G] Wie lange dauert es von Leistungsminimum zu Leistungsminimum?

Aufgabe 508 Batterien sind nützliche Spannungsquellen, wenn keine Steckdose vorhanden ist. Dies ist für alle tragbaren elektrischen Geräte der Fall.

A] Wie erzeugt eine Batterie eine elektrische Spannung?

B] Wie gross sind typische Werte für Batteriespannungen?

C] Wie kann man mit mehreren Batterien eine Spannung erzeugen, die grösser ist als die Spannung einer einzelnen Batterie?

Aufgabe 509 Bei Wechselspannung können Spannung U und Stromstärke I negativ werden.

A] Was bedeutet es, wenn die Spannung an den Polen einer Spannungsquelle das Vorzeichen wechselt?

B] Was bedeutet es für die Pole, wenn die Stromstärke ihr Vorzeichen wechselt?

Kurze Aufgaben

Aufgabe 510 Eine Autobatterie hat eine Spannung von 12 V. Diese Spannung wird durch sechs gleiche Zellen erzeugt, die in Serie geschaltet sind.

A] Wie gross ist die Spannung, die jede dieser Zellen liefert?

B] Auf was muss bei dieser Serienschaltung der Zellen geachtet werden?

Aufgabe 511 Ein Elektrizitätswerk liefert einer Verteilerstation die elektrische Leistung von 6.6 MW mit einer effektiven Spannung von 110 kV. Der Widerstand der Hochspannungsleitungen zwischen Elektrizitätswerk und Verteilerstation beträgt 10 Ω.

A] Wie gross ist die effektive Stromstärke in den Hochspannungsleitungen?

B] Wie gross ist der Leistungsverlust in der Hochspannungsleitung? Was geschieht damit?

C] Die elektrische Leistung des Kraftwerks wird verdoppelt, doch seine Spannung bleibt die gleiche. Wie gross ist der Leitungsverlust jetzt, verglichen mit vorher?

Aufgabe 512 In den USA liefern Steckdosen eine Wechselspannung mit einer Frequenz von 60 Hz und einer effektiven Spannung von 115 V.

A] Wie gross ist die maximale Spannung im amerikanischen Netz?

B] Wechselt die Spannung in den USA schneller oder langsamer als diejenige in Europa?

C] Wie gross ist in den USA die elektrische Leistung eines Elektroofens, der bei 230 V eine Heizleistung von 1000 W hat?

Aufgabe 513 Eine Lampe wird an eine 230-V-Wechselspannung angeschlossen. Die Lampe kann als Ohm'scher Widerstand mit 500 Ω betrachtet werden.

A] Wie gross ist der effektive Strom, der durch die Lampe fliesst?

B] Wie gross ist der maximale Strom, der durch die Lampe fliesst?

C] Wie gross ist die effektive Leistung der Lampe?

Aufgabe 514 Sie haben zwei Ohm'sche 4.0-Ω-Widerstände und schliessen den einen an eine 12-V-Batterie, den anderen an eine Wechselspannungsquelle mit einer Effektivspannung von 12 V an.

A] Wie gross ist die Stromstärke im Gleichstromkreis, wie gross ist die effektive und die maximale Stromstärke im Wechselstromkreis?

B] Wie gross ist die Leistung im Gleichstromkreis, wie gross ist die effektive und die maximale Leistung im Wechselstromkreis?

Aufgabe 515 Ein Widerstand ist an eine Wechselspannung angeschlossen.

A] Geben Sie eine Gleichung für den zeitlichen Verlauf der Spannung am Widerstand an.

B] Geben Sie eine Gleichung für den zeitlichen Verlauf der Stromstärke im Widerstand an.

C] Geben Sie eine Gleichung für den zeitlichen Verlauf der Heizleistung des Widerstands an.

Umfangreichere Aufgaben (I)

Aufgabe 516

In dieser Aufgabe vergleichen Sie die elektrische Energie, die der 230-V-Netzstrom liefert, mit derjenigen, die eine Batterie liefert. Nehmen Sie an, dass im Haushalt durchschnittlich ein dauerhafter effektiver Strom von 5.0 A fliesst.

A] Wie gross ist die effektive Leistung des Netzstroms? Wie gross ist die während eines Tages bezogene elektrische Energie in kWh?

B] Autobatterien haben eine Spannung von 12 V und können voll aufgeladen typischerweise eine Ladung von 50 Ah abgeben, bevor sie leer sind. Wie viel Energie steckt in einer solchen Batterie? Wie lange kann eine solche Autobatterie einen Strom von 5 A liefern?

C] Wie viele Autobatterien würde es brauchen, um den Tagesbedarf an elektrischer Energie eines durchschnittlichen Haushalts zu decken?

Aufgabe 517

In einem Kupferdraht mit der Querschnittsfläche $A = 2.0$ mm^2 fliesst ein Wechselstrom mit der Frequenz $f = 50$ Hz. Die maximale Stromstärke ist $I_{max} = 20$ A. Sie untersuchen in dieser Aufgabe, wie sich die Elektronen in diesem Draht bewegen. Benützen Sie dazu die Beziehung $I = e \cdot v \cdot n \cdot A$. Die Teilchendichte der freien Elektronen in Kupfer beträgt $n = 8.5 \cdot 10^{28}$ m^{-3}.

A] Leiten Sie eine Gleichung her, die angibt, wie die Driftgeschwindigkeit v zeitlich variiert.

B] Zeigen Sie, dass die maximale Driftgeschwindigkeit $v_{max} = I_{max} \cdot (e \cdot n \cdot A)^{-1}$ beträgt, und berechnen Sie damit die maximale Driftgeschwindigkeit.

C] Berechnen Sie die Driftgeschwindigkeit für die Zeitpunkte 0 ms, 2 ms, 5 ms, 7 ms, 10 ms, 12 ms, 15 ms, 17 ms und 20 ms.

D] Zeichnen Sie ein Diagramm, das den zeitlichen Verlauf der Driftgeschwindigkeit wiedergibt.

E] Was bedeutet es, dass die Driftgeschwindigkeit manchmal positiv und manchmal negativ ist?

Aufgabe 518

Die in einer Batterie gespeicherte Ladung wird in der Praxis als Kapazität bezeichnet und in Amperestunden (Ah) oder Milliamperestunden (mAh) angegeben.

A] Eine wiederaufladbare Batterie (Akkumulator), wie sie für Digitalkameras verwendet wird, hat eine Spannung von 1.2 V und enthält 2000 mAh. Wie lange hält eine Auflading, wenn der Akku 40 mA liefern muss? Wie gross ist seine nutzbare Energie in mWh?

B] Eine kleine 1.5-V-Batterie kostet CHF 2.00 und enthält 2400 mAh. Wie viele Batterien braucht es für die Energiemenge von einer Kilowattstunde? Vergleichen Sie den daraus resultierenden Kilowattstundenpreis mit dem Preis, den Sie bezahlen, wenn Sie Energie vom Elektrizitätswerk beziehen. 1 kWh kostet dort etwa 10 Rappen.

C] Eine Autobatterie hat eine Spannung von 12 V und eine Kapazität von 80 Ah. Berechnen Sie den Energieinhalt in J und kWh.

D] Die obige Autobatterie ist 30 cm lang, 15 cm breit und 20 cm hoch. Wie gross ist die Energiedichte in J/m^3? Vergleichen Sie den Wert mit der Energiedichte von Benzin. Können Sie damit erklären, warum die grosse Mehrheit immer noch das Benzin-Auto dem Elektroauto vorzieht? $\rho = 0.78$ kg/dm^3, $H = 42$ MJ/kg

Umfangreichere Aufgaben (II)

Aufgabe 519   [Abb. 25.1]   Hochspannungsleitungen

Elektrizitätswerke liefern elektrische Energie, die über Übertragungskabel zum Verbraucher gebracht werden muss. Bild: Arno Balzarini / Keystone

Elektrische Energie soll durch eine 50 km lange Kupferleitung so zu einer Transformatorstation übertragen werden, dass höchstens 10 % der übertragenen Energie verloren gehen. Sie vergleichen hier zwei Situationen: In der ersten beträgt die Spannung bei der Transformatorstation 230 V, in der zweiten 230 kV.

A] Berechnen Sie die Stromstärke, die bei 230 V fliessen muss, um eine Leistung von 345 MW zur Transformatorstation zu bringen.

B] Welchen Widerstand darf das Kabel bei 230 V höchstens haben?

C] Wie dick müsste das Kabel bei 230 V sein, um einen so geringen Widerstand zu haben?

D] Berechnen Sie die Stromstärke, die bei 230 kV fliessen muss, um eine Leistung von 345 MW zur Transformatorstation zu bringen.

E] Welchen Widerstand darf das Kabel bei 230 kV höchstens haben, damit die Verluste 10 % nicht übersteigen?

F] Wie dick müsste das Kabel bei 230 kV sein, um einen so geringen Widerstand zu haben?

26 Die elektrische Kraft

Kurztheorie

Ursache der elektrischen Kraft

Elektrische Kräfte werden durch *elektrische Ladungen* verursacht. Die SI-Einheit der elektrischen Ladung Q hat den Namen *Coulomb*, abgekürzt C:

$$[Q] = C$$

Die elektrische Ladung eines Körpers kommt durch die elektrische Ladung der Bausteine seiner Atome zustande: Protonen sind elektrisch positiv geladen, Elektronen sind gleich stark, aber elektrisch negativ geladen, Neutronen sind elektrisch ungeladen.

Die Grösse der Ladung von Proton und Elektron wird meist in Einheiten der *Elementarladung* $e = 1.602 \cdot 10^{-19}$ C angegeben: $Q_{Proton} = +e$, $Q_{Elektron} = -e$

Besteht ein Körper aus mehr Elektronen als Protonen, ist er als Ganzes elektrisch negativ geladen. Besteht er aus mehr Protonen als Elektronen, ist er als Ganzes elektrisch positiv geladen. Besteht ein Körper aus gleich vielen Protonen und Elektronen, ist er als Ganzes elektrisch neutral.

Aufladen und Entladen

Die Ladung ist eine von den Bausteinen der Materie untrennbare Eigenschaft, Ladung kann weder erzeugt noch vernichtet werden. Körper werden elektrisch *aufgeladen* oder *entladen*, indem sie Elektronen aufnehmen oder abgeben. Dies kann z. B. durch Reibung geschehen.

Richtung der elektrischen Kraft

Für die Richtung der elektrischen Kraft gilt: Gleichnamig geladene Körper (positiv und positiv oder negativ und negativ) stossen sich gegenseitig elektrisch ab, ungleichnamig geladene Körper (negativ und positiv) ziehen sich gegenseitig elektrisch an.

Stärke der elektrischen Kraft

Die Stärke der elektrischen Kraft F_E zwischen zwei Körpern mit den Ladungen Q_1 und Q_2 lässt sich mit dem *Coulomb'schen Gesetz* berechnen:

$$F_E = k \cdot \frac{Q_1 \cdot Q_2}{r^2} \qquad r = \text{Abstand der Ladungsmitten}$$

Die Konstante k hat im Vakuum den Wert:

$$k = 9.0 \cdot 10^9 \frac{N \cdot m^2}{C^2}$$

Die Konstante k hat an Luft praktisch den gleichen Wert.

Influenz und Polarisation

Wenn ein geladener Körper in die Nähe eines Leiters gebracht wird, kommt es zu elektrischer *Influenz:* Die freien Elektronen zwischen den Atomrümpfen werden infolge der elektrischen Kraft innerhalb des Körpers verschoben, sodass der Körper eine positive und eine negative Seite erhält.

Wenn ein geladener Körper in die Nähe eines Isolators gebracht wird, kommt es zu elektrischer *Polarisation:* Die Elektronen der Atomhüllen werden innerhalb der Atomhüllen verschoben, sodass der Körper eine positive und eine negative Seite erhält.

Folge von Influenz und Polarisation: Ein geladener Körper kann auf einen als Ganzes neutralen Körper nach der Ladungsverschiebung eine elektrische Anziehungskraft ausüben.

Die elektrische Ladung von Protonen ($Q = +e$) und Elektronen ($Q = -e$) ist Ursache für die elektrische Kraft F_E.	Die Stärke der elektrischen Kraft F_E nimmt gemäss Coulomb-Gesetz quadratisch mit dem Abstand r ab:

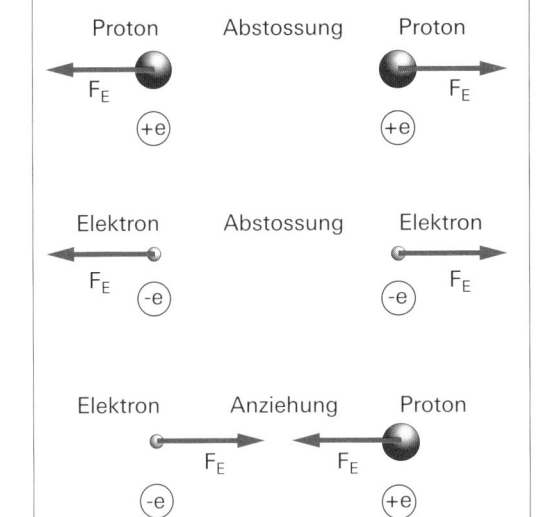

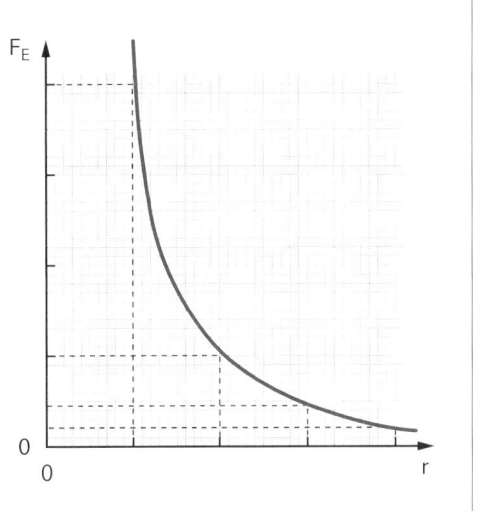

Die Stärke der elektrischen Abstossungskraft F_E zwischen zwei Körpern mit gleicher Ladung Q ist ein Mass für ihre elektrische Ladung Q.

Körper werden durch Elektronenübertragung elektrisch aufgeladen.	Nach der Elektronenverschiebung (Influenz oder Polarisation) hat der als Ganzes neutrale Körper eine positive und eine negative Seite.

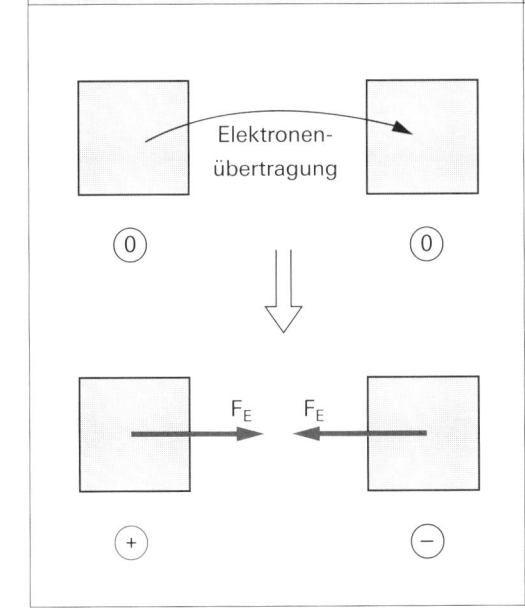

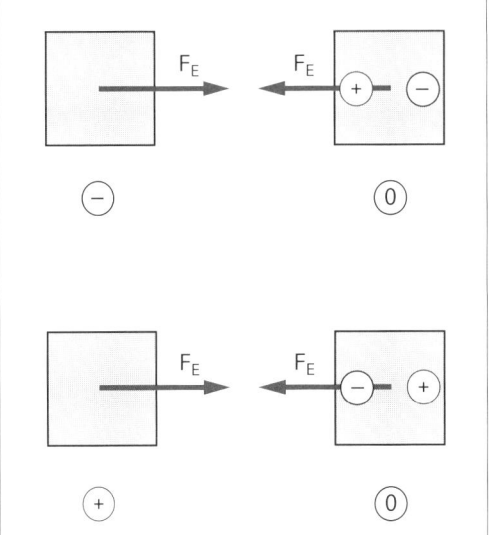

26 DIE ELEKTRISCHE KRAFT

Theoriefragen

Aufgabe 520 Welche Atombausteine sind negativ und welche positiv geladen, welche sind ungeladen?

Aufgabe 521 Zwischen elektrisch geladenen Teilchen wirken elektrische Kräfte.

A] Zwischen welchen Ladungsarten wirken anziehende elektrische Kräfte?

B] Zwischen welchen Ladungsarten wirken abstossende elektrische Kräfte?

Aufgabe 522 Jeder Körper besteht aus Elektronen ($Q = -e$), Protonen ($Q = +e$) und Neutronen ($Q = 0$). Die Gesamtladung eines Körpers ist die Summe der Ladungen seiner Elektronen, Protonen und Neutronen.

A] Was bedeutet somit, dass ein Körper elektrisch positiv geladen ist?

B] Was bedeutet somit, dass ein Körper elektrisch neutral ist?

C] Was bedeutet somit, dass ein Körper elektrisch negativ geladen ist?

Aufgabe 523 Die elektrisch geladenen Bausteine eines Körpers sind Protonen und Elektronen.

A] Was passiert, wenn man einen ungeladenen Körper positiv auflädt.

B] Was passiert, wenn man einen ungeladenen Körper negativ auflädt.

C] Was passiert, wenn man einen negativ geladenen Körper entlädt.

D] Was passiert, wenn man einen positiv geladenen Körper entlädt.

Aufgabe 524 A] Erklären Sie den Begriff Influenz und wann es zu Influenz kommt.

B] Erklären Sie den Begriff Polarisation und wann es zu Polarisation kommt.

Aufgabe 525 Eine Ladung Q wird von einer gleich grossen zweiten Ladung Q mit der Kraft F_E abgestossen.

A] Wie ändert sich die Kraft, wenn der Abstand zwischen den Ladungen halbiert wird?

B] Wie ändert sich die Kraft, wenn eine Ladung halbiert wird? Spielt es eine Rolle, welche der beiden Ladungen halbiert wird?

C] Wie ändert sich die Kraft, wenn beide Ladungen halbiert werden?

D] Wie ändert sich die Kraft, wenn eine der beiden Ladungen durch eine gleich grosse Ladung mit umgekehrtem Vorzeichen ersetzt wird?

Aufgabe 526 Sie haben zwei elektrische Ladungen. Die eine Ladung übt die Kraft F_1 auf die zweite aus, die zweite eine Kraft F_2 auf die erste. Was kann man über die Stärke und Richtung der beiden Kräfte aussagen?

Kurze Aufgaben

Aufgabe 527

Die Ladung eines Körpers entsteht aus einem Ungleichgewicht zwischen positiven und negativen Ladungsträgern.

A] Welche Ladung trägt ein Körper, der 10^{19} mehr Elektronen als Protonen enthält?

B] Aus wie vielen Elektronen besteht die Ladung -1.0 C?

Aufgabe 528

Zwei Ladungen von $+2.0$ mC und -1.0 mC sind 1.0 m voneinander entfernt.

A] Wie gross ist die elektrische Kraft, die auf die positive Ladung wirkt? Ist diese Kraft anziehend oder abstossend?

B] Wie gross ist die elektrische Kraft, die auf die negative Ladung wirkt? Ist diese Kraft anziehend oder abstossend?

C] Die Ladung von -1.0 mC wird ersetzt durch eine von $+1.0$ mC. Wie gross ist die elektrische Kraft, die auf die beiden Ladungen wirkt? Ist die Kraft anziehend oder abstossend?

Aufgabe 529

Sie haben eine kleine Kugel, die die Ladung -1.0 μC trägt. Sie nähern diese Kugel bis auf 1.0 cm dem einen Ende eines 10 cm langen, nichtleitenden und neutralen Stabs. Der Stab wird dadurch polarisiert, sodass sich an seinen beiden Enden eine Ladung von 1.0 nC und -1.0 nC befindet.

A] An welchem Ende des Stabs befindet sich die positive, an welchem die negative Ladung?

B] Wie gross ist die Kraft, die das positiv geladene Ende des Stabs auf die Kugel ausübt? Ist die Kraft anziehend oder abstossend?

C] Wie gross ist die Kraft, die das negativ geladene Ende des Stabs auf die Kugel ausübt? Ist die Kraft anziehend oder abstossend?

D] Berechnen Sie die Kraft, die der polarisierte Stab auf die Kugel ausübt. Wird die Kugel vom Stab angezogen oder abgestossen? Welchen Einfluss hat das Vorzeichen der Ladung der kleinen Kugel auf die Richtung der Gesamtkraft, die auf sie wirkt?

Aufgabe 530

A] Wie stark stossen sich zwei Protonen ab, wenn sie sich berühren und ihre Mittelpunkte einen Abstand von $1.6 \cdot 10^{-15}$ m haben?

B] Welche Ladung müssen zwei 1 m voneinander entfernte Kugeln tragen, damit sie sich mit der elektrischen Kraft aus der vorherigen Teilaufgabe abstossen?

Aufgabe 531

Wenn ein Stab aus Glas mit einem Seidentuch gerieben wird, wird er positiv aufgeladen.

A] Erklären Sie, wie es zu dieser Aufladung kommt.

B] Nach dem Reiben trage der Glasstab eine Ladung von $1.6 \cdot 10^{-10}$ C. Wie viele Ladungsträger fehlen im Glasstab?

C] Was lässt sich über die Ladung des Seidentuchs nach dem Reiben sagen?

Umfangreichere Aufgaben (I)

Aufgabe 532

Drei unbewegliche, geladene Kugeln befinden sich auf einer Geraden. Die Ladung der linken Kugel (Kugel 1) beträgt 50 µC, die der mittleren (Kugel 2) beträgt –20 µC, diejenige der rechten (Kugel 3) beträgt 80 µC. Der Abstand der linken Kugel zur mittleren beträgt $r_{12} = 0.50$ m und der Abstand von der mittleren zur rechten beträgt $r_{23} = 0.40$ m.

A] Berechnen Sie die Stärke und die Richtung der elektrischen Kraft, die durch die linke Kugel auf die mittlere Kugel wirkt.

B] Berechnen Sie die Stärke und die Richtung der elektrischen Kraft, die durch die rechte Kugel auf die mittlere Kugel wirkt.

C] Bestimmen Sie die Stärke und Richtung der elektrischen Gesamtkraft, die auf die mittlere Kugel wirkt.

D] Die mittlere Kugel sei nun beweglich. Es gibt zwischen der linken und rechten Kugel einen Punkt, bei dem sich die Kräfte der linken und rechten Kugel auf die mittlere Kugel aufheben. Wie gross ist das Verhältnis r_{23} / r_{12}, wenn sich die mittlere Kugel an diesem Punkt befindet?

Aufgabe 533

Vereinfachend kann man sich einen Urankern als Kugel mit Radius $8.0 \cdot 10^{-15}$ m vorstellen. Der Kern enthält 92 Protonen. Man kann annehmen, dass sich die Ladung des Kerns in seinem Zentrum befindet. Der Kern sendet bei einem α-Zerfall ein α-Teilchen aus.

A] Wie gross ist die Ladung des Urankerns und die des α-Teilchens?

B] Wie gross ist die elektrische Kraft, die auf das α-Teilchen wirkt, wenn es sich an der Oberfläche des Urankerns befindet? Ist die Kraft anziehend oder abstossend?

C] Welche Beschleunigung erfährt das α-Teilchen an der Oberfläche des Urankerns durch die elektrische Kraft?

Aufgabe 534

Sie haben einen Stab durch Reiben negativ aufgeladen. Jetzt nähern Sie den Stab von einer Seite her einer elektrisch neutralen, metallischen Kugel, die isoliert aufgestellt ist. An der vom Stab abgewandten Seite der Kugel halten Sie nun einen Metalldraht an die Kugel. Anschliessend nehmen Sie erst den Draht und dann auch den Stab von der Kugel weg. Welches Vorzeichen hat nun die Ladung der Kugel?

Umfangreichere Aufgaben (II)

Aufgabe 535 [Abb. 26.1] Blitzschlag

Gewitterwolken sind elektrisch aufgeladen und bewirken bei Gegenständen, die sich darunter befinden, eine Ladungsverschiebung. Bild: Pekka Parviainen / Science Photo Library

Ein Flugzeug fliegt unter einer negativ geladenen Gewitterwolke.

A] Welche Ladungsverteilung stellt sich im metallischen Flugzeugrumpf ein? Welcher Teil des Flugzeugs wird am meisten geladen?

B] Was passiert mit der Ladungsverteilung im Flugzeugrumpf, wenn sich das Flugzeug von der Wolke entfernt?

C] Wieso kann der Flugzeugrumpf nach einem Flug elektrisch aufgeladen sein?

D] Jedes Flugzeug muss durch ein Kabel mit der Erde verbunden werden, bevor es betankt werden darf. Warum ist das notwendig?

Aufgabe 536 Von einer radioaktiven Quelle wissen Sie nicht, ob sie α-, β- oder γ-Strahlung aussendet.

A] Wie gross ist die elektrische Ladung von α-, β- und γ-Strahlung?

B] Welche Wirkung hat eine negativ geladene Kugel auf die Flugbahn der radioaktiven Strahlung, falls es sich um α-Strahlung handelt?

C] Welche Wirkung hat eine negativ geladene Kugel auf die Flugbahn der radioaktiven Strahlung, falls es sich um β-Strahlung handelt?

D] Welche Wirkung hat eine negativ geladene Kugel auf die Flugbahn der radioaktiven Strahlung, falls es sich um γ-Strahlung handelt?

27 Die magnetische Kraft

Kurztheorie

Eigenschaften der magnetischen Kraft

Magnete besitzen einen *magnetischen Nordpol* und einen *magnetischen Südpol*. Es gilt: Gleichnamige Pole stossen sich ab, ungleichnamige ziehen sich an. Den Einflussbereich eines Magneten nennt man *Magnetfeld*.

Magnetfeldlinien

Mit *Magnetfeldlinien* lässt sich das Magnetfeld eines Magneten darstellen: Die Magnetfeldlinien zeigen wie sich kleine Magnete im Magnetfeld ausrichten würden. Magnetfeldlinien verlaufen ausserhalb des Magneten vom Nord- zum Südpol. *Stabmagnete* und die Erde sind von einem *Dipolmagnetfeld* umgeben (siehe Abbildungen).

Magnetisieren

Unmagnetisches Eisen wird von einem Magneten angezogen, weil es vom Magneten *magnetisiert* wird: Die nicht ausgerichteten schwachen Magnetfelder der Atome des Eisens richten sich in Anwesenheit eines Magneten alle gleich aus, wodurch das Eisen einen Nord- und einen Südpol erhält (siehe Abbildungen).

Ursache für die magnetische Kraft

Elektrische Ströme sind die Ursache für Magnetfelder: Stromdurchflossene gerade Drähte sind von einem zylinderförmigen Magnetfeld umgeben. Stromdurchflossene lange Spulen sind von einem Dipolmagnetfeld umgeben und haben in ihrem Inneren ein praktisch homogenes Magnetfeld, also ein Magnetfeld, das überall gleich stark ist und überall in die dieselbe Richtung zeigt. Durch Bahnbewegung und Eigenrotation der Elektronen der Atomhülle sind Atome von einem schwachen Magnetfeld umgeben. In Magneten sind diese schwachen atomaren Magnetfelder gleich ausgerichtet und addieren sich zu einem merklichen Magnetfeld.

Lorentz-Kraft und Magnetfeldstärke

Auf eine Ladung, die sich mit in einem Magnetfeld bewegt, wirkt eine magnetische Kraft, die man *Lorentz-Kraft* F_L nennt. Die Stärke der Lorentz-Kraft F_L, die ein Magnet auf eine bewegte Ladung ausübt, ist ein Mass für die *Magnetfeldstärke B* des Magneten. Die SI-Einheit der Magnetfeldstärke hat den Namen *Tesla*:

$$[B] = \frac{N \cdot s}{C \cdot m} = \frac{N}{A \cdot m} = T$$

Der Zusammenhang zwischen Lorentz-Kraft F_L und der Ladung Q, die sich mit der Geschwindigkeit v in einem Magnetfeld mit Magnetfeldstärke B bewegt, lautet:

$$F_L = Q \cdot v \cdot B \cdot \sin\alpha$$

α ist der Winkel zwischen Bewegungsrichtung und Magnetfeldlinie am Ort der Ladung.

Ursache der Lorentz-Kraft: Die sich bewegende Ladung Q ist nichts anderes als ein Strom I. Ein Strom erzeugt ein Magnetfeld. Die Lorentz-Kraft ist das Resultat der Wechselwirkung dieses Magnetfelds mit dem Magnetfeld in der Umgebung.

Die Lorentz-Kraft wirkt immer senkrecht zur Bewegungsrichtung der Ladung und senkrecht zu den Magnetfeldlinien. Wenn sich die Ladung senkrecht zu den Magnetfeldlinien eines homogenen Magnetfelds bewegt, so kommt es dadurch zu einer gleichförmigen Kreisbewegung. Die Lorentz-Kraft verrichtet somit keine Arbeit an der Ladung.

Aufgrund der Lorentz-Kraft wirkt auf einen vom Strom I durchflossenen geraden Draht, der sich auf der Länge s in einem Magnetfeld mit Magnetfeldstärke B befindet, die Kraft F:

$$F = I \cdot s \cdot B \cdot \sin\alpha, \; \alpha \text{ ist der Winkel zwischen Draht und Magnetfeldlinie}$$

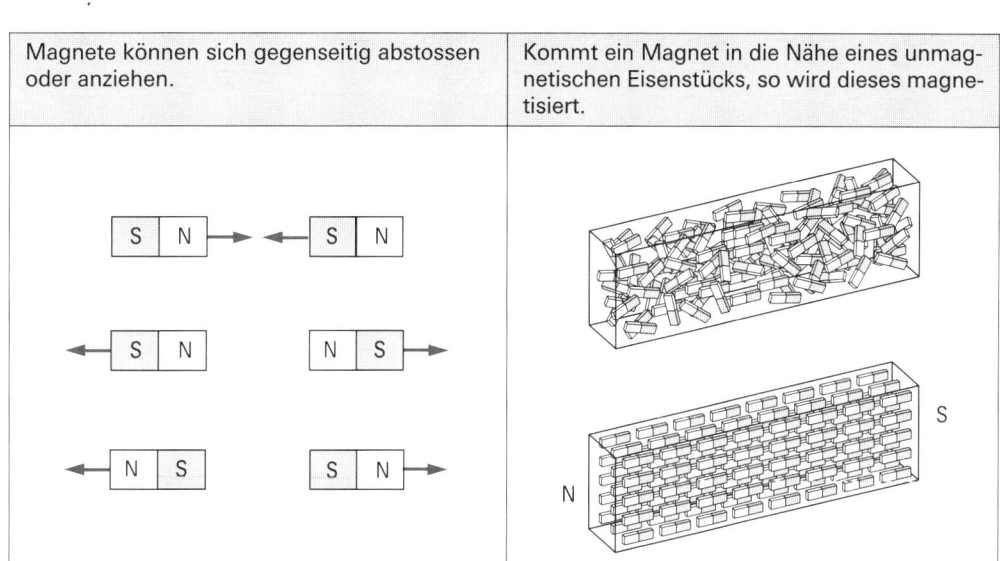

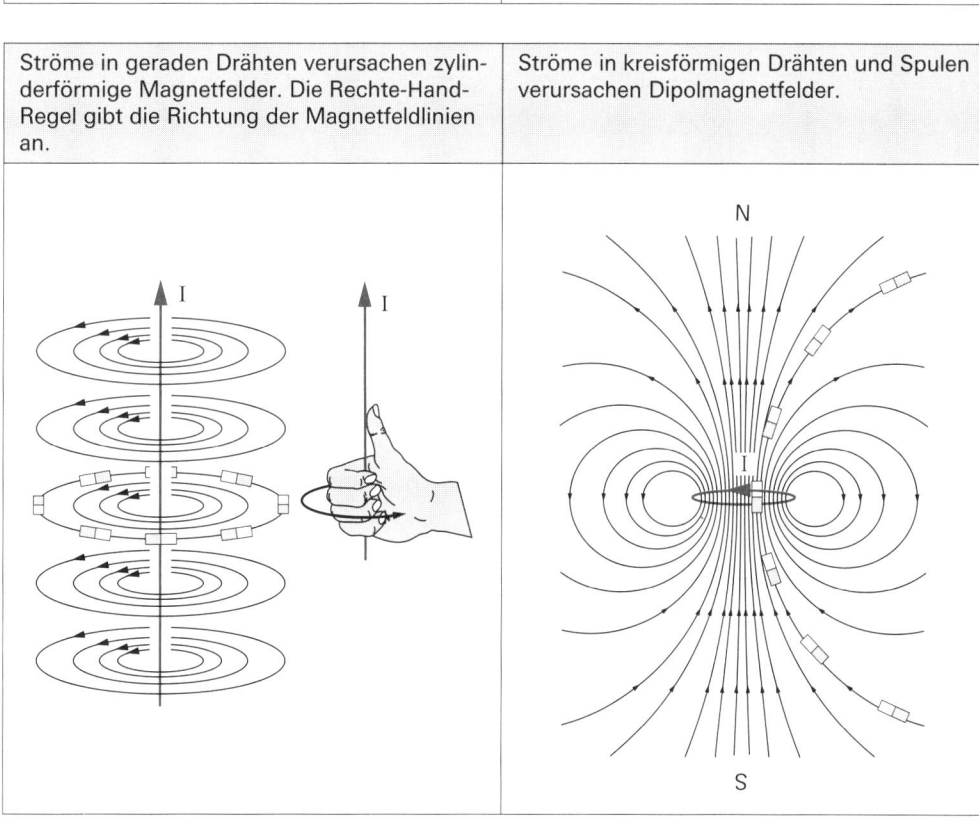

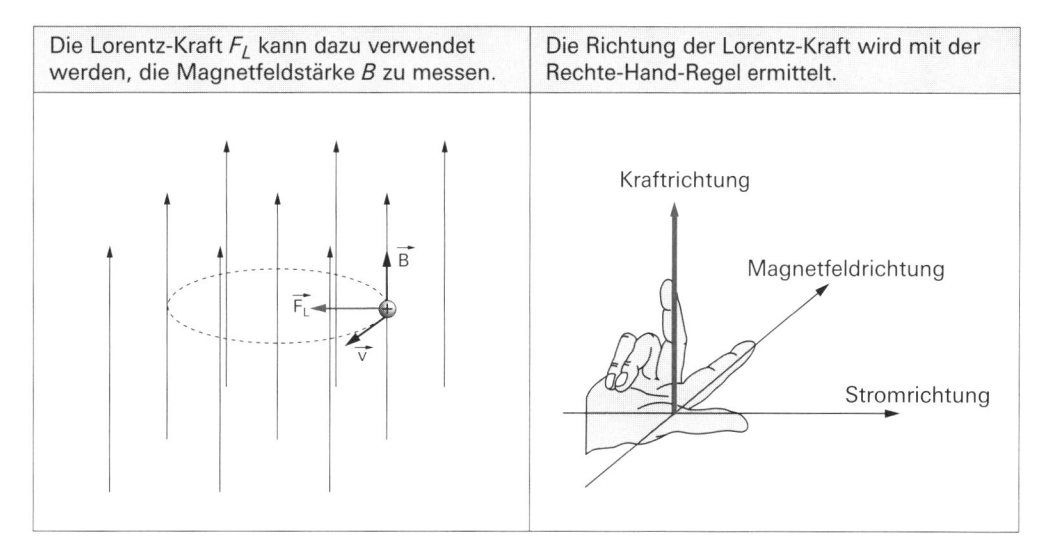

Magnete können sich gegenseitig abstossen oder anziehen.	Kommt ein Magnet in die Nähe eines unmagnetischen Eisenstücks, so wird dieses magnetisiert.
Ströme in geraden Drähten verursachen zylinderförmige Magnetfelder. Die Rechte-Hand-Regel gibt die Richtung der Magnetfeldlinien an.	Ströme in kreisförmigen Drähten und Spulen verursachen Dipolmagnetfelder.
Die Lorentz-Kraft F_L kann dazu verwendet werden, die Magnetfeldstärke B zu messen.	Die Richtung der Lorentz-Kraft wird mit der Rechte-Hand-Regel ermittelt.

27 DIE MAGNETISCHE KRAFT

Theoriefragen

Aufgabe 537 — Wodurch kommen Magnetfelder zustande?

Aufgabe 538
A] Was versteht man unter dem Begriff Magnetfeld?

B] Ein Magnetfeld kann durch Magnetfeldlinien dargestellt werden. Was beschreiben diese Linien?

C] Magnetfeldlinien haben eine Richtung, die durch Pfeile angegeben wird. Wie ist die Richtung definiert?

Aufgabe 539 — Magnete üben auf andere Magnete Kräfte aus. Zwischen welchen Polen ist die magnetische Kraft abstossend, zwischen welchen anziehend?

Aufgabe 540 — In welche Richtung zeigt der Nordpol der Kompassnadel?

Aufgabe 541 — Das Feld eines Magneten kann durch Magnetfeldlinien dargestellt werden.

A] Stellen Sie mit Magnetfeldlinien ein homogenes Magnetfeld dar.

B] Stellen Sie mit Magnetfeldlinien das Magnetfeld eines stromdurchflossenen geraden Drahts dar.

C] Stellen Sie mit Magnetfeldlinien das Magnetfeld einer stromdurchflossenen geraden Spule dar.

Aufgabe 542 — Auf ein geladenes Teilchen, das durch ein Magnetfeld fliegt, wirkt eine Kraft.

A] Erklären Sie, was die Ursache dieser Kraft ist. Wie nennt man diese Kraft?

B] Welche Richtung hat die Kraft?

C] Wie lautet die Gleichung, die die Stärke der Kraft beschreibt? Erklären Sie die in der Gleichung auftretenden Grössen.

D] Welche Wirkung hat diese Kraft auf das geladene Teilchen?

Aufgabe 543 — Die Magnetfeldstärke B gibt an, wie stark das Feld eines Magneten ist.

A] Wie kann man die Magnetfeldstärke messen? Geben Sie eine Gleichung an, die die Magnetfeldstärke definiert.

B] Wie lautet die SI-Einheit der Magnetfeldstärke?

C] Aus welchen anderen SI-Einheiten ist die SI-Einheit der Magnetfeldstärke zusammengesetzt?

Aufgabe 544 — Ein stromdurchflossener Leiter befindet sich in einem Magnetfeld.

A] Erklären Sie, warum dann meist eine Kraft auf den Stromleiter wirkt.

B] Unter welchen Umständen wirkt keine Kraft auf den Leiter?

Kurze Aufgaben

Aufgabe 545 Ein α- und ein β-Teilchen fliegen mit einem Drittel der Lichtgeschwindigkeit durch ein homogenes Magnetfeld der Stärke 0.50 T. Die Bewegung der Teilchen ist senkrecht zu den Magnetfeldlinien.

A] Wie gross ist die Lorentzkraft, die auf das α-Teilchen wirkt?

B] Wie gross ist die Lorentzkraft, die auf das β-Teilchen wirkt?

C] Beschreiben Sie die Flugbahnen der beiden Teilchen.

D] Was lässt sich über das Verhältnis der Bahnradien der beiden Teilchen sagen?

Aufgabe 546 Mit einem Stabmagneten ist es möglich, einen auf einem Tisch liegenden unmagnetischen Eisennagel aufzustellen, ohne ihn zu berühren.

A] Erklären Sie, was im Nagel passiert, wenn Sie den Stabmagneten nähern, und warum der Nagel aufsteht.

B] Warum spielt es keine Rolle, mit welchem magnetischen Pol man sich dem Nagel nähert?

Aufgabe 547 Was können Sie über ein geladenes Teilchen aussagen, das in einem homogenen Magnetfeld von 13.1 mT mit einer Frequenz von 200 kHz kreist? Um was für ein Teilchen könnte es sich handeln?

Aufgabe 548 Ein Draht, durch den ein Strom von 15 A fliesst, befindet sich auf einer Länge von 1.0 m in einem 4.0 T starken homogenen Magnetfeld.

A] Wie gross ist die Kraft auf den Draht, wenn dieser senkrecht zum Magnetfeld steht?

B] Wie gross ist die Kraft auf den Draht, wenn dieser parallel zum Magnetfeld steht?

Aufgabe 549 Geben Sie für die folgenden Situationen die Richtung der Kraft an, die auf den stromdurchflossenen Draht wirkt.

[Abb. 27.1] Ströme in Magnetfeldern

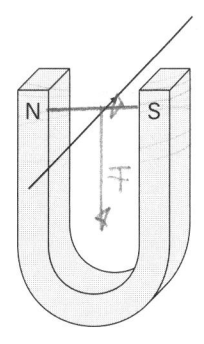

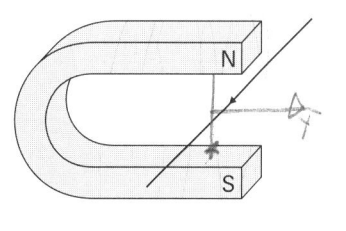

Umfangreichere Aufgaben (I)

Aufgabe 550

Ein Teilchen mit der Ladung Q und der Masse m fliegt mit der Geschwindigkeit v in ein homogenes Magnetfeld der Stärke B. Die Magnetfeldlinien stehen senkrecht zur Flugrichtung des Teilchens.

A] Wieso kommt es zu einer gleichförmigen Kreisbewegung des Teilchens?

B] Leiten Sie eine Gleichung für den Radius der Kreisbahn des Teilchens her.

C] Es werden Protonen mit der Geschwindigkeit $1.0 \cdot 10^6$ m/s in ein zur Flugbahn senkrechtes homogenes Magnetfeld der Stärke 0.10 T eingeschossen. Wie gross ist der Radius der Kreisbahn, auf die die Protonen gezwungen werden?

D] Wenn die Bewegungsrichtung des Teilchens nicht senkrecht zum Magnetfeld steht, so kann man den Geschwindigkeitsvektor in zwei Komponenten aufteilen. Eine Geschwindigkeitskomponente steht senkrecht und eine Geschwindigkeitskomponente parallel zum Magnetfeld. Begründen Sie, warum sich in diesem Fall das Teilchen auf einer korkenzieherförmigen Linie um die Magnetfeldlinien bewegt.

Aufgabe 551

In der Schweiz ist die Stärke des Erdmagnetfelds 48μT. Die Magnetfeldlinien bilden mit der Horizontalen einen Winkel von 60°. Ein horizontales Kabel führt einen Strom von 200 A.

A] Wie gross ist die magnetische Kraft pro Meter Kabel, wenn es von Ost nach West verläuft?

B] Wie gross ist die magnetische Kraft pro Meter Kabel, wenn es von Nord nach Süd verläuft?

Aufgabe 552

Sie haben zwei parallele, stromdurchflossene Drähte. Jeder der beiden Ströme erzeugt ein zylinderförmiges Magnetfeld, was zur Folge hat, dass auf die Elektronen des anderen Stroms eine Lorentz-Kraft wirkt.

A] Die Ströme in den beiden Drähten fliessen in entgegengesetzte Richtung. Stossen sich die beiden Drähte dann ab, oder ziehen sie sich an?

B] Die Ströme in den beiden Drähten fliessen in die gleiche Richtung. Stossen sich die beiden Drähte dann ab, oder ziehen sie sich an?

Aufgabe 553

In einem einfachen Gleichstrom-Elektromotor befindet sich eine um eine Achse drehbare stromdurchflossene Spule in einem äusseren Magnetfeld.

A] Erklären Sie, wie es zu einer Drehbewegung der Spule kommt.

B] Erklären Sie, was getan werden muss, damit sich die Spule ständig um die Achse dreht.

C] Erklären Sie, wie man das notwendige äussere Magnetfeld erzeugen kann.

Umfangreichere Aufgaben (II)

Aufgabe 554

Es soll ein Massenspektrometer gebaut werden, mit dem einfach ionisierte Ionen (Ladung $Q = +e$) nach ihrer Masse sortiert werden können. Alle Ionen, die ins Gerät gelangen, werden durch die Spannung U beschleunigt. Dadurch erhalten sie die kinetische Energie $E_k = Q \cdot U$. Anschliessend fliegen sie durch ein 1.0 T starkes homogenes Magnetfeld, in dem sie abgelenkt werden. Die Ionen bewegen sich senkrecht zu den Magnetfeldlinien.

A] Wie gross ist der Radius der Kreisbewegung von Ionen mit der Geschwindigkeit v?

B] Wie gross ist der Kreisbahnradius der Kohlenstoff-Ionen mit einem $^{14}_{6}$C-Kern, wenn sie mit 1 % der Lichtgeschwindigkeit ins Magnetfeld treten?

C] Wie gross ist der Kreisbahnradius der Kohlenstoff-Ionen mit einem $^{12}_{6}$C-Kern, wenn sie mit 1 % der Lichtgeschwindigkeit ins Magnetfeld treten?

D] Wie gross muss die elektrische Spannung sein, damit ein Kohlenstoff-Ion mit einem $^{14}_{6}$C-Kern auf 1 % der Lichtgeschwindigkeit beschleunigt wird?

Aufgabe 555

[Abb. 27.2]   Einfacher Elektromotor

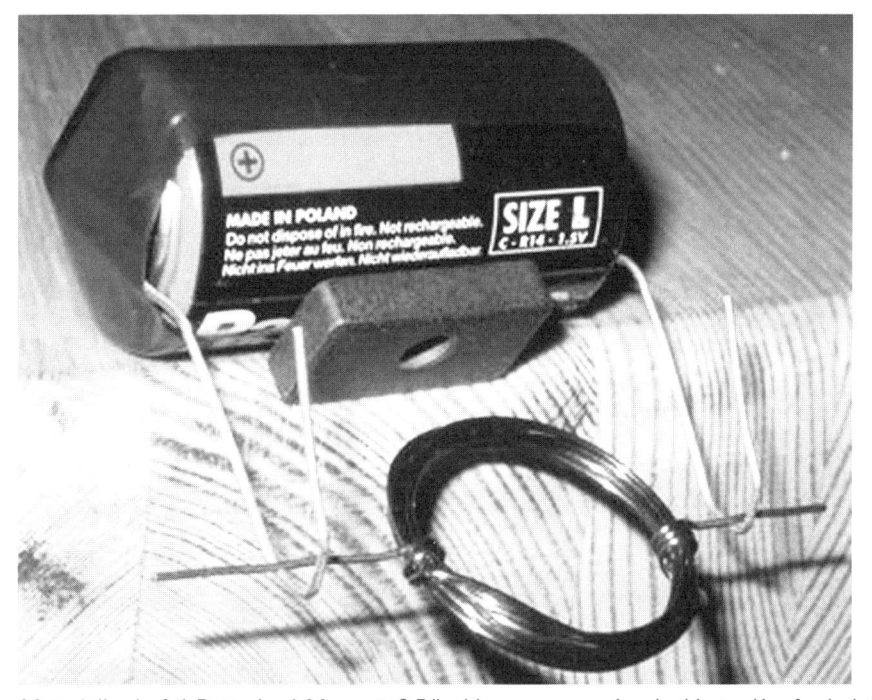

Materialbedarf: 1 Batterie, 1 Magnet, 2 Büroklammern, ca. 1 m lackierter Kupferdraht, Klebeband.
Bauanleitung: Man wickelt aus dem lackierten Kupferdraht eine Spule mit etwa 10 bis 15 Windungen. Nun umwickelt man die Spule mit einem kurzen Drahtstück, sodass die Windungen der Spule nicht auseinander fallen. Die beiden Enden des Spulendrahts biegt man zu Achsen. Durch Schaben mit einem Messer entfernt man einseitig die Lackschicht an den beiden Achsen, und zwar so, dass später bei waagrechter Stellung der Spule (Stellung wie im Bild) ein Strom fliesst. Aus den beiden Büroklammern biegt man sich zwei Lagerungen zurecht. Die beiden Lagerungen befestigt man mit Klebeband an die Batterieenden. Den kleinen Magneten klebt man an die Batterie. Nun muss die Spule nur noch eingesetzt werden. *Betrieb:* Wenn jetzt die Spule angestossen wird, wird sie weiter rotieren. Bild: HiST

A] Beschreiben Sie, wieso die Rotation der Spule aufrechterhalten bleibt.

B] Was für eine Aufgabe hat der «Kommutator» eines Elektromotors? («Kommutieren» bedeutet vertauschen.)

Teil B Anhang

Allgemeine Anleitung zum Lösen von Aufgaben

Bevor die einzelnen Schritte der Anleitung durchgegangen werden, eine Übersicht über Punkte, die beim Lösen von Aufgaben zu bedenken sind:

- Was ist gegeben?
- Hilft eine Skizze?
- Was ist gesucht?
- Welches Ergebnis erwartet man?
- Welchen Lösungsweg wählt man?
- Welche Werkzeuge gibt es?
- Sind alle Rechenschritte richtig?
- Ist die Einheit des Resultats anschaulich?
- Ist die Genauigkeit des Resultats ehrlich?

Was ist gegeben?

Stellen Sie sich zuerst die in der Aufgabe beschriebene Situation möglichst konkret vor! Welche für die Situation relevanten Grössen sind in der Aufgabe gegeben? Grössen können ausdrücklich gegeben sein: Ein Quader ist 25 cm lang, 15 cm breit und 10 cm hoch. Grössen können aber auch versteckt gegeben sein: Ein Flugzeug hat eine Abhebegeschwindigkeit von 120 km/h. Die Piste ist 500 m lang. Wie stark muss es beim Start mindestens beschleunigen? Da Flugzeuge in der Regel aus dem Stillstand starten, ist hier auch gegeben, dass die Anfangsgeschwindigkeit gleich null ist. Notieren Sie alle gegebenen Grössen zusammen mit einem geeigneten Formelzeichen, z. B. gegeben: $m = 1.5$ kg, $t = 20$ s.

Meist sind bekannte physikalische Konstanten in der Aufgabenstellung nicht enthalten. Auf diese aus der Erinnerung zurückgreifen statt mühsam nachschlagen zu müssen, zahlt sich sehr schnell aus! Zum Beispiel beträgt die Dichte von Wasser etwa 1 g/cm^3 = 1 kg/dm^3 = 1000 kg/m^3. Ein genauerer Wert ist selten nötig, da meist andere ungenauer gegebene Grössen die Genauigkeit beschränken. Die Fallbeschleunigung g ist nicht überall auf der Erde gleich. Wenn nichts anderes gesagt wird, so kann der Wert $g = 9.81$ m/s^2 verwendet werden. Merken Sie sich diesen Wert! Bei den meisten Schätzungen reicht es sogar, den gerundeten Wert $g = 10$ m/s^2 einzusetzen.

Hilft eine Skizze?

Wenn die beschriebene Situation etwas komplexer ist, lohnt es sich, eine einfache Skizze der Situation anzufertigen und mit den gegebenen und gesuchten Grössen zu beschriften. Falls es sich um gerichtete Grössen handelt, sind diese mit Vektoren einzuzeichnen.

Was ist gesucht?

Welche Grösse ist zu berechnen? Welche Einheit muss das Ergebnis haben? Wie will ich das Resultat angeben, sodass man sich etwas unter dem Wert vorstellen kann? Ein numerisches Schlussresultat sollte in einer Einheit angegeben werden, unter der man sich etwas vorstellen kann.

Welches Ergebnis erwartet man?

Realistische Angaben ergeben realistische Resultate. Bei realistischen Angaben ist es somit möglich, vor Beginn der Lösung das Ergebnis abzuschätzen. Das hilft, nach erfolgter Rechnung zu beurteilen, ob das Resultat richtig sein kann. Ein Verkehrsflugzeug braucht eine Geschwindigkeit von 360 km/h, um vom Boden abheben zu können. Die Beschleunigung beim Start beträgt 6 m/s^2. Wie lang muss die Startpiste mindestens sein? Die Pisten grosser Flughäfen sind wenige Kilometer lang. In den meisten Fällen sind sie aus Sicherheitsgründen etwas länger als unbedingt nötig. Also dürfen wir als Resultat ein paar km erwarten. Wenn das Resultat Ihrer Berechnung einen Wert von einigen Metern oder hunderten von Kilometern ergibt, so ist es sicher falsch. Die Ursache ist entweder eine falsche allgemeine Lösung oder ein falsch eingesetzter numerischer Wert.

Welchen Lösungsweg nimmt man?

Überlegen Sie sich vor dem Aufschreiben von Gleichungen, wie Sie beim Lösen vorgehen wollen. Was ist der zentrale Prozess, der betrachtet werden muss? Von welchen Grössen hängt der Prozess ab? Welche dieser Grössen sind gegeben, welche können aus gegebenen Grössen berechnet werden?

Welche Werkzeuge gibt es?

Welche Gleichungen benötigen Sie für Ihren Lösungsweg? Schreiben Sie erst die zentrale Gleichung auf und markieren Sie alle unbekannten, aber nicht gesuchten Grössen durch Unterstreichen. Notieren Sie nun Gleichungen, mit denen Sie unbekannte, aber nicht gesuchte Grössen berechnen können, und setzen Sie diese in die zentrale Gleichung ein.

Es ist längerfristig viel effizienter, wichtige Gleichungen aus der Erinnerung holen zu können statt mühsam nachschlagen zu müssen.

Sind alle Rechenschritte richtig?

Sind Ausgangslage und Ziel geklärt und die zentralen Gleichungen notiert, leitet man mithilfe dieser Gleichungen die allgemeine Lösung für die gesuchte Grösse her. Ist die allgemeine Lösung hergeleitet, so muss eine Standortbestimmung erfolgen: Wurde das ausgerechnet, was gesucht ist? Sind alle Grössen in der allgemeinen Lösung bekannt oder nachschlagbar? Kann die allgemeine Lösung aufgrund der Einheiten links und rechts des Gleichheitszeichens richtig sein? Wenn bei der Einheitenkontrolle ein Widerspruch auftaucht, überprüft man vom Beginn an jedes Zwischenresultat auf die Richtigkeit der Grössen, bis der Rechenfehler erkennbar wird. Erst wenn keine Widersprüche in der allgemeinen Lösung erkennbar sind, kann das numerische Resultat berechnet werden, denn eine falsche allgemeine Lösung kann niemals zu einem richtigen numerischen Resultat führen. Beim numerischen Resultat schreibt man am Schluss nicht einfach die Einheit hin, die herauskommen muss, sondern man rechnet die Einheiten durch Zusammenfassen und Kürzen der eingesetzten Grössen aus. Stimmt dies nicht mit der angestrebten Einheit überein, so muss das numerische Resultat noch umgerechnet werden.

Ist die Einheit des Resultats anschaulich?

Wenn in der Aufgabenstellung für das numerische Schlussresultat keine bestimmte Einheit verlangt ist, sollte man es in der Einheit angeben, in der man sich das Ergebnis am besten vorstellen kann. Für Geschwindigkeiten bei Fahrzeugen sind km/h üblich, bei schnellen Flugzeugen kann ein Bruchteil oder ein Vielfaches der Schallgeschwindigkeit in Luft geeignet sein, bei schnell bewegten Elementarteilchen wird die Geschwindigkeit gern als Bruchteil der Vakuumlichtgeschwindigkeit angegeben. Grosse Beschleunigungen werden oft als Vielfaches der Schwerebeschleunigung g angegeben. Für lange Zeiten sind Stunden (h), eventuell Jahre (a) zweckmässig. Wer kann sich schon $3.1 \cdot 10^7$ Sekunden vorstellen? Man sieht diesem Zahlenwert nicht an, dass es sich ungefähr um ein Jahr handelt. Sehr kleine Massen gibt man üblicherweise als Vielfaches der Masse von Elementarteilchen, sehr grosse Massen als Vielfaches der Erd- oder der Sonnenmasse an. Schreiben Sie die gesuchte Grösse zusammen mit der angestrebten Einheit an, z. B. gesucht: $t = ?$ h.

Ist die Genauigkeit des Resultats ehrlich?

Mit welcher Genauigkeit kann ich das Resultat angeben? Dafür gibt es eine Faustregel: Das numerische Resultat darf nur so viele signifikante Ziffern haben, wie die in der Aufgabenstellung gegebene Grösse mit der geringsten Genauigkeit, also die mit den wenigsten signifikanten Ziffern. Die gegebene Grösse mit der geringsten Genauigkeit ist das schwächste Glied in der Berechnungskette und beschränkt die Genauigkeit des Resultats, selbst wenn alle anderen Angaben sehr genau sind. Gibt man zu viele Ziffern an, so täuscht das Resultat Genauigkeit vor, was in der Praxis zu schwer wiegenden Konsequenzen führen kann. Deshalb rundet man das numerische Resultat so auf oder ab, dass es gleich viele signifikante Ziffern hat wie die ungenaueste gegebene Grösse. Das gerundete Ergebnis kann mit der wissenschaftlichen Schreibweise mit der korrekten Anzahl signifikanter Ziffern angegeben werden.

Wenn das numerische Schlussresultat mit dem Taschenrechner berechnet wird, müssen die gegebenen Grössen mit sämtlichen angegebenen Ziffern eingesetzt werden. Gerundet wird immer erst am Schluss, denn sonst können Rundungsfehler entstehen.

Die oben genannte Regel für Genauigkeit des numerischen Schlussresultats gilt für Multiplikationen und Divisionen. Für Additionen kann sie meist auch angewendet werden. Nicht angewendet werden kann sie bei Subtraktionen, denn bei Differenzen zwischen zwei fast gleich grossen Zahlen leidet die Genauigkeit stark: 385 mm − 384 mm = 1 mm. Aus der Differenz zweier Zahlen mit 3 signifikanten Ziffern wird eine Zahl mit einer signifikanten Ziffer!

Regeln und Ratschläge für das Lösen von Aufgaben

SI-Einheiten und andere Einheiten

Physikalische Grössen dürfen nie ohne ihre Einheiten auftreten. Die Einheit ist nötig, damit die Angabe überhaupt eine eindeutige Bedeutung erhält. Zudem sind Einheiten ein gutes Mittel, um eine hergeleitete physikalische Gleichung auf ihre Plausibilität zu überprüfen. Mit Einheiten kann wie mit den Formelzeichen gerechnet werden: Nur gleiche Einheiten können gekürzt oder zusammengefasst werden. Um kürzen oder zusammenfassen zu können, müssen Einheiten oft umgewandelt werden. Das Produkt aus einer Längenangabe aus Metern und Zentimetern kann zusammengefasst werden, wenn z. B. die Zentimeter in Meter umgewandelt werden: $2.0 \text{ m} \cdot 50 \text{ cm} = 2.0 \text{ m} \cdot 0.50 \text{ m} = 1.0 \text{ m}^2$.

Es ist nicht immer nötig, dass man alle gegebenen Grössen in SI-Einheiten umrechnet. Solange man bei der numerischen Ausrechnung die Einheiten gewissenhaft behandelt, kann nichts passieren:

- Es ist ein unnötiger Zeitverlust, wenn Sie bei einem Geschwindigkeitsverhältnis v_1 / v_2 die gegebene Grössen $v_1 = 90$ km/h und $v_2 = 100$ km/h in m/s umrechnen. Da es sich um ein Verhältnis handelt, kürzen sich die Einheiten, egal um welche es sich handelt, weg. Ist aber die eine Geschwindigkeit in m/s, die andere in km/h gegeben, also $v_1 = 25$ m/s und $v_2 = 100$ km/h, so lassen sich die Einheiten natürlich nur wegkürzen, wenn zuerst die eine Einheit in die andere umgewandelt wird.
- Temperaturangaben in °C müssen nur dann in K umgerechnet werden, wenn die absolute Temperatur eine Rolle spielt. Das ist bei der Anwendung der Gasgesetze der Fall. Bei thermischen Ausdehnungen, bei Mischungsrechnungen, bei der Berechnung des Energiebedarfs für Temperaturerhöhungen sind nur Temperaturdifferenzen relevant und man kann sich die Umrechnung sparen, denn 20 °C – 0 °C gibt gleich viel wie 293.15 K – 273.15 K.
- Gewisse abgeleitete Grössen haben eine eigene Einheit. Das Schlussresultat sollte immer in dieser Einheit angegeben werden. Dazu muss das Schlussresultat erst in die SI-Einheiten umgewandelt werden. Beispiele:

$$\frac{\text{kg} \cdot \text{m}}{\text{s}^2} = \text{N (Newton)}$$

$$\frac{\text{kg} \cdot \text{m}^2}{\text{s}^2} = \text{J (Joule)}$$

$$\frac{\text{kg} \cdot \text{m}^2}{\text{s}^3} = \text{W (Watt)}$$

$$\frac{\text{kg}}{\text{s}^2 \cdot \text{m}} = \text{Pa (Pascal)}$$

$$\frac{\text{V}}{\text{A}} = \Omega \text{ (Ohm)}$$

Masse und Gewicht

In der Alltagssprache steht «wägen» für das Feststellen eines Gewichts und mit «Gewicht» ist die Masse gemeint. Mein Koffer wiegt 18 kg. Ein Kartoffelsack ist 30 kg schwer. Der Zementsack hat ein Gewicht von 40 kg. «Gewicht», «wiegen», «wägen», «schwer sein» gehören nicht in die Fachsprache der Physik. In der Fachsprache sollte man von Masse sprechen, wenn man eine Angabe in kg erwartet, und von Gewichtskraft, wenn es sich um die Kraft handelt, mit der ein Gegenstand von der Erde angezogen wird. Achtung: Physikaufgaben sind manchmal absichtlich in der Alltagssprache formuliert!

Kilo und Kilogramm

Wir sind es gewöhnt, statt Kilogramm nur Kilo zu sagen. Das kann dazu verleiten, den Ausdruck «Kilo» mit «gramm» zu ergänzen. Das ist aber falsch! Die Kilowattstunde heisst deshalb so, weil sie aus tausend (kilo) Wattstunden besteht, der Kilometer besteht aus tausend Metern usw.

Kilowattstunde und Stundenkilometer

Der Alltagsbegriff «Stundenkilometer» kann für Verwirrung sorgen. Da bekannt ist, dass damit Kilometer pro Stunde (km/h) gemeint ist, wird sehr oft der falsche Schluss gezogen, bei Kilowattstunden handle es sich um Kilowatt pro Stunde. Kilowattstunde steht aber für Kilowatt mal Stunde! Es ist deshalb empfehlenswert, korrekt von Kilometern pro Stunde und nicht von Stundenkilometern zu sprechen!

«Um» und «auf»

Formulierungen mit «um» und «auf» sorgen immer wieder für Verwirrung. Bei «um» geht es um die Differenz zweier Grössen, bei «auf» geht es um die zweite Grösse. Wenn im Ausverkauf beim Preis für das Kleid 30 % steht, so heisst das in der Regel, dass der Preis um 30 %, d. h. auf 70 % des ursprünglichen Preises reduziert wurde. Eine Zunahme um das Dreifache bedeutet ein Anwachsen auf das Vierfache! Ein Zuwachs um das Doppelte ist nicht dasselbe wie ein Zuwachs auf das Doppelte.

Durchmesser und Radius

In der Mathematik lernt man die Formeln für Kreisumfang und Kreisfläche immer mit dem Radius: $U = 2 \cdot \pi \cdot r$, $A = \pi \cdot r^2$. So stehen sie auch in den Formelsammlungen. In Physik und Technik ist oft der Durchmesser gegeben, da dieser die Grösse ist, die gemessen werden kann. Achten Sie darauf, dass Sie den richtigen Wert in die allgemeine Lösung einsetzen. Analoges gilt für Kugeloberfläche und Kugelvolumen.

Formelzeichen, Einheiten und Vorsätze

Es ist wichtig, die Begriffe Formelzeichen, Einheit, Vorsatz auseinander zu halten. Formelzeichen sind Abkürzungen für physikalische Grössen (t für Zeit, m für Masse). In Büchern werden Formelzeichen meist kursiv gedruckt. Einheiten und ihre Abkürzungen geben die bei der Messung verwendeten Massstäbe an (m für Meter, s für Sekunden). Vorsätze sind

Abkürzungen für Zehnerpotenzen (m für Tausendstel, k für das Tausendfache, G für das Milliardenfache).

Da die von uns verwendeten Alphabete (das lateinische und das griechische) nur eine beschränkte Anzahl Buchstaben haben, kann es vorkommen, dass ein Symbol nicht eindeutig verwendet wird: ρ wird für den spezifischen elektrischen Widerstand und für die Dichte verwendet. *T* kann Periodendauer und Temperatur bedeuten, *m* wird als Formelzeichen für Masse und m als Vorsatz für Tausendstel (milli) und als Abkürzung für die Einheit Meter verwendet. *W* ist das Formelzeichen für Arbeit, W ist die Abkürzung der Einheit Watt. Da im Buch Formelzeichen kursiv geschrieben werden, wird eine Verwechslungsmöglichkeit ausgeschaltet: *m* steht für Masse, m kann nun «milli» oder «Meter» bedeuten. Welches von beiden, wird durch den Zusammenhang klar.

Bei der Vergabe von Formelzeichen ist man frei. Es lohnt sich aber, gewisse Regeln zu beachten. Für eine Masse nimmt man *m*, für eine Strecke *s*, für eine Zeitdauer *t*. Ist eine Breite gegeben, so drängt sich *b* auf. Hat man zwei Massen, so verwendet man m_1, m_2, oder m_A für Aluminium und m_K für Kunststoff. Reservierte Symbole sollten nicht anderweitig verwendet werden. *a* für eine Länge zu verwenden, ist keine gute Idee, da *a* als Formelzeichen für die Beschleunigung üblich ist. Ebenso irreführend ist die Verwendung von *t* für Tiefe. Formelzeichen müssen kurz und einfach sein. $ρ_{Kunststoff}$ als Formelzeichen für die Dichte eines Kunststoffs ist umständlich, also eher $ρ_K$. Neu verwendete und nicht allgemein verständliche Formelzeichen müssen in einer Legende definiert werden, damit man die Berechnung nachvollziehen kann.

Verwenden Sie Vorsätze auf jeden Fall dann, wenn dies das numerische Resultat anschaulicher macht! Vorsätze dürfen nicht kumuliert werden: Eine Million kg darf nicht mit 1 Mkg abgekürzt werden. Man muss hier 10^6 kg schreiben.

Formelzeichen und Werte

Numerische Werte – auch die von fundamentalen physikalischen Konstanten – dürfen erst ganz am Schluss eingesetzt werden, wenn das Schlussresultat berechnet wird. Da vorher mit den Formelzeichen gerechnet werden muss, taucht in allgemeinen Lösungen *g* und nicht 9.81 m/s² auf.

Grosse und kleine Zahlen

Statt 1 000 000 000 sollte man $1 \cdot 10^9$ schreiben, statt 0.000001 sollte man $1 \cdot 10^{-6}$ schreiben. Mit dieser Schreibweise können Zehnerpotenzen leicht vereinfacht werden, bevor man den Taschenrechner für weitere Berechnungen verwendet. Um Zehnerpotenzen vereinfachen zu können, sollten die Rechenregeln für Potenzen bekannt sein: $10^a \cdot 10^b = 10^{a+b}$, $10^a / 10^b = 10^{a-b}$. Beim Rechnen mit Zehnerpotenzen besteht bei gewissen Taschenrechnern die Gefahr, dass man für 10^9 statt korrekt «1 EE9» fälschlicherweise den zehmal zu grossen Wert «10 EE9» eingibt («EE» steht für «enter exponent»).

Stichwortverzeichnis

Numerisch

1. Hauptsatz der Wärmelehre 80
1. Kirchhoff'sches Gesetz 146
2. Kirchhoff'sches Gesetz 146

A

Abgeschlossenes System 62
Absolute Temperatur 68
Absoluter Nullpunkt 74
Aggregatszustandsänderung 80
Aktivität 116
Ampere 134
Amperemeter 134
Anfangsgeschwindigkeit 14
Angeregter Zustand 110
Angriffspunkt der Kraft 26
Anomales Expansionsverhalten 68
Äquivalentdosis 122
Arbeit 50
Atomhülle 110
Atomhüllen-Modell 110
Atomkern 110
Atomkern-Modell 110
Atom-Modell 110
Atomrumpf 134
Aufladen 158
Auftriebskraft 44
Auge 99
Augenlinse 99
Ausfallswinkel 92
Äusserer Druck 44
Avogadro-Zahl 74
α-Strahlung 116
α-Zerfall 116

B

Bar 44
Batterietyp 152
Becquerel 116
Benzinmotor 86
Beschleunigungsarbeit 50
Beschleunigungs-Vektor 20
Beugung 104
Bewegungsgleichungen 14
Bewertungsfaktor 122
Bildgrösse 98
Bildweite 98
Bindungsenergie 116
Bindungsenergie pro Nukleon 116
Boltzmann-Konstante 74
Brechung 92
Brechungsgesetz 92
Brechzahl 92
Brennpunkt 98
Brennweite 98
β-Strahlung 116
β-Zerfall 116

C

C-14-Altersbestimmung 122
Celsius-Temperatur 68
Chemisches Element 110
Coulomb 134, 158
Coulomb'sches Gesetz 158

D

Dampfmaschine 86
Dehnarbeit 50
Destruktive Interferenz 104
Dieselmotor 86
Diffusion 68
Dipolmagnetfeld 164
Dispersion 92
Driftgeschwindigkeit 134
Druck 44
Dualismus des Lichts 104
Durchschnittliche Leistung 51
Durchschnittsbeschleunigung 14
Durchschnittsgeschwindigkeit 14

E

Effektivspannung 152
Effizienz der Wärmepumpe 86
Effizienz des Kühlschranks 86
Eindringtiefe 122
Einfallswinkel 92
Elektrische Kraft 158
Elektrische Ladung 134, 158
Elektrische Leistung 140
Elektrischer Strom 134
Elektrischer Stromkreis 134
Elektrischer Widerstand 134
Elektromagnetische Wellen 104
Elektron 110, 116
Elementarladung 158
Elementsymbol 110
Energie 56
Energiedosis 116
Energieerhaltungssatz 62
Energieübertragung 62
Energieumwandlung 62
Entladen 158
Erdbeschleunigung 15
Ersatzwiderstand 146
Ersatzwiderstand einer Parallelschaltung 147
Ersatzwiderstand einer Serienschaltung 147
Expansionsarbeit 86

F

Fallbeschleunigung 15, 26
Federenergie 56
Federkonstante 26
Federkraft 26
Fläche im v-t-Diagramm 14
Fotoeffekt 104
Freier Fall 15
Freies Elektron 134
Frequenz 20, 104
Fusionsprodukt 128

G

Gasdruck 74
Gastemperatur 74
Gasturbine 86
Gasvolumen 74
Gefrieren 80
Gegenstandsgrösse 98
Gegenstandsweite 98
Genauigkeit 8
Genschaden 122
Geostationärer Satellit 39
Geradlinige Bewegung 14
Gerichtete Grösse 8
Gesamtdruck 44
Gesamtkraft 26
Geschwindigkeits-Vektor 20
Gesetz von Avogadro 74
Gewichtskraft 26
Gleichförmige Bewegung 14
Gleichförmige Kreisbewegung 20
Gleichmässig beschleunigte Bewegung 14
Gleichspannungsquelle 152
Gleitreibungskraft 26
Gleitreibungszahl 26
Gravitationskonstante 38
Gravitationskraft 38
Gray 116
Grundzustand 110
γ-Knife 122
γ-Strahlung 110, 116

H

Haftreibungskraft 26
Haftreibungszahl 26
Halbschattenraum 92
Halbwertszeit 116
Heizleistung 140
Helium-Kern 116
Hertz 20
Hubarbeit 50
Hydraulische Presse 44

I

Influenz 158
Innere Energie 68
Interferenz 104
Isobar 74
Isochor 74
Isolator 134
Isotherm 74
Isotope Nuklide 110

J

Joule 50

K

Kelvin 68
Kernenergie 110, 116
Kernfusion 128
Kernkraft 110
Kernkraftwerk 128
Kernschattenraum 92
Kernspaltung 128
Kettenreaktion 128
Kinetische Energie 56
Kompressionsarbeit 86
Kondensieren 80
Konstante Beschleunigung 14
Konstante Geschwindigkeit 14
Konstruktive Interferenz 104

Kraft 26
Kraft-Weg-Diagramm 50
Kraftwirkungsgesetz 26
Kraftwirkungsgesetz der gleichförmigen Kreisbewegung 32
Kreisumfang 20
Kritischer Einfallswinkel 92
Kühlschrank 86

L

Lagerung radioaktiven Abfalls 128
Längenausdehnungskoeffizient 68
Leistung 50
Leiter 134
Lichtgeschwindigkeit 92
Lichtquant 104
Lichtstrahl 92
Lichtteilchen-Modell 104
Lichtwellen-Modell 104
Linsengleichung 98
Lochblende 98
Lochkamera 98
Lorentz-Kraft 164

M

Magnet 164
Magnetfeld 164
Magnetfeldlinie 164
Magnetfeldstärke 164
Magnetischer Nordpol 164
Magnetischer Südpol 164
Magnetisieren 164
Masseinheit 8
Massendefekt 116
Massenpunkt 14
Masszahl 8
Maximalspannung 152
Messfehler 8
Modell des idealen Gases 74
Mol 74
Momentane Beschleunigung 14
Momentane Geschwindigkeit 14
Momentane Leistung 51

N

Neutrino 128
Neutron 110
Neutronenbeschuss 128
Newton 26
Newton'sches Gravitationsgesetz 38
Normales Expansionsverhalten 68
Normalkraft 26
Nukleon 110
Nukleonenzahl 110
Nuklid-Schreibweise 110
Numerisches Schlussresultat 8
Nutzbare Energie 62

O

Offenes System 62
Ohm 140
Ohm'scher Widerstand 140
Ohm'sches Gesetz 140
Optisches Gerät 98

Ortsangabe 14
Orts-Vektor 20
Oxidation 152

P

Parallelschaltung 146
Pascal 44
Pascals Gesetz 44
Periode 20
Photon 104
Planck'sches Wirkungsquantum 104
Polarisation 158
Potentielle Energie 56
Prinzip des Archimedes 44
Proton 110
Protonenzahl 110
p-V-Diagramm 86

R

Radioaktive Strahlung 116
Radioaktiver Zerfall 116
Radiopharmaka 122
Reaktorunfall 128
Reduktion 152
Reflexion 92
Reflexionsgesetz 92
Reibungsarbeit 50
Reibungswärme 56
Richtung der Kraft 26

S

Sammellinse 98
Scharfe Bilder 98
Schmelzen 80
Schmelzwärme 80
Schweredruck 44
Schwerelosigkeit 38
Senkrechter Wurf 15
Serienschaltung 146
Sievert 122
Signifikante Ziffer 8
Sonne 128
Spaltprodukte 128
Spannung 140
Spektralanalyse 110
Spezifische Wärmekapazität 80
Spezifischer elektrischer Widerstand 140
Spiegelbild 92
Spule 164
Stabmagnete 164
Stärke der Kraft 26
s-t-Diagramm 14
Steigung im s-t-Diagramm 14
Steigung im v-t-Diagramm 14
Stoffmenge 74
Stossanregung 110
Strahlungsabregung 110
Streulicht 92
Stromstärke 134

T

Teilchenzahl 74
Teilspannung 146

Teilstromstärke 146
Temperatur 68
Temperaturänderung 80
Tesla 164
Thermische Zitterbewegung 134
Tochterkern 116
Totalreflexion 92
Trägheitsgesetz 26
Transformator 152

U

Umlaufzeit 20
Ungerichtete Grösse 8
Universelle Gaskonstante 74
Unscharfe Bilder 98

V

Vektor 8
Vektorlänge 8
Vektorrichtung 8
Verdampfen 80, 81
Verdampfungswärme 80
Verdunsten 81
Virtuelles Bild 98
Volt 140
Voltmeter 140
Volumenausdehnungskoeffizient 68
Vorsatz 8
Vorzeichen der Arbeit 50
Vorzeichen der Kraft 26
v-t-Diagramm 14

W

Wärme 68
Wärmekraftmaschine 86
Wärmeleitung 80
Wärmepumpe 86
Wärmestrahlung 80
Wärmeströmung 80
Wasserstoff-Fusion 128
Watt 50
Wechselspannungsquelle 152
Wechselstrom 152
Wechselwirkungsgesetz 26
Weisses Licht 92
Wellenlänge 104
Winkelgeschwindigkeit 20
Wirkungsgrad 62
Wirkungsgrad der Wärmekraftmaschine 86
Wissenschaftliche Schreibweise 8

Z

Zeitangabe 14
Zelltod 122
Zentripetalbeschleunigung 20
Zentripetalkraft 32
Zerfallsgesetz 116
Zerfallskette 116
Zerfallskonstante 116
Zugeführte Energie 62

Physik bei Compendio

Physik bei Compendio heisst: Lernziele nach MAR, übersichtlicher Aufbau und lernfreundliche Sprache, Aufgaben mit Lösungen zur Selbstkontrolle und eine Kurztheorie für den schnellen Überblick.

Physik 1
Lerntext, Aufgaben mit kommentierten Lösungen und Kurztheorie

Urs Mürset und Thomas Dumm

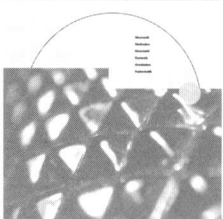

Methoden: Ziele und Methoden der Physik; Messgrössen angeben; Mathematische Hilfsmittel. Kinematik: Die Bewegung des Massenpunkts; Bewegungen mit Orts-, Geschwindigkeits- und Beschleunigungsangaben beschreiben; Richtung von Bewegungen mit Vektoren beschreiben; Gleichförmige Kreisbewegungen. Dynamik: Beschreibung der Kraft; Kraft-Beispiele; Kraftwirkungsgesetz; Trägheitsgesetz; Wechselwirkungsgesetz; Kräfte bei geradlinigen und kreisförmigen Bewegungen. Gravitation: Von der Gewichtskraft zur Gravitationskraft; Das Gravitationsgesetz; Eigenschaften der Gravitationskraft; Kreisbewegungen um Zentralkörper; Schwerelosigkeit. Hydrostatik: Eigenschaften von Festkörpern, Flüssigkeiten und Gasen; Von der Kraft zum Druck; Von der Schwerkraft zum Schweredruck; Druck im Alltag; Auftrieb durch Schweredruck.

248 Seiten, A4, broschiert, 1. Auflage 2002, ISBN 978-3-7155-9041-7, CHF 55.00

Physik 2
Lerntext, Aufgaben mit kommentierten Lösungen und Kurztheorie

Hansruedi Schild, Thomas Dumm

Energie: Worum geht es bei der Energie? Wie berechnet man Arbeit und Leistung? Wie berechnet man Energie? Energieumwandlungen: Was passiert bei Energieumwandlungen? Kann man Energie erzeugen oder vernichten? Begriffe und Modelle der Wärmelehre: Was sind die wichtigen Grössen der Wärmelehre? Welches Modell eignet sich in der Wärmelehre zur Beschreibung der Materie? Was bedeutet die Brown'sche Bewegung? Wie lassen sich Gase beschreiben? Wärmeprozesse: Wie reagiert Materie auf Wärme? Wie wird Wärme transportiert? Was sind technische Anwendungen der Wärmelehre? Strahlenoptik und ihre Grenzen: Wie breitet sich Licht aus? Wie reagiert Licht auf Hindernisse? Was sind die Abbildungseigenschaften von Linsen? Wo versagt die Strahlenoptik?

272 Seiten, A4, broschiert, 1. Auflage 2003, ISBN 978-3-7155-9088-2, CHF 55.00

Physik 3
Lerntext, Aufgaben mit kommentierten Lösungen und Kurztheorie

Hansruedi Schild und Thomas Dumm

Atom- und Kernphysik: Wie sieht das Innenleben eines Atoms aus? Wie kommt es zu Radioaktivität? Anwendungen der Atom- und Kernphysik: Wie funktioniert die C-14-Methode zur Altersbestimmung? Wie wird Radioaktivität in der Medizin eingesetzt? Woher stammt die Energie des Kernkraftwerks? Woher stammt die Energie des Sonnenlichts? Elektrische Energie: Um was geht es bei elektrischen Strömen? Was bestimmt, ob ein Material den Strom leitet? Elektrische Stromkreise: Was bedeuten Volt- und Watt-Angaben auf elektrischen Geräten? Wie funktionieren Spannungsquellen? Wie berechnet man elektrische Stromkreise? Elektrostatik und Magnetismus: Wie erklärt man elektrische Phänomene? Wie erklärt man magnetische Phänomene?

232 Seiten, A4, broschiert, 1. Auflage 2004, ISBN 978-3-7155-9172-8, CHF 55.00

Mathematics and Physics Formulary

Michael Graf, Michael Oettli und Jürgen Thon Benz

A concisely compiled formulary for immersion-classes, containing basic terms and formulae needed in mathematics and physics classes up to Matura-level.

28 Seiten, 17 x 24 cm, 1. Auflage 2006, CHF 8.00 (Nur Direktbezug bei Compendio.)

Bestellung

Alle hier aufgeführten Lehrmittel können Sie per Post, E-Mail, Fax oder Telefon direkt bei uns bestellen:

Compendio Bildungsmedien AG, Hotzestrasse 33, 8042 Zürich
Telefon ++41 (0)44 368 21 14, Fax ++41 (0)44 368 21 70
E-Mail: bestellungen@compendio.ch, www.compendio.ch